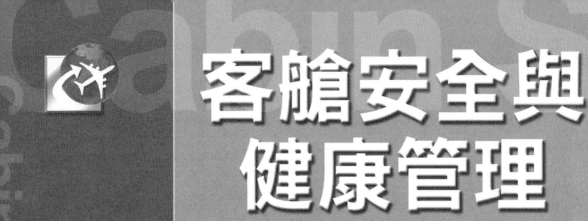

客艙安全與
健康管理

Cabin Safety and
Health Management

萬光滿◎著

張 序

　　長榮航空自開航以來，即以飛航安全列為最重要的核心價值；一路走來，我們始終兢兢業業，除了用心經營，更在消費者的鞭策下而不斷創新，得以優異的飛安紀錄與服務屢屢獲得國際專業機構肯定。我們咸信——唯有高標準的航空安全，才能享有優質安心的服務。

　　航空事業涵蓋層面既深且廣，千絲萬縷方能建構起安心滿意的顧客服務。而飛航安全更須公司上下裡外，各個環節緊密結合，方能發揮綜效。客艙安全亦屬飛航安全的一環，其涉及安全法規、緊急裝備、組員訓練、大眾安全教育與客艙環境等，最重要的關鍵在飛安事故發生時，影響逃生甚或生還的重要因素。近年，隨著旅運需求的成長，搭機人數的增加，機上乘員在航空器內的安全與健康議題更顯重要；相對高空的特殊環境、機上緊急醫療急救、危險物品及機上亂流因應等多面向的議題皆攸關飛航安全的優劣成敗。

　　現服務於國立高雄餐旅大學航空暨運輸服務管理系的萬光滿老師，為長榮航空第一期空服員，因重視人才的培訓與發展，當時更遠送至日本全日空航空，接受嚴格完整的訓練。期能完訓後肩負傳承並擔任空服員訓練與教材的編纂。並曾於1991年7月1日長榮航空開航日擔任台北—漢城（現今首爾）首航事務長。其後屢因優異表現而賦予重要任務，並指派轉至立榮航空任服勤部經理，期能發揮實務與管理經驗，進而提升國內客艙安全與服務水平。惟難能可貴的是其能持續進修，後轉換跑道至學術界作育英才。而今，欣見其將多年的職場經驗與在客艙安全的教學心得與實務經驗，彙集成冊，編成國內第一本有關客艙安全與健康管理的專書。

　　本書以系統性介紹客艙安全、乘客安全與乘員健康管理等知識，

理論與實務相互印證，實例及照片並陳，生動易讀。相信，除可作為客艙組員教育培訓參考用書，也可作有意從事航空業的學子為教科書之用。當然，一般有興趣的讀者也可從中獲取專業實用的航空知識，並增進客艙安全意識，對於飛航安全的提升咸信亦有所助益。值此書付梓之際，特綴數言，以為之序。

長榮航空前董事長

張國煒　謹識

自　序

【準備】

　　下筆寫書時，回首自己的「航空情緣」。學校畢業後，十分幸運地進入正在籌備期間的長榮航空，成為第一期空服員並赴日本全日空航空接受近一年的培訓，得以親炙既嚴格且完整的訓練與實習。後蒙受公司栽培，更多次赴美國波音及麥道飛機製造公司受訓。爾後除擔任座艙長外，也樂為空服員訓練教師，啓發了個人教學的興趣。後因緣際會轉任教職後，仍任教於航空運輸相關系所，續有機會和年輕學子分享所鍾愛的航空服務領域。

　　於系上開授「客艙安全管理」課程，僥倖得到學生青睞，修習課程者除了是希望進入航空業的本系同學外，亦有將來欲從事觀光旅遊等的學生，甚至有因個人興趣欲從旅客的角度瞭解更多攸關客艙安全專業者。復加上學校舉辦的客艙安全體驗營（對象從國小學童到國高中生皆有）。深覺即使現在學生搭飛機的機會較過往多，但許多人對飛機的客艙與安全常識有極大的好奇且興趣，相關的問題與疑惑也五花八門。例如：「為什麼起飛降落時空服員要靠窗的乘客將遮陽板打開？」、「為什麼夜間飛行在起飛降落期間客艙的燈光要調暗呢？」，又「為什麼自己帶的貴重物品包包不能擱在腳跟？」、「為什麼小朋友不能坐在緊急出口旁？」、「為什麼起飛前空服員要互相比『讚』？」

　　而問題常常是學習動機的開端，這使我興起將過去教學的講綱及曾發表在期刊的文章整理成冊，並將教學生涯中與學生的問題討論及互動觀點納入。希望對於有志從事空服者能夠藉此瞭解空服員的

工作職責以及與對航機安全的重要性；對未來擔任旅遊行業的工作者能知悉客艙安全程序；作為乘客不論是正準備首次啓程，或是空中飛人，皆能增進搭機安全與健康意識。

【起飛】

　　二十年來，台灣民航業受政策影響變化快速。從獨占管制到開放天空，歷經各家爭鳴，合併重整，國內航線甚至從廣體客機運量高峰，到高鐵通車後量減停飛；與中國大陸也經第三地轉機到直航增班；國際航線除不斷有新增擴點外，更有低成本航空加入空中經營。民航運輸成長亮眼表現，數字會說話，依交通部民航局統計資料顯示，我國2014年各機場進出旅客計5,536萬人次（平均每日15.2萬人次），較上年成長10.0%；於2015年民航旅運人次更達新高約5,781萬人次，且在2015年來台旅遊的人數更突破1千萬人次。於2016年開春之際更新增大陸旅客至桃園機場中轉。放眼未來，航空運輸蓬勃發展榮景可期。故隨著觀光熱潮，航空運量增溫，航空公司除積極拓展航線，買進新機，故人力需求也相對增加。而空服員的專業形象與工作性質，一直為人嚮往，每次招募都吸引許多新鮮人與轉職者報考。

【遨遊】

　　然而，空服員的工作內容究竟為何？亮麗外表與姣好身材是否足以勝任？國內及中國大陸皆有企業將空服員與模特兒兩種職業徵選合而為一，然而當空服員以身材外貌的特質勝出，被「賞心悅目」的條件錄取時，除凸顯對空服員的刻板印象外，實航空公司視空服員為行銷工具，更讓人易忽略空服員真正的角色職責。

　　空服員在航機上任務不單只有服務，為了在緊急情況下能執行安全關鍵角色，更身負重要的安全職責。包含例行性的客艙安全檢查、緊急狀況的處理（如客艙失壓、客艙失火冒煙等處理、空中緊急醫療、陸上水上緊急疏散）、駕駛艙溝通協調及客艙失序滋擾乘客之因

應等。此外，空服員獨特的職業特性和環境特徵可能具有相應的職業健康和安全問題，如非典型工時輪值對睡眠與疲勞影響，另外包括高空中輻射暴露，甚至在情緒勞務負荷及性騷擾等身心健康議題。

當愈來愈多航空公司致力從管理層面以降低成本，特別是勞動力成本，如低成本航空公司興起；甚至由於航太技術發展，航空公司採用更大型的客機，載更多乘客且飛得更遠。但這也對空服員帶來更多更重的工作負荷與壓力。所以客艙服務工作者看似光鮮亮麗，然身處高空環境及特性，空服員本身的職場壓力及自身安全健康，值得我們關注。

【降落】

飛行仍是現行最為安全的運輸方式。然而，隨著旅運需求成長，搭機人數激增，機上乘員在航空器上的安全與健康議題相對重要。客艙安全是整體飛安一部分，涵蓋許多項目及領域。客艙安全最重要在於預防意外事件發生，並保護機上乘員。透過主動的安全管理，對危險的辨識及安全的危機管理等，以增加緊急事件發生時生存機率。

相對而言，客艙安全的提升若沒有搭機乘客的配合，很難收其成效。專家認為增進飛航安全除專注於不同團體的人為因素、技術提升與溝通外，亦應將乘客納入考量。如乘客觀看起飛前安全提示及安全須知卡內容、逃生艙門開啟、緊急出口座位旁須知、乘客電子用品規定、隨身行李放置、機上安全裝備位置與使用（如安全帶、救生衣），甚至搭機適合的服裝及緊急逃生撤離等宣導教育，以增進乘員安全意識。

而高空中客艙環境特殊，對機上乘員關切的健康議題包括因客艙環境如高空飛行、濕度及艙壓變化對於機上乘客可能的生理影響，或是如慢性病患、孕婦搭機時需注意的保健，另外機艙內可能的傳染病與機艙空氣影響，甚至機上亂流及長程飛行時差影響，以及飛行中久

坐不動導致深層靜脈血栓等健康問題。

【感謝】

拙作能完成，除了深深感謝長榮航空張開雙臂讓我翱遊天際，更感謝任教學校——國立高雄餐旅大學提供優質的教學與研究環境。此外，若無揚智編輯團隊的大力協助，本書將難以面世，一併致上感謝之意。另外，書寫過程特別感謝長榮航空座艙長蕭羽汝、凌慧芬、李姿儀小姐及中華航空客艙經理王昭蓉小姐暨香港航空桃園機場代表陳偉昭先生之諮詢協助。作者才疏學淺，缺失疏漏，定所難免，尚望諸位先進學者專家，不吝指正。

謹以此書，獻給我最親愛的家人！

萬光滿 謹誌

目 錄

第一章

空服員在客艙安全
的重要性

- ▪ 勇哉！空服員
- ▪ 安全是空服員最重要的職責
- ▪ 客艙安全內涵
- ▪ 空服員客艙安全相關勤務介紹

第一節　勇哉！空服員[1]

案例1

　　2001年9月11日，5名恐怖分子劫持一架美國航空波音767客機，原預定由波士頓飛往洛杉磯。在飛機到達巡航高度，恐怖分子闖進駕駛艙將兩名機師殺害並控制飛機，飛機撞紐約世貿中心大樓北塔。當時機上有兩位英勇的空服員直至悲劇發生前的最後一刻，然沉著地安撫乘客，同時與地面保持聯絡。其中一位空服員鄧月薇（Betty Ann Ong）於劫機發生後一直利用艙內電話與美國航空的票務中心聯繫；另一位空服員艾咪（Madeline Amy Sweeney）同時與紐約的航務處保持通話，報告機上即時情況。該機是當天四架被劫持客機中首先回報者，促使美國機場立刻停飛所有的航班。美國「911」紀念館中三千多人的罹難者名單裡，排首位的即華人空服員鄧月薇——沉著冷靜緊急回報「911」劫機事件的第一人①。她被「911」調查委員會譽為「美國英雄」②。

案例2

　　1995年8月21日大西洋東南航空（Atlantic Southeast Airlines）編號529班次，機上有2名飛航組員、1位空服員及26名乘客。從亞特蘭大起飛後飛行中因左邊螺旋槳斷裂，致飛機無法維持高度。飛航組員決定返回亞特蘭大緊急降落，飛機在迫降1分鐘之後開始起火，而努力維持飛機的機長在迫降過程中因撞擊失去意識後死亡，副機長則受重傷，許多乘客遭受到嚴重灼傷。事故共造成10人死亡，19人受傷。客艙中唯一的

---

[1] 雖「客艙組員」（cabin crew）為正式名稱，但一般仍慣以「空服員」（flight attendant）稱呼。故本文中可見兩種名稱。

空服員Robin Fech於迫降前7分鐘方被告知此事，然而直至航機迫降前都未收到任何來自駕駛艙警示訊息，飛航組員亦未通知客艙防撞準備。她於客艙中逐排指導乘客做迫降前準備，直到她突瞥見機窗外樹梢方知航機即將觸地，她邊趕回座位邊向乘客喊「把頭低下、彎下腰、抱住頭、防撞姿勢[2]、防撞姿勢、彎腰、低頭！③」飛機迫降後儘管她自己身受重傷，但依然奮力協助乘客脫困，救了許多乘客，受到高度讚揚④。空服員Robin Fech面對緊急時沉穩鎮定，除了提醒乘客逃生注意事項，亦盡力安撫旅客。美國國家運輸安全委員會（National Transportation Safety Board, NTSB）調查報告中對她緊急狀況的應變及指導乘客行為十分肯定。同時她也獲美國喬治亞州參議院正式決議文表揚其英勇行為。她接受訪談時說：「當飛機墜毀時我第一個念頭——極其自然地要拉出倖存乘客。那是種非常專注的愛，是我未曾感受過，我只知道我想再見到每一位乘客並且擁抱他們……⑤。」

案例3

　　2013年7月6日自韓國首爾起飛編號214的韓亞航空（Asiana Airlines）波音777客機，搭載291名乘客和16名機組員，在舊金山國際機場降落時失事並起火燃燒，事故共造成3人死亡，181人受傷。事故發生後，空服員本能的執行緊急疏散的標準作業程序，短時間內完成所有乘客疏散。據媒體報導，在充滿障礙和危險的失事班機中，空服員用小刀割斷許多人的安全帶，幫乘客脫困，在燃燒的機艙中，冒死帶領被嚇壞了的小孩逃出去。其中一名身材瘦弱的女空服員，在濃煙中背起行動不便的乘客逃生，還有座艙經理即使脊椎尾骨受傷，仍堅守崗位，竭力疏散乘客，她是最後一個離開燃燒客機的人。舊金山消防隊長亦盛讚她的

---

[2]有關防撞姿勢（brace position）介紹，詳見本書第八章〈航機迫降前的客艙準備〉。

勇氣，他表示：「她想確認每個人都離開飛機，……她是個英雄⑥。」韓亞航空在舊金山國際機場迫降意外事故，空服員專業、負責和奮不顧身的救人表現，贏得一致讚賞⑦。

　　過去大家視空服員的工作就是在機上提供餐食等服務旅客，雖然服務的確是空服員工作的一部分，但更重要的職責卻是攸關乘客的人身安全與即時反應能力⑧。從上述震驚世人的911事件，看到堅守崗位、機警勇敢卻不幸犧牲的空服員；大西洋東南航空機上唯一空服員沉著冷靜、努力救助乘客；韓亞航空空服員臨危不亂、處理得宜，發揮最大功能，順利協助乘客逃生。這些空服員在緊急疏散過程中勇敢專業的表現，已使人們將焦點從他們的外表，轉移至他們的英勇行為⑨。他們不只是天使，更是英雄！

第二節　安全是空服員最重要的職責

　　空服員角色的變化，可從1998年國際民航組織（International Civil Aviation Organization, ICAO）將空服員（flight attendant）的正式名稱改為客艙組員（cabin crew）可見一斑⑩。據我國民用航空法「航空器飛航作業管理規則」（Aircraft Flight Operation Regulation, AOR）第2條明定：「客艙組員：指由航空器使用人或機長指定於飛航時，在航空器內從事與乘客有關安全工作或服務之人員。但不能從事飛航組員之工作。」因此，客艙組員在維護飛航安全上扮演著重要而不可或缺的角色，換言之，他們主要職責是幫助乘客在緊急情況時疏散撤離飛機。

　　從生還因素之相關研究顯示，發生飛航事故時，疏散時間、駕駛艙與客艙組員所採取行動，及客艙緊急裝備之設計與使用，均會影

響乘員之生還率⑪。另外，根據事故調查資訊顯示，緊急撤離是鮮少發生的事件，對個人更是少有機會遇到。縱然在極少發生的情況下，客艙組員扮演的角色與意外事故相關的存活率，仍是有直接且重要的影響。一項由歐洲運輸安全協會（European Transport Safety Council, ETSC）的研究顯示，在航空器失事中罹難的1,500人中，大約有40%的人是屬於「可存活」的狀況；其中超過一半的人因撞擊罹難、其他人則死於撞擊後，特別是在逃生撤離現場。許多乘客與組員傷亡人數增加的原因與客艙組員行動有直接關係⑫。

　　航機於緊急情況時更可顯出空服員兩項主要責任：「領導」及「應採取的優先行動」⑫的重要性。從以下法國航空358號航班案例，機上人員在90秒就全部撤離，可得知成功的撤離與其快速有效疏散有直接關係。

案例

　　2005年8月2日法國航空（Air France）編號358班次，機上共12名空勤組員及297名乘客，航機因為暴風雨，在多倫多機場上空盤旋，等待航管員通知降落。待得到許可，下降穿越狂風暴雨的天空準備降落，落地時本擔憂不已的乘客還爆出掌聲，詎料，飛機在降落後衝出跑道，因受到強烈的撞擊，飛機馬上斷裂成兩半，起火燃燒。當時機艙內瀰漫燃油的味道，若無人站出來維持秩序，狹窄的客艙通道馬上就會演變成一場踐踏事故。空服員立即反應啟動緊急疏散，有秩序地引導乘客從緊急滑梯下逃生，所幸所有乘客與機組人員都及時逃出，無人死亡。運輸安全委員會（Transportation Safety Board）在事後的調查報告中高度讚揚客艙組員在事故中的工作表現，他們引導乘客確保乘客迅速離機，對此次全員安全撤離有決定性影響。媒體亦盛讚空服員的訓練有素和冷靜沉著當居首功⑬。

可見客艙組員在預防意外事故或事件上扮演重要的角色。毫無疑問地，維護安全是空服員工作最重要的價值！

第三節　客艙安全內涵

　　我國民航局依據ICAO所頒布國際民航公約，完成航空安全管理系統（Safety Management System, SMS）建立。並於2014年10月20日以民航通告AC120-032D號，頒布航空業界據以建構公司所屬SMS，並依此規範實施安全管理作為⑭。一如「航空器飛航作業管理規則」第9條明定：「航空器使用人應建立安全管理系統並經報請民航局備查後，於中華民國九十八年一月一日起實施，該系統應具有下列功能：一、辨識安全危險因子。二、確保維持可接受安全等級之必要改正措施已實施。三、提供持續監督及定期評估達到安全等級。四、以持續增進整體性安全等級為目標。……」。根據ICAO對SMS的定義：「SMS是一種藉由有效管理安全風險來保障航空器作業安全的系統，該系統透過危害識別、資料收集與分析及安全風險評估等作業以持續改善安全狀態。SMS尋求在事故發生前以主動方式消弭問題，並與該組織的法規符合與安全目標相稱」⑮。

　　故SMS目的在提供一個有組織之管理系統，以控制作業中之風險，有效之安全管理必須以影響航空業者安全之作業流程為基礎⑯，SMS本質上屬於主動式（proactive）而非反應式（reactive）作為，其目的在於事故發生前管理與安全有關的風險（risk）與危害（hazard），以避免事故發生⑮。而安全管理應涵蓋於整個航空業者作業系統，包括：飛航操作、簽派／航班監控、維修和檢驗、客艙安全（cabin safety）、地勤作業和服務、貨運作業、保安作業及教育訓練。

就安全管理系統來看，客艙安全為航空作業系統中一環，當然也是整體安全的一部分，以國際航空運輸協會（International Air Transport Association, IATA）對全球會員航空積極推動的安全認證IOSA（IATA Operational Safety Audit）——「IATA作業安全查核認證」為例。IOSA認證範圍涵蓋航空公司與安全相關八大領域，其中包含客艙作業（cabin operations）、組織與管理、航務、機務、簽派與管制、地勤作業、貨運以及保安。認證係由IATA核可的IOSA稽核公司派員至航空公司實地進行系統性查核及檢視，確保航空公司品質與飛航安全認可。另外自2015年9月，IATA為強化航空公司內部稽核系統，辦理重新認證時，必須通過更進階的強化作業安全查核Enhanced IOSA（E-IOSA）標準。

而客艙安全乃客艙組員完成相關的程序操作以確保機艙內客艙安全。這些程序操作有助於航機在正常運行或不正常及緊急狀況下能安全有效迅速的因應[17]。同時，客艙安全是包括從登機前的地面準備工作開始、乘客登機、飛機後推到滑行、起飛、航行中、下降、落地後靠回空橋的每一個階段，客艙內所有的安全相關事項[18]。因此，客艙安全，乃是一個領域的集合名詞，而非一項特定的功能[19]。此一集合名詞代表於意外事件時，對整個航機內工作中之組員及乘客之存活與損傷降至最低之整個環節。

由於此特性，客艙安全之討論範圍涵蓋航空產業許多層面，無論是飛機設計、客艙配置、營運、客艙服務、維修、人員訓練與保安等，皆有涉及客艙安全的部分[20]。IATA認為，客艙安全在航空公司安全管理系統中也是重要的部分，包含客艙設計及操作、裝備、程序、組員培訓、人因工程以及乘客管理等範圍內的活動，其中包括積極的數據資料收集以預防災害或損傷發生。是故，客艙安全之目標乃在藉由將客艙內環境中之危險因子降至最低，以減低航機失事後對乘員所可能造成之傷害並提高乘員生還機率；而客艙安全的涵蓋範圍為所有

與客艙乘員[3]安全相關的事物與活動。

　　一如中國大陸民航局於2015年的「關於進一步加強客艙安全工作的緊急通知」明確指出，客艙安全職責是乘務工作的第一職責。客艙工作的第一要務是保證乘客人身安全。各航空公司要重新審視客艙服務定位、評估服務程序，凡與安全相衝突的程序和標準，均應刪減、調整。安全是飛行第一要務。客艙組員，與飛航組員一樣，是機組必需成員，要在緊急時刻發揮關鍵作用。

第四節　空服員客艙安全相關勤務介紹

　　航機意外事故發生能否成功緊急逃生，與空服員良好嚴謹的訓練及即時正確的反應大有關聯。為確保飛航安全，空服員在訓練時必須熟悉各項緊急狀況（如失火、失壓等），像是艙門操作、緊急裝備使用及陸上／水上逃生演練等亦是重點。當然，除了訓練外，平日的服勤即將安全職責落實於例行工作中。

　　下列幾項乃空服員服勤時重要的飛安職責㉑：

1.報到後的飛行任務提示（包括飛航組員及客艙組員提示）。
2.起飛及降落時的安全檢查（safety check）。
3.對旅客的各項安全確認。
4.起飛前旅客安全提示。
5.旅客安全帶的使用確認。
6.例行的檢查（包含廚房、洗手間、客艙）。

---

[3]客艙乘員（cabin occupants）則指包含乘客與空服員。

7.緊急逃生程序及駕駛艙靜默規定[4]。

　　為確保航機安全，從登機前的組員報到，一直到飛機落地乘客離機，此段期間機上各個空服員依據被指派的任務與職責，執行相關檢查及準備。如我國民用航空法「航空器飛航作業管理規則」（如**表1-1**所示）明定起飛前乘客安全提示內容（AOR第45條）、起飛降落及遇亂流期間乘客安全帶繫妥確認（AOR第46條）、起飛降落前乘客行李置放妥當確認（AOR第48條）、確認乘客遵照電子裝備使用規定（AOR第49條）以及有關兒童安全固定系統之規定（AOR第101條）等安全檢查。

表1-1　航空器飛航作業管理規則

航空器飛航作業管理規則	
第45條	航空器使用人應於航空器起飛前確使所有乘客知悉下列事項：一、禁菸告知。二、電子用品使用限制之告知。三、座椅安全帶繫緊及鬆開之說明。四、緊急出口位置。五、救生背心位置及使用方法。六、氧氣面罩位置及使用方法。七、供乘客個別及共同使用之其他緊急裝備。 對可能需要協助迅速移至緊急出口之乘客，客艙組員應個別說明遇緊急時，至適當緊急出口之路線與開始前往出口之時機並詢問乘客或其同伴最適當之協助方式。航空器使用人應於航空器內備有印刷之緊急出口圖示及操作方法與其他緊急裝備使用需要之說明資料並置於乘客易於取用處。每一說明資料應僅適用於該型別及配置之航空器。
第46條	航空器使用人應確保組員於航空器起飛、降落時，告知乘客繫妥安全帶或肩帶。飛航中遭遇亂流或緊急情況時，組員並應告知乘客採取適當之行動。航空器使用人應確保航空器起飛後，即使繫安全帶指示燈號已熄滅，組員仍應立即告知乘客於就座時繫妥安全帶。航空器使用人不得准許乘客使用客艙組員座椅。但經民航局核准者，不在此限。

---

[4]駕駛艙靜默（sterile cockpit）規範介紹，詳見第二章〈空勤組員間溝通與協調〉。

客艙安全與健康管理

（續）表1-1　航空器飛航作業管理規則

航空器飛航作業管理規則	
第48條	航空器使用人應於營運規範內訂定乘客隨身行李計畫，該計畫應包括各航空器型別之隨身行李件數、重量、尺寸及相關控管作業，並報請民航局核准。乘客隨身行李應置於乘客座椅下或客艙行李櫃內，以避免滑動或掉落，並不得阻礙緊急裝備之取用及緊急撤離通道。……
第49條	航空器於飛航中，為避免航空器飛航或通訊遭受干擾，航空人員、航空器上工作人員或乘客應依本法第四十三條之二第二項公告之限制規定使用個人電子用品。
	「民用航空法」第43條之2（干擾飛航或通訊之器材禁止使用） 航空器飛航中，不得使用干擾飛航或通訊之器材。但經民航局公告，並經機長許可，由航空器上工作人員宣布得使用者，不在此限。前項干擾飛航或通訊器材之種類及其使用限制，由民航局公告之。
第101條	年滿二歲以上乘客搭乘航空器時，航空器使用人應為其配備具安全帶之座椅或臥鋪，供其於航空器起飛、降落及飛航中使用。使用兒童安全座椅時，該座椅應經民航局或其他國家之民航主管機關核准。

就AOR第45條除明定起飛前應完成對所有乘客安全提示外，另針對可能需要協助迅速移至緊急出口之乘客個別說明。例如針對視障乘客，空服員於乘客登機後，即主動提供機上安全提示，內容包括安全帶使用（如何繫緊及解開）、氧氣面罩、救生衣的位置及使用方法、最近的緊急出口位置等，在播安全示範說明影片時，亦協助模擬座位距離與前方、後方緊急出口距離。以中華航空為例，除了空服員口頭說明外，並首創於2015年起另提供機上中、英文點字版「旅客安全須知」，供視障乘客自行點閱，俾使視障乘客充分瞭解機上安全作業。

原AOR第49條，「航空器自關閉艙門並經航空器上工作人員宣布禁止使用時起至開啟艙門止，為避免航空器之飛航或通訊器材遭受干擾，除助聽器、心律調整器、電鬍刀或航空器使用人廣播允許使用之電子裝備外，所有個人攜帶之電子裝備均不得使用。」；然由於科技進步，新型飛機上的電腦系統預防通訊干擾已有相當進步，國外已有條件開放乘客使用3C產品，民航局參考歐美規定（**圖1-1**為FAA關於

圖1-1　FAA對機上電子用品使用規範

資料來源：本圖取自FAA網站，http://faa.gov/。

飛機上使用手機與電子用品規定之海報），自2015年6月公告放寬限制「干擾飛航或通訊器材之種類及其使用限制規定」。原本手機的通話與網路功能要開艙門後才能使用，改只要飛機降落、由跑道轉進滑行道後，經機組人員廣播，即可開啓通訊功能。另外，個人電子用品（Portable Electronic Devices, PED）使用規範只要關閉Wi-Fi及語音通話功能，即可全程使用不必關機。惟各航空公司飛機新舊程度不一且規格配備不同故規定亦不盡相同，乘客得配合機組人員指示。

　　在國內根據上述AOR第101條，年滿二歲以上之乘客（包括孩童）於起降階段必須留在配備有安全帶的座椅或臥鋪上，孩童坐在

固定於乘客座椅上之兒童安全座椅亦可。然而二歲以下之嬰兒與孩童，則未特別規定，可由成人環抱或使用兒童安全座椅皆可。在美國FAA則建議幼童搭乘飛機時應使用與體重相符的幼童固定系統（Child Restraint System, CRS）㉒，如**表1-2**所示。FAA特別強調成人攜帶幼童時，最安全的地方不是成人的膝上，而是將幼童置於CRS（**圖1-2**）上。特別是遇到亂流時，成人的手臂並無法保障幼童的安全㉒。兒童安全座椅須使用FAA認可裝置，另外幼童體重在10～20公斤，可使用飛機兒童安全帶（Child Aviation Restraint System, CARES）（**圖1-3**），此裝置由攜帶幼童的成人自備，如同CRS須有FAA認可，可代替兒童安全座椅，使用額外的安全帶和肩部護具，繞過座椅靠背與安全腰帶相連。

圖1-4依不同作業階段臚列出空服員安全工作重點。

客艙組員依照執掌、任務派遣與負責區域執行各項機上勤務，茲以例行流程說明空服員相關安全作業內容。

一、乘客登機前的準備

1.空服員著裝並於表訂報到時間（report time）前完成報到及參加組員任務提示（crew briefing）。

2.確認服勤裝備：

  (1)有效的護照證件（國際線）。

表1-2 依據幼童體重採用適合的固定系統

幼童體重	使用幼童固定系統
少於20磅（9公斤）	面朝機尾CRS（後向安全座椅）
20～40磅（9～18公斤）	面朝機首CRS（前向安全座椅）
22～44磅（10～20公斤）	使用CARES（機上兒童安全帶）
多於40磅（18公斤）	飛機座位安全帶

圖1-2　飛機上幼童使用兒童安全座椅

資料來源：FAA網站-Child Safety。

圖1-3　飛機上幼童使用兒童安全帶

資料來源：FAA網站-Child Safety。

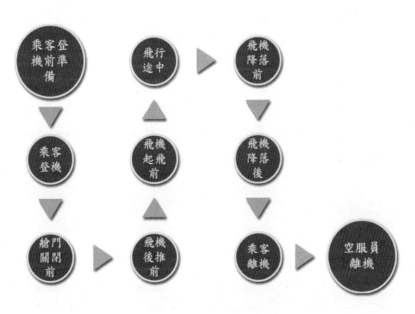

圖1-4　不同作業階段空服員安全工作重點

(2)空服員手冊。

(3)組員識別證。

(4)個人手電筒。

3.組員登機準備。

4.依照個人責任區域完成起飛前檢查（preflight check），包含艙門、組員座位及緊急裝備。

5.旅客登機前完成客艙保安檢查（security check），確認機上沒有可疑人、事、物。

二、乘客登機

1.空服員機上人數須符合民航法規要求——空服員最低派遣[5]人數（minimum crew）。

2.機內廣播（Public Address, PA）確認航班訊息，並提醒乘客注意隨身行李放置，及電子裝備使用規範。

3.確認乘客隨身行李依照規定置放妥當。

4.空服員向坐在緊急出口座位的乘客出示機上安全提示卡內容，並向旅客說明規定，並確認乘客有意願配合緊急逃生的協助。

5.關艙門前確認沒有地勤工作人員留在機上。

---

[5]「航空器飛航作業管理規則」第188條：航空器載客座位數為二十座至五十座時，應派遣一名以上之客艙組員。載客座位數為五十一座至一百座時，應派遣二名以上之客艙組員，於每增加五十座載客座位數時，增派一名以上之客艙組員，以確保飛航安全及執行緊急撤離功能。……乘客登機與離機時，航空器使用人應留置符合第一項規定之客艙組員於客艙內執行安全相關事宜。

三、艙門關閉前

1. 空服員於客艙內巡視並確認旅客：
    (1)隨身行李依規定妥善放置。
    (2)上方行李廂關妥。
    (3)空服員確認坐在緊急出口乘客是否合乎規定（如年齡、身體
        狀況、語言能力等），並檢查緊急出口前淨空無行李散置。
2. 座艙長與地勤人員確認艙門關閉。

四、飛機後推前

1. 確認艙門關妥並廣播提醒艙門調整至待命狀態（emergency
    mode）。
2. 空服員依照負責艙門調整至armed[6]位置。
3. 空服員以交互檢查（cross check）確認艙門在正確狀態。

五、飛機起飛前

1. 播放安全示範影片或執行安全示範（safety demonstration）。
2. 確認安全示範包含以下內容：
    (1)座椅安全帶使用。
    (2)緊急出口介紹及位置。
    (3)救生艇裝備的介紹（客艙若有配置）。

---

[6]客艙門Arm/Disarm位置，詳見本書第三章〈飛機客艙緊急出口〉。

(4)緊急逃生動線燈光。

(5)氧氣面罩位置及使用方法介紹。

(6)救生衣位置及使用方法介紹。

(7)安全提示卡。

(8)航班禁菸及煙霧偵測器說明。

3.準備起飛前安全提示廣播。

4.確定餐勤服務用品已收妥。

5.再次巡視客艙以確認客艙安全檢查：

(1)乘客坐好並繫妥安全帶。

(2)洗手間沒有人使用及關妥。

(3)乘客座椅椅背豎直、餐桌收妥、靠窗遮陽板打開、頭靠墊、腳踏墊以及耳機、螢幕收妥。

(4)乘客遵守手機與個人電子用品使用規範。

(5)客艙、廚房的隔簾固定收妥。

(6)確認廚房內用品及餐車固定好。

6.遵守駕駛艙靜默規定。

7.調暗客艙燈光（夜間飛行航班）。

8.返回組員座位。

9.空服員執行靜默複習[7]（silent review）。

六、飛機起飛後及飛行途中

1.執行適當程序以處理任何機內緊急、緊急醫療或不正常等狀況。

---

[7]空服員靜默複習（silent review）內容，詳見第二章〈空勤組員間溝通與協調〉。

2.確認乘客依照組員的指示和顯示的燈號。

3.確保走道上沒有無人看顧的服務用車及廚房內所有服務用品及
　餐車收妥固定好。

4.確保未經允許的人員不得進入駕駛艙。

5.繫緊安全帶燈號亮起時：

　(1)執行廣播告知乘客繫緊安全帶。

　(2)巡視客艙確認乘客遵守繫緊安全帶。

6.執行例行性的客艙巡視檢查（包含洗手間）。

七、飛機降落前

1.遵守特定機場保安措施規範。

2.確認準備降落廣播。

3.確認所有餐勤服務用品已收妥。

4.巡視客艙進行安全檢查並確認旅客遵守（同起飛前檢查項目）。

5.確認降落前廣播。

6.遵守駕駛艙靜默程序。

7.調暗客艙燈光（夜間飛行航班）。

8.返回組員座位就座。

9.空服員執行靜默複習。

八、飛機降落後

1.於組員座位保持就坐。

2.執行落地後廣播。

3.確認客艙及乘客遵守：

　(1)直到飛機停妥前隨身行李安置（不可移動）。

(2)直到飛機停妥前乘客安全帶須繫妥且不可起身走動或拿取行李。

4.確認艙門關妥並廣播提醒艙門調整至一般狀態（normal mode）。

5.待繫緊安全帶燈號熄滅後，依指示將艙門待命狀態解除（disarmed position）。

6.空服員以交互檢查（cross check）確認艙門狀態。

7.將客艙燈光調亮。

九、乘客離機

再次巡視客艙（確認沒有乘客及可疑物品或遺失物）。

十、空服員離機

任務後簡報。

案例

2007年9月13日，美國西北航空（Northwest Airlines）一架從日本大阪飛回台北班機，在桃園機場落地後，清潔人員上機清理時，卻赫然見客艙後座有一名睡眼惺忪的女性旅客被吵醒。發生空勤組員已完成清艙且離開，但乘客卻還在機上的疏失事件㉓。按照規定空服員於乘客下機後應依個人責任區域再次巡檢客艙，確認沒有乘客及可疑物品或遺失物品。此次安檢疏失事件明顯是空服員未落實巡艙所致。

從上述可看出客艙組員例行性安全作業內容，且此安全職責重要性在今日更顯重要。自從911恐怖攻擊事件後各航空公司對駕駛艙門區

域的管制與監視趨嚴，客艙組員角色與責任亦加重。於「航空器飛航作業管理規則」第193條中明定：「客運航空器之駕駛艙門，於飛航中應予關妥並上鎖。航空器使用人應提供方法使客艙組員於發現有礙飛航安全之干擾行為時能通知飛航組員。……」特別當2015年3月24日發生令人震驚的德國之翼（Germanwings）航空，副駕駛獨自在駕駛艙內並拒絕讓正駕駛進入，刻意操作飛機撞山。故為確保飛航安全，我國民航局發布飛安公告，各航空公司亦增訂駕駛艙安全管理程序。即當飛航中駕駛員因生理需求或其他因素需離開駕駛艙時，駕駛艙內至少應有兩名組員，其中至少一名須為飛航駕駛員。若航機派遣為兩位飛航駕駛員時，則須由一名資深空服員（通常為座艙長）進入駕駛艙監看。

結　語

　　或有人稱羨空服員工作可環遊世界，接觸不同的人群。然成為一位專業空服員須經過嚴格訓練考核。在光鮮亮麗的外表之下，其實工作負荷重、工時長，以及背負所有乘客性命安全的責任，他們不僅要面帶笑容兼顧服務，更必須臨危不亂，處理所有可能的突發事故㉔。除了本章介紹例行性執行客艙作業維護安全工作外，航機上許多突發狀況是無法預料的，如飛安事件、機長失能、緊急降落、客艙失火、滋擾乘客、醫療急救、恐怖威脅及劫機等，都需由空服人員冷靜謹慎的處理。因此，空服員職責工作與乘客搭機安全息息相關。

起飛降落時為什麼需要椅背豎直、遮陽板打開、行李收妥

　　每次起飛降落前空服員要執行客艙安全檢查（safety check），除了確認乘客安全帶繫妥外，豎直椅背並將行李收妥，同時要求靠窗乘客拉開遮陽板等。有時乘客不解為何需要如此？恐認為空服員找麻煩、干擾他，覺得做不做無所謂甚至不願意配合，或與空服員發生爭執。

　　由於起飛降落為飛機最容易發生意外期間。故為預防萬一，客艙應該保持淨空，做好準備。將椅背豎直才不會阻擋後座乘客逃生；個人行李、餐桌板及耳機線收妥，則不會影響他人，也不會造成自我逃生阻礙。將窗戶遮陽板打開，可以隨時看清外面（地形、高度、飛機姿態等），特別是飛機艙門上的窗戶通常不大，將遮陽板打開，於緊急撤離時能立刻查看機外狀況（是否起火、是否有障礙物），或在煙霧迷漫伸手不見五指的情況下，能依靠機艙外光線，有助於順利逃生。

　　同樣地，夜間起飛降落時，空服員將客艙燈光調暗，亦是有助於乘員在緊急撤離時能很快適應外面光線，爭取寶貴逃生時間。

註：波音787夢幻客機（Dreamliner），客艙窗戶遮陽板非採傳統手動的拉上／拉下，而是採用液晶體控制窗戶的透光程度，按一下窗戶下方按鈕，窗戶顏色即可調整，且空服員可以統一控制。故起飛降落時，空服員毋需再一一檢查開啟，能節省時間㉕。

參考文獻

① 〈緬懷英雄鄧月薇〉（2013年09月11日）。《星島日報》。http://news.singtao.ca/vancouver/2013-09-11/world1378884642d4691995.html

② 鄧月薇wiki。http://www.twwiki.com/wiki/%E9%84%A7%E6%9C%88%E8%96%87

③ 施益譯（2005），Gary M. Pomerantz著。《墜機之前，9分20秒》（*Nine Minutes, Twenty Seconds-The Tragedy & Triumph of ASA Flight 529*）。台北：大塊文化出版。

④ Forrest, S. (2015). "Should We Stay or Should We Go? Flight crews must consider many factors in deciding whether to order an evacuation," *Aero Safety World, Vol. 10*(1), March.

⑤ Thomas, F. M. (2015). "Steady Under Fire," *People, Vol. 44*(7).

⑥ https://en.wikipedia.org/wiki/Asiana_Airlines_Flight_214

⑦ 夏明珠專題報導（2013年07月15日）。〈空服員角色的今昔之別〉。《中廣新聞網》。

⑧ "High stress in high heels: Asiana Air flight crew praised for timely response". http://www.nbcnews.com/travel/high-stress-high-heels-asiana-air-flight-crew-praised-timely-6C10574503(2013/07/08)

⑨ "Hero flight attendants show job isn't about looks". http://lifestyle.inquirer.net/(2013/07/14)

⑩ 張有恆（2005）。《飛行安全管理》。台北：華泰文化。

⑪ 行政院飛航安全委員會（2006）。《飛得更安全》。台北：行政院飛航安全委員會。

⑫ 交通部民用航空局民航通告AC120-34（2005）。「航務」與「客艙安全」人為因素發展原則與執行方式。

⑬ 〈法航多倫多空難 排除機件故障〉（2005年08月10日）。《大紀元時報

香港》。http://hk.epochtimes.com/b5/5/8/10/5864.htm

⑭交通部民用航空局民航通告AC120-032D（2014）。安全管理系統。

⑮凡華譯（2014）。〈實施安全管理系統，建構優質成功事業〉。《飛行安全秋季刊》，第78期。中華民國台灣飛行安全基金會。

⑯交通部民用航空局民航通告AC120-032B（2007）。安全管理系統。

⑰IATA-Cabin Safety. http://www.iata.org/whatwedo/safety/Pages/cabin-safety.aspx

⑱GAIN (2001). Cabin Safety Compendium, Global Aviation Information Network (GAIN). http://flightsafety.org/files/cabin_safety_compendium.pdf

⑲戴佐敏、汪進財、袁曉峰、溫蓓章、郭兆書、陳冠旭等（2005）。《飛航安全研究之回顧與發展》。交通部運輸研究所與財團法人成大研究發展基金會合作研究，台北。

⑳交通部運輸研究所（2008）。《國籍航空公司航機客艙安全之探討》。台北：交通部運輸研究所。

㉑IATA-Airline Cabin Crew Training Course Textbook.

㉒FAA, Federal Aviation Administration. Child Safety. http://www.faa.gov/passengers/fly_children/

㉓陳如嬌（2007年09月27日）。〈清艙任客睡 西北航離譜 巡艙獨漏一人 清潔員上機才發現〉。《蘋果日報》。http://www.appledaily.com.tw/appledaily/article/headline/20070927/3852152/

㉔魯皓平（2014）。〈請配合空服員！飛航上最專業的「安全領航員」〉。《遠見雜誌》。http://www.gvm.com.tw/webonly_content_2958_2.html#

㉕王憶紅（2015年11月12日）。〈波音787-10超大舷窗 讓乘客看得到地平線〉。《自由時報》。

第二章

空勤組員間溝通與協調

- 一門之隔的距離？
- 空勤組員間溝通障礙
- 駕駛艙靜默規範
- 組員資源管理（CRM）

前　言

　　每個航班的飛航組員和客艙組員，就是一個團隊。飛航組員包括機長（pilot）和副機長（co-pilot或稱first officer）。機長亦被稱為Captain或PIC（Pilot in Command），飛航時指揮並負航空器作業及安全責任。副機長係指機長以外之駕駛人員，協助機長。客艙組員，由座艙長／事務長（chief purser）或座艙經理（cabin manager）或帶班人員（in charge flight attendant）負責。為確保有效及安全的飛行，團隊間必須有效的溝通以及瞭解彼此的角色和職責，而良好的溝通技能更是好的團隊合作不或缺的①。

　　飛航組員與客艙組員的訓練及派遣通常是分開各自獨立的，但在某些情況下，飛航組員與客艙組員的凝聚力與行動，必須是協調一致的；協調的首要前提即是組員間的有效溝通②。故在民用航空法「航空器飛航作業管理規則」第190條，亦明定「航空器使用人應訂定客艙組員訓練計畫，報請民航局核准後，據以實施。客艙組員經完成訓練，並經考驗合格後，始得執勤。」其中訓練即含括「與客艙安全有關之人為因素表現，包括飛航組員與客艙組員之協調。」

第一節　一門之隔的距離？

案例1

　　1989年1月8日英倫航空（Kegworth Air）92號班機從倫敦希斯洛機場至北愛爾蘭的定期航班，起飛後因引擎失效，於英國東米德蘭茲機場緊急降落時墜毀，航機距離跑道僅900公尺，事故造成機上47人死亡，79人生還。調查發現，一號發動機因葉片設計有瑕疵而斷掉，引擎損

壞。然當時飛行員判斷是飛機右側（二號）引擎故障導致飛機震動及冒煙，有問題的二號引擎被關閉後，機上震動情況及機艙內的煙霧卻巧合地改善了，這使得飛行員更加相信是二號引擎發生故障。然而當時機上部分空服員及乘客，已發現飛機左側（一號）的問題，有人當時看到火焰，有人看到火光或火花。故即便機長透過機上廣播系統說明飛機右側引擎故障且關閉③，但卻沒有人將此狀況告知駕駛艙組員，他們以為飛行員都知道是一號引擎出了問題④。

案例2

1989年3月10日，安大略航空（Air Ontario）1363號班機，在安大略墜毀，事故造成24人死亡，45人受傷。調查發現，是由於機翼結冰導致起飛失敗而墜毀，在班機起飛前一位空服員得知機翼上結冰卻沒有告訴飛航組員，因為他認為飛行員不歡迎其他組員報告任何操作上的資訊⑤。

案例3

1995年7月9日西蒙斯航空（Simmons Airlines）的一架ATR飛機起飛至600呎的高空後，飛機後段一客艙門脫離。在客艙門旁的空服員於艙門掉落前有聽到漏氣的聲音，但考量駕駛艙靜默規範（航機仍在1萬呎以下），故未通知駕駛艙組員⑥。事後詢問該名空服員在何種情況下，方會告知飛行員，他回答，當失火或是有不法乘客的時候③。

案例4

1995年9月5日，西北航空（Northwest Airlines）一架麥道DC-10目的地為德國法蘭克福，但卻錯誤地降落在比利時布魯塞爾。當時機上的空服員和乘客雖有發現飛行航路改變，但卻沒有嘗試通知飛航組員。甚至有空服員臆測，飛機可能被劫機，空服員直到飛機開始下降明顯錯降機場時，雖曾考慮通知駕駛艙組員但囿於駕駛艙靜默規定（1萬呎以下）而作

罷③、⑦。

飛行安全基金會（Flight Safety Foundation）認為起飛後的3分鐘與降落前的8分鐘對於飛航組員是關鍵的11分鐘，在此期間飛航組員必須避免參與和操作飛機無關的活動。倘若空服員在此期間發現火災發生、煙霧竄出、飛機不正常的傾斜、聲響與震動或是飛機可能有漏油的情況時，有責任對駕艙組員提出必要的溝通，且必須適時的將訊息充分傳達給駕駛艙組員⑧。然而，從上述四個案例可看出，飛航組員與客艙組員雖在同一架飛機工作，共同為安全航程努力，且空服員有機會，也有可能影響駕駛艙組員的決策，改變事件結果。但即使僅一門之隔，卻仍發生前後艙聯繫不足、溝通失效的缺失。是故，如何降低前後艙間溝通障礙，增進組員間溝通協調，對飛航安全影響甚鉅。

第二節　空勤組員間溝通障礙

一、影響組員溝通效能的障礙

影響組員間的溝通有很多因素①，例如：疲勞、語言障礙、工作量、缺乏傾聽技巧、壓力、不良的溝通、恐懼、文化差異；缺乏理解他人的情境、工作和職責；以及偏見等。

有學者認為因駕駛艙組員與客艙組員彼此任務及身分不同，造成雙方的溝通缺乏信賴與一致性⑨。故即便同在一架飛機上，然所處工作環境卻是明顯不同——飛航組員工作環境屬於封閉安靜型，客艙組員則為開放吵雜多元環境，迥異的工作環境對心理因素亦會產生不同影響⑩。另有研究從人口特性及工作環境特徵，比較前後艙溝通及文

化差異⑦，如**表2-1**可看出兩群體間明顯差異。

　　該研究進一步指出，存於客艙和駕駛艙之間的溝通障礙，主要是有形障礙、性別差異和管理原因（如駕駛艙靜默規範）。一道駕駛艙門不只是有形的屏障，更加劇了社會心理的距離和隔離⑪。特別在911事件後，依照規定飛機駕駛艙門於引擎啓動前要上鎖，且艙門變爲更加厚重且能防彈的鋼門，另須監控進出管制，種種強化安全保安措施無形中更加深前後艙溝通障礙。儘管空勤組員性別在過去幾年已有很大的變化，然性別不平等（甚至是刻板印象）依然存在。飛行員的工作被視爲由男性主導，而空服員的工作則由女性爲主導。性別差異對男性及女性在溝通有極大影響，反應在他們如何與人溝通、溝通的語言風格、訊息傳達的關係、資訊樣態以及如何傾聽他人等⑫。而爲避免駕駛艙組員在飛行關鍵階段（包括滑行、起飛、降落和其他飛行操作低於1萬呎時）發生被無關飛行事務干擾分心，此段期間爲「駕駛艙靜默」。然而，因爲扭曲效應（如權力距離和性別影響）復加上沉默效應等因素，導致空服員的兩難困境——出現該傳達重要訊息給駕駛艙組員時卻選擇沉默⑬。

表2-1　飛航組員與客艙組員間不同人口特徵與工作特性

特徵	飛航組員	客艙組員
性別	多數爲男性	多數是女性
年齡	多爲30～60歲	多爲20～40歲
工作環境	較密閉	較寬敞
體力活動	較固定	較動態
噪音程度	比較安靜	比較吵雜
起飛前工作負荷	較高	較低
飛行中工作負荷	較低	較高
認知取向	技術取向	社交取向

資料來源：Chute, Rebecca D., et al. (1995). Cockpit/cabin crew performance: Recent research.

二、有效的溝通

許多因素會影響團隊溝通與任務，其中像是衝突、工作負荷、壓力和團體互動等。若具備良好的人際溝通能力，即使是在面對困難或緊張的情況下，亦能為成功團隊合作做出重要貢獻。這些技巧包括①：

1. 能夠清晰傳達。
2. 能夠積極傾聽並做出回應，提出適當的問題或澄清不清楚的情況。
3. 能夠給予和接受建設性的反饋意見。
4. 在互動時保持專業。
5. 作為適應性和彈性。
6. 尊重他人的想法、意見和感受。
7. 能夠察覺到自己的偏見和判斷。
8. 對他人的想法和建議保持開放態度。
9. 有效地管理衝突。
10. 當別人需要幫助或遇到困難的時候，願意主動支持。
11. 對做出的決定表示支持。

飛航組員與客艙組員共同追求的目標是飛航安全效果與效率。然而，客艙組員與飛航組員通常已各自發展出不同的職業文化，在大多數組織中，這兩種人員分別隸屬於不同部門，因此形成了訓練、手冊與程序上的差異；但重要的是，勿因此兩種職業文化上的差異而阻礙了良好的溝通⑭，或讓空服員限於彼此專業不同或囿於法規的權威而遲於傳達正確資訊。

在空服員新進訓練及年度複訓，空服員透過學習可認知自身和他人的疲勞及壓力。並學習如何在壓力情境下保持冷靜，同時知道運用方法來克服這些障礙和挑戰，以增進更有效能的表現。訓練內容通常包含以下主題①：

1.支持性團隊的行為。

2.均衡參與。

3.建立基本規則。

4.明確定義的角色和職責。

5.良好的領導。

6.來自領導和其他團隊成員的支持。

7.激勵。

8.有效的時間管理。

9.有效的工作負荷管理。

除了上述訓練外，讓客艙組員多瞭解一些飛航的機械知識對於溝通的流程也有一定的影響，例如，當不正常的情況發生時，可以把相關的訊息轉達給飛行員知悉。如果飛行員不敢預期客艙組員可以提供可靠的訊息，那他們可能會懷疑乃至猶豫要不要參考客艙組員提供的訊息。同樣地，客艙組員要是懷疑自己的機械知識，他們也會比較不敢傳達訊息給飛行員③。

第三節 駕駛艙靜默規範

在許多狀況下，飛航組員都專注於航空器的操作而無法注意到非必要的溝通，雖然為保障飛航組員不被潛在不安全因素打擾的規範已被廣泛使用，但它可能限制了客艙組員向飛航組員通報具潛在危機的

重要資訊⑭。

一、駕駛艙靜默意義

係指飛航組員須能夠注重其職責而不被與飛行不相干之事物所分心，自起飛前準備、飛機脫離終端管制區域至巡航高度止，組員應要求克制非必要之對話，自落地前準備至飛機停於航站大廈止，其要求亦同。即在1萬呎下僅能和駕駛艙做與安全相關的聯繫。而許多實例顯示客艙組員在實施「駕駛艙靜默」程序時，有時僅為取得乘客資訊或其他與安全無關的理由而進入駕駛艙內或與駕駛艙聯繫，這樣的干擾不但會分散飛航組員的注意力，也會對他們的工作造成不良的影響⑮。

二、駕駛艙靜默期間

然而，對客艙組員而言，有時很難判斷「駕駛艙靜默」程序何時正在實施，除非被告知或接到信號，否則他們將無從得知飛機何時到達1萬呎高度。某些航空公司採用「10分鐘的標準」，換言之，駕駛艙靜默程序之執行原則是以起飛後的前10分鐘及降落前的10分鐘實施。因此，空服員確切預估實施的期間的確有其困難性，故客艙組員當須對情境有所警覺⑮。

三、駕駛艙靜默規定對空服員的影響

如前所述，空服員由於「駕駛艙靜默」規定及其他心理因素，導致未能適時傳達客艙重要資訊予飛航組員。然此舉可能遭致的潛在危

機或許比違反「駕駛艙靜默」規範更為嚴重。空服員會為了擔心違反「駕駛艙靜默」程序而未將重要訊息（如廚房內垃圾桶失火、機身振動且有巨大聲響、艙壓的變化等）通知飛航組員。實際上，將任何異常的聲響及異常的情況儘快報告飛航組員是非常重要的⑮。

第四節　組員資源管理（CRM）

組員資源管理（Crew Resource Management, CRM）目的為促進飛航安全與保安。飛航組員與客艙組員需要彼此溝通、合作及發揮團隊精神⑭。

案例

2009年1月15日，全美航空（US Airways）一架客機，起飛後因遭到鳥擊致兩具引擎故障而迫降於紐約哈德遜河，機上150乘客和5名機組員在27分鐘內成功地緊急撤離。美國NTSB失事調查報告中，指出該航班能成功迫降的因素中，除了天候外，機長正確的決策能力，加上該航班空服員發揮了有效率的組員資源管理所致。

一、CRM內容

根據全球飛安統計數據顯示，超過七成飛航事故發生的原因與人有關，同樣的在我國飛航事故調查發現，飛航事故之主要發生原因近七成與駕駛員有關，若包含其他如維修人員、航管人員及組織因素等，則約88%與人有關⑯。英國Cranfield大學研究者提出，儘管飛行仍然是目前最安全的旅行交通工具，但隨著科技的發展，未來航空安全

兩個最大威脅來自於人為錯誤和不安全的空運貨物（如貨物內藏有鋰電池）⑰。

而廣泛應用於航空業的組員資源管理，即以預防事故及意外為首要目的，CRM訓練包含團隊合作、領導才能、問題解決、溝通、決定、風險管理、威脅及缺失管理等議題，以防範人為缺失。而組員資源管理訓練，此團隊管理概念源於駕駛艙環境中的應用，原稱為駕駛艙資源管理（Cockpit Resource Management）。隨著客艙組員、維修人員、簽派員以及其他人員的加入，CRM的概念已經演變成組員資源管理（Crew Resource Management）。CRM意指有效地運用所有可用資源，包括人力資源、硬體、資訊、甚至文化等。前艙組員的正確決策是飛航安全所必需的，而所有與駕駛艙組員之間有例行性工作關係的其他人員也可以視為有效CRM過程中的一部分⑱。近年更著重在威脅與疏失管理方法之探討。民航界普遍將CRM視為一重要改善飛安及增進企業組織文化之利器⑯。

二、飛航組員與客艙組員飛航前提示（briefing）

促進飛航組員與客艙組員間合作的關鍵不但要仰賴彼此的溝通聯繫，而且也在於增進對彼此職責及雙方關注事務的瞭解。平常執勤時，重要的是每一位組員都熟悉彼此在飛航各階段的作業，如此方能瞭解彼此的工作量，這種認知可以避免對彼此的誤解、不切實際的期望以及不適當的要求。則遇緊急情況時，每一位組員能確實瞭解彼此的期望，方能有效地合作②。

(一)飛航組員與客艙組員飛航前提示

每一趟飛行前，組員皆須執行飛航前提示簡報，同組組員執行續程飛航時亦須執行。機長於飛行任務開始前會對所有機組人員進行簡

報以確認傳達相關飛行資訊。包含讓客艙組員知道飛航組員的姓名、航路氣象資料（包含亂流）、預計飛行時間以及任何在飛航中可能會遭遇的異常情況；其他像進入駕駛艙程序、緊急溝通聯絡程序的確認或是任何組員考量到的重要事項等，都應被涵蓋在內。同時，飛航前提示也應讓組員們對他們認為相關的訊息進行彼此的意見交換⑭。

　　飛航前提示，可全體組員共同完成或由機長與座艙長執行後，再由座艙長向其他客艙組員提示。任務前的提示應針對組員協調、航空器作業等的相關問題及包括（但不限於）下列項目：任何飛航所需要的資訊，包含故障的裝備、可能會影響作業或乘客安全的異常事物、必要的溝通、緊急和安全程序，以及天候狀況等⑭。

(二)座艙長與客艙組員提示

◆客艙組員提示

　　乃由座艙長向其他客艙組員提示。按優先順序實施，應包括（但不限於）下列項目：

　　1.指派之起飛和降落位置。

　　2.複習緊急裝備。

　　3.需特別注意的乘客。

　　4.靜默複習（silent review）過程。

　　5.複習適當的緊急狀況。

　　6.可能衝擊到乘客或組員安全的保安或與服務相關的主題。

　　7.任何由公司提供的額外資訊。

◆座艙長提示

　　除上述之外，座艙長提示亦應複習所有相關程序，包含以下內容：

1.特別是當航空器與客艙組員一般值勤之航空器有所差異時。

2.組員應複習如何撤離。

3.如何操作艙門。

4.瞭解逃生滑梯充氣手柄位置以及滅火器的位置等⑭。

三、緊急撤離溝通

　　緊急狀況發生時，溝通上最常見的問題是飛航組員未告知客艙組員緊急狀況的種類、客艙準備可使用的時間以及必要的特殊指令（例如僅可使用飛機某一邊的緊急出口實施撤離）；儘管作業手冊內已向客艙組員傳達了這些訊息，但是這些問題仍然會發生。緊急狀況時，客艙組員所接受訊息的明確性和時機是極為重要的，因此飛航組員傳達的訊息應該是清楚、明確及具指導性的。模糊不清的敘述及無明確的指示，都可能會造成誤解而導致浪費寶貴的時間⑭。

　　聯絡溝通是飛航組員、客艙組員及乘客間，在緊急情況下有效完成標準作業程序的重要關鍵。在異常情況下，聯絡溝通的主要目的是以明確簡潔的方法來傳達重要訊息⑭。當執行緊急撤離時，組員間之溝通聯繫扮演著關鍵的角色，發動緊急撤離即為一例，有種狀況是客艙組員花太長時間等待飛航組員的撤離指令，事實上駕駛艙與客艙間聯繫已經中斷，此為飛航組員與客艙組員間無效之溝通。它會導致乘客與組員暴露於危機中，並受到莫須有或致命的傷害，進而危害到撤離的成功與否。無效的溝通包含下列項目：(1)不當地使用專業術語會導致其他組員誤判情勢；(2)客艙組員延誤傳遞重要訊息予飛航組員；(3)對所收到的訊息未加確認⑭。從下述案例可看出，緊急撤離時溝通訊息正確之重要性。

案例

　　1994年3月2日，美國大陸航空（Continental Airlines）一架MD-82客機，於紐約La Guardia機場進行緊急撤離。飛航組員透過機上廣播告知：“......we see no fire be careful......go to the rear of the airplane......after you exit the aircraft.”有部分乘客及空服員認為撤離指示令人錯亂，他們解讀飛行員廣播是指示要從飛機後面出口逃生（exit via the rear of the airplane）。故位於客艙後面一空服員遂開啓尾門（tail cone）並啓動逃生滑梯，然因為機尾翹起滑梯離地高約20呎無法使用，空服員再次引導乘客由前方出口離機[19]。美國NTSB失事調查報告中，即指出由於駕駛艙組員和客艙組員溝通上混淆不清，致無法有效進行緊急疏散且客艙組員未能正確執行逃生指令[20]。

　　所有緊急撤離都會危害及造成不同程度的傷害，當發動機仍在運轉及航空器未停妥之前，由客艙組員發動之撤離是很危險的。因此授權客艙組員在明定之情況下發動撤離是很重要的[14]。

四、空服員靜默複習

　　「靜默複習」（silent review）又稱「靜默時刻」（silent moment）或「30秒複習」（30-second review）。即空服員複習遇緊急時的個人處置程序。此亦爲組員資源管理（CRM）的一部分，並應納入空服員新進訓練和年度複訓中。此外，也應在每次客艙組員飛行前提示中強調。每一次起飛及降落前，客艙組員應對緊急撤離之職責完成「靜默複習」，特別是空服員平日機上勤務忙於服務流程及處理乘客相關需求，因此要專注一心於安全相關的職責是不易的。然各國客艙安全專家咸認，空服員執行「靜默複習」爲應對飛機緊急情況的基

本要素。故即使有不同名詞，且只在起飛降落時執行的靜默複習，已經成為航空公司在客艙安全訓練課程不可或缺的一部分㉑。

(一)「靜默複習」應包含的項目

每一次起飛及降落前，客艙組員應對緊急撤離之職責完成「靜默複習」。「靜默複習」建議應包含的項目（但不限定於下列項目）：

1.防撞姿勢。
2.判斷。
3.組員間協調。
4.緊急撤離。
5.指定及替代出口的操作。
6.協助者（able-bodied passengers）的座位。
7.行動不便需要協助乘客座位。
8.緊急撤離的指令㉒。

(二)「靜默複習」的內容

茲說明靜默複習內容如下：

1.防撞姿勢：空服員要思考組員座椅是朝前或後，該採取什麼最適的防撞姿勢。
2.判斷：空服員要重視情境察覺，如航機越水飛行，或機艙外處於冬季氣候等。
3.組員間協調：空服員應自問「這是何種機型？」、「相對於其他組員，我的職責是什麼？」、「我是否負責緊急疏散警報或應急照明系統開關？」等。
4.緊急撤離：當航機進行緊急撤離時組員的相關程序。
5.指定逃生出口和替代出口：包含開啟操作艙門時是否確認機艙

外狀況及開逃生門（或替代出口）程序。

6.瞭解協助者（ABPs）以及需要被協助乘客的座位。

7.緊急撤離的指令：在飛機突然停止或撞擊前對乘客喊叫，通常如「抱頭」及「彎腰」等。

除上述外，下列內容亦應包含在「靜默複習」訓練中，如知悉最近的緊急出口、確認空服員的腰部及肩式安全帶確實扣緊、察覺緊急情況發生的跡象、確認逃生滑梯充氣狀況、當撤離時若出口故障能立即指引乘客及緊急撤離後監視機艙外的狀況等複習㉑。

五、聯合組員資源管理訓練（Joint CRM, J-CRM）

從前述討論可知，空勤組員間有效的合作必須基於有效的溝通。而學習有效溝通並減少溝通障礙，就空勤組員間而言聯合訓練乃是必備㉓。飛航組員與客艙組員的J-CRM訓練已經行之有年，聯合訓練中有一項非常有效的活動，就是讓每個群體都能夠瞭解其他群體在共同議題上的訓練。而共同議題的例子包括航機延誤、在客艙中使用個人電子設備的問題，以及疏散和迫降陸／水面等⑱。

在一項以空服員爲對象研究，比較參加CRM訓練前後在安全態度上的差異，顯示空服員在團隊合作與溝通上有顯著的進步，該研究進一步證明CRM訓練對增進前後艙間正向團隊行爲是有效的工具；此外，針對飛行中緊急事件演習，前後艙聯合訓練能提供有效策略，以化解飛航組員和客艙組員間溝通障礙㉔。

故聯合組員資源管理——讓飛航組員與客艙組員一起接受CRM是非常重要。能夠提升團隊合作、增進環境察覺以及溝通技巧，另有助於當未獲駕駛艙組員下達緊急撤離指令時，空服員該如何啓動客艙撤離的標準判斷等。有些航空公司在前艙模擬機訓練課程加入客艙組

員（坐於觀察員座椅），透過此模擬訓練，當航機有異常狀況時，空服員更能知悉飛行員工作負荷及任務優先順序等，相對地，空服員更能掌握緊急狀況時客艙準備可因應的時間㉕。反之，有些航空公司聯合訓練時讓飛行員坐進客艙，以瞭解空服員於緊急狀況時需要進行的作業程序。因此藉由客艙組員和飛航組員的聯合訓練，來達成溝通協調、減少安全死角的效果以增進緊急應變能力。

六、客艙線上作業安全稽核（Cabin LOSA）

「線上作業安全稽核」（Line Operations Safety Audit, LOSA）始於1990年代，用來評估CRM的成效㉖。線上作業安全稽核計畫是一系統的航線觀察方法，由專家及受過訓練的觀察員跟隨飛航組員參與整個航程作業，以專業評估蒐集執勤時行為及環境因素等資料，藉資料整合分析提升客艙安全。LOSA的基本原理來自威脅與疏失管理（Treat and Error Management, TEM）以及風險管理概念，目的在於透過此安全查核系統，提早發現航務之線上作業，如系統面、制度面、人為因素面等不符合之現象，進而達到改善及預防的目的⑭。避免可能發生的疏失、化解威脅、減少人為錯誤。

導入LOSA此種用於識別、分析和控制人為錯誤的安全管理方法，增進客艙安全。一如澳洲航空（Qantas Airways）參照飛航組員LOSA作業，進行客艙觀察以瞭解客艙安全行為實際執行。並於2009年國際客艙安全會議中分享自2005年開始客艙線上作業安全稽核計畫效益，包含客艙組員有更高的安全責任覺察、能強化政策和程序，藉此更新重整客艙組員手冊以及改善溝通等優點㉗。同時提出客艙作業常見UAS（Undesired Aircraft State）——航機非預期狀況：指當威脅及疏失未被偵測或被適當管理時，飛機及客艙乘員會處於安全風險增加的環境中。常見的UAS如㉘：

1.未妥善固定安置行李或裝備。

2.飛機滑行時乘客站立。

3.登機時客艙門無人看管。

結　語

從過去許多離奇的飛機失事與意外事件案例，凸顯出駕駛艙與客艙間不良的協調與溝通所造成的影響與危害。除了實體的駕駛艙門導致空勤組員間隔離感外，另外駕駛艙靜默規定可能造成的誤解與溝通上的延遲等，皆爲溝通障礙可能因素。而聯合CRM訓練能增進溝通成效。針對空勤組員溝通議題，有學者提出建議如下：

1.所有客艙組員都應接受CRM初訓，複訓中必須包含與駕駛艙組員聯合訓練的單元。

2.客艙組員的CRM訓練應包括對駕駛艙靜默規定，簡單、清楚能與實務結合地進行解說。

3.除了CRM訓練外，若能給予威脅與疏失管理的訓練，對客艙組員將非常有助益。

4.每一趟飛行前，所有飛航組員與客艙組員應在一起進行任務提示，爲鼓勵客艙組員的參與感，提示應以輕鬆、非正式的氣氛進行。

5.客艙組員需要知道自願安全報告系統[1]，並鼓勵大家善用。

---

[1]我國飛安會亦建置「飛安自願報告系統」（TAiwan Confidential Aviation safety REporting system, TACARE）。「自願、保密、無責」等特性提供航空從業人員一個分享親身經歷或提出工作上所發現任何可能影響飛安問題的管道，經過分析與研究之後，提供相關單位作爲檢討與改進的方向，以避免此類「潛伏性」的危險因子繼續演變成失事事件。

6.機上廣播系統應該要設法改善，或研發裝設新式系統，例如個
　人耳機，以確保客艙組員總是可聽到飛行員的廣播③。

參考文獻

①IATA-Airline Cabin Crew Training Course Textbook.

②魏家祥、林柏岑、李信忠、黃念椿（2011）。「IATA威脅與疏失管理訓練班受訓心得報告」。台北：飛行安全基金會。

③漢斯譯（2012）。〈不只是一道門〉。《飛行安全夏季刊》，第69期。中華民國台灣飛行安全基金會。

④維基百科：英倫航空92號班機空難。https://zh.wikipedia.org/wiki/英倫航空92號班機空難

⑤https://en.wikipedia.org/wiki/Air_Ontario_Flight_1363

⑥https://en.wikipedia.org/wiki/Sterile_Cockpit_Rule

⑦Chute, R. D., Dunbar, M. G., Hoang, V. R., & Wiener, E. L. (1995, November). Cockpit/cabin crew performance: Recent research. In Annual International Air Safety Seminar (Vol. 48, pp. 487-507). Flight Safety Foundation.

⑧交通部運輸研究所（2008）。《國籍航空公司航機客艙安全之探討》。台北：交通部運輸研究所。

⑨Edwards, M. (1992). Crew coordination problems persist, demand new training challenges. Flight Safety Foundation. *Cabin Crew Safety, 27*(6).

⑩葉詩笛（2011）。《飛航組員及客艙組員影響溝通協調關鍵因素之研究》。中央大學土木工程學系學位論文。

⑪Chute, R. D., & Wiener, E. L. (1995). Cockpit/cabin communication: I. A tale of two cultures. *International Journal of Aviation Psychology, 5*(3), 257-276. [Electronic version]. http://cabinfactors.com/pages/tale_of_two_cultures.htm

⑫Tannen, D. (1995, September-October). The power of talk. *Harvard Business Review, 735*, 138-148.

⑬Krivonos, P. D. (2005, February). Communication in aircraft cabin safety: Lessons learned and lessons required. In Proceedings of the 22nd Annual

International Aircraft Cabin Safety Symposium.

⑭交通部民用航空局民航通告AC120-34（2005）。「航務」與「客艙安全」人為因素發展原則與執行方式。

⑮交通部民用航空局民航通告AC120-36（2006）。飛航組員與客艙組員間之協調溝通。

⑯行政院飛航安全委員會（2006）。《飛得更安全》。台北：行政院飛航安全委員會。

⑰〈人為過失 未來威脅飛行安全兩大因素之一〉（2015年10月21日）。《大紀元時報》。http://www.epochtimes.com/b5/15/10/21/n4554726.htm

⑱交通部民用航空局民航通告AC120-005B（2004）。組員資源管理。

⑲FSF Editorial Staff (1995). Rejected takeoff in icy conditions results in runway overrun. *Accident Prevention, 52*(5).

⑳National Transportation Safety Board (1995). Runway overrun following rejected takeoff; continental Airlines Flight 795, McDonnell Douglas MD-82; LaGuardia airport, Flushing, New York; March 2, 1994.(NTSB/AAR-95/01).

㉑Flight Safety Foundation, Editorial Staff (2002). Consistent use of "Silent Review" supports quick, correct actions. *Cabin Crew Safety, 37*(2), 1-8.

㉒《客艙安全檢查員手冊》。〈客艙安全工作輔助 第一節〉。

㉓Krivonos, P. D. (2005, February). Communication in aircraft cabin safety: lessons learned and lessons required. In Proceedings of the 22nd Annual International Aircraft Cabin Safety Symposium.

㉔Ford, J., Henderson, R., & O'Hare, D. (2014). The effects of Crew Resource Management (CRM) training on flight attendants' safety attitudes. *Journal of Safety Research, 48*, 49-56.

㉕Forrest, S. (2015). Should We Stay or Should We Go? Flight crews must consider many factors in deciding whether to order an evacuation. *Aero Safety World, Vol. 10*(1).

㉖邁德譯（2014）。〈蓄意違反規定〉。《飛行安全春季刊》，第76期。中華民國台灣飛行安全基金會。

㉗Rosenkrans, W. (2009). Flight Safety Foundation. *Bucking Convention. Aero Safety World*, 30-33.

㉘Haubold, N. (2009). Cabin Audit. In International Aircraft Cabin Safety Symposium. Southern California Safety Institute.

第三章

飛機客艙緊急出口

- 飛機客艙門種類
- 緊急出口乘坐限制與規範
- 機翼上出口及上層艙滑梯
- 機艙門操作
- 影響逃生滑梯使用因素及注意事項

前 言

　　飛機艙門不僅是乘客上下飛機出入口，或是餐勤服務運送的通道，更重要的是作爲緊急狀況時能讓成員快速安全離開飛機的緊急出口。根據ICAO的統計數據，在1997～2007年間世界發生的飛機事故中，約有90%乘員（約8萬人）借助緊急撤離設備生還。爲能保證乘客在飛機發生事故時能夠快速撤離飛機，大型客機上必須安裝緊急撤離滑梯①。

　　「航空器飛航作業管理規則」第191條中明定：「緊急撤離演練應符合下列規定：一、載客座位數超過四十四座之航空器，應在九十秒鐘內完成。二、航空器使用人於首次使用之機型載客座位數超過四十四座，於營運前或航空器經相關修改後，應以實機作乘客緊急撤離演練一次。三、年度訓練或定期演練得於緊急逃生訓練艙實施。」航空公司依法規制定空勤組員訓練及相關作業手冊，於航機需緊急撤離時，能依照程序執行。

第一節　飛機客艙門種類

飛機客艙主要有三種艙門

1.客艙通道門：主要用於乘客出入（entrance door）——通常利用飛機左邊的艙門，以及餐廚服務（service door）——通常利用飛機右邊的艙門。
2.機翼上緊急出口（overwing exit）：緊急疏散時使用。

3.上層艙（upper deck）門：如B747上層爲緊急疏散用，但A380的
　上層艙門可進行餐廚服務。

　　根據美國聯邦航空法規（FAR），飛機艙門依不同目的及設計可
分爲與客艙地板同高緊急出口（floor level exit）及非地板同高緊急出
口（non-floor level exit）——如機翼上窗形緊急出口（window exit）。
然所有客艙門皆可用於緊急撤離。緊急出口依照形狀及尺寸大小可分
成下列種類：與地板同高緊急出口——Type I、Type II（除非在機翼
上）、Type A、Type B、Type C；另有非地板同高的緊急出口——Type
III、Type VI。另有從飛機機尾——尾端（Tail Cone）開啓的緊急出
口。各式艙門尺寸大小則依照英文字母（從A至C）；或羅馬數字（由
I到IV）由大至小排列（**表3-1**），目前最大尺寸的艙門爲Type A。飛機
上依載客座位與所需艙門種類和數量規定如**表3-2**，若座位數超過179
人座時，則機身每一邊根據以下艙門種類，可增加載客座位數：Type
A爲110人、Type I爲45人、Type II爲40人及Type III爲35人。

表3-1　不同形式客艙門形狀及尺寸

種類	形狀及尺寸
Type I	長方形，寬大於24吋，高48吋
Type II	長方形，寬大於20吋，高44吋
Type III	長方形，寬大於20吋，高36吋
Type IV	長方形，寬大於19吋，高26吋
Type A	長方形，寬大於42吋，高72吋
Type B	長方形，寬大於32吋，高72吋
Type C	長方形，寬大於30吋，高48吋

表3-2　飛機座位數和所需艙門種類及數量

飛機座位數	所需艙門種類及數量數量
1〜9人座	機身每邊至少一個Type IV門
10〜19人座	機身每邊至少一個Type III門
20〜39人座	機身每邊至少一個Type II門 & Type III門
40〜79人座	機身每邊至少一個Type I門 & Type III門
80〜109人座	機身每邊至少一個Type I門 & 每邊至少兩個Type III門
110〜139人座	機身每邊至少兩個Type I門 & 每邊至少一個Type III門
140〜179人座	機身每邊至少兩個Type I門 & 每邊至少兩個Type III門

　　另外，飛機艙門左邊與右邊乃是以面對機首區分，艙門號碼除了有左右之分外，並由前至後編碼。以**圖3-1**為例，為波音777-300ER廣體客機（wide-body aircraft）客艙配置圖。廣體客機係指雙走道客艙。客艙門位置分別於左側5個，艙門編號依序為L1（1L）〜L5（5L）；右側5個，艙門編號依序為R1（1R）〜R5（5R）。其中L3與R3為機翼上方出口（註：777-300ER 10個艙門全部為Type A艙門）。

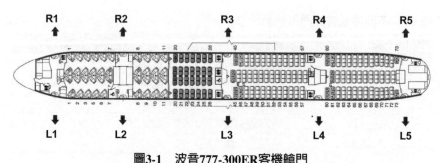

圖3-1　波音777-300ER客機艙門

資料來源：客艙配置圖取自長榮航空網站www.evaair.com。

　　如**圖3-2**為空中巴士A320窄體客機（narrow-body aircraft）客艙配置圖。窄體客機係指單走道客艙。客艙門位置分別於左側4個，艙門編號依序為L1（1L）〜L4（4L）；右側4個，艙門編號依序為R1

（1R）～R4（4R）。其中L1、R1、L4、R4為Type I艙門；L2、L3與R2、R3為機翼上四個緊急出口（Type III）。

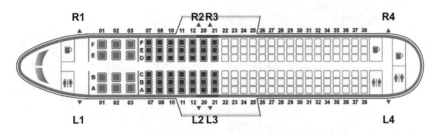

圖3-2　空中巴士A320型客機艙門

資料來源：客艙配置圖取自聯合航空網站，https://www.united.com。

第二節　緊急出口乘坐限制與規範

「緊急出口座位」係指可直接通往緊急出口，不需穿過走道或隔板之座位，航空公司手冊所訂定之程序必須包含機隊中每一型別之緊急出口座位③。很多乘客喜歡選擇坐於緊急出口旁，由於此排座位接近逃生出口，加上前排沒有乘客，雙腳可自由伸展空間也較大些，乘坐更舒適。然而逃生門座位前方於起飛降落前不能放置任何物品，乘客的隨身行李必須放置上方行李廂內。

更重要的是，當有緊急情況發生時，乘坐於緊急出口座位的乘客，在組員需要協助的情形下，緊急出口座位乘客將被賦予協助機內乘客緊急逃生義務。因此不論是起飛前的安全提示或是書面的乘客安全提示卡內，應包含緊急出口操作及逃生要項等資訊。空服員亦會於乘客就座時，檢視乘客是否符合相關的規範並提示相關安全資訊〔如**圖3-3**澳門航空緊急出口旁座位乘客須知卡，及**圖3-4**日本亞細亞航空

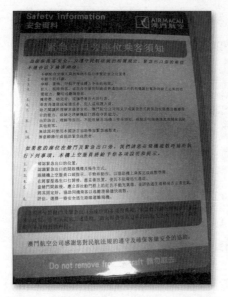

圖3-3　澳門航空緊急出口旁座位乘
　　　　客須知卡

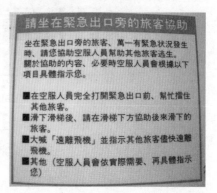

圖3-4　JAA於安全須知卡上說明坐於
　　　　緊急出口旁的旅客協助事項

（JAA）[1]於機上安全須知卡上說明〕，並請乘客參閱、瞭解有關他們
在緊急狀況時需要執行的作為（**表3-3**）③。當然，航空公司通常對緊
急出口旁乘坐人員有所限制（**表3-4**）。空服員於飛航中應持續監控該
座位乘坐情況，確保不符選擇標準之乘客不會更換座位至緊急出口。
組員應於降落前再次檢查以確保該座位乘客符合選擇標準，及確認起
飛前所選定之乘客仍符合選擇標準（例如飛航中飲酒過量、受驚嚇、
生病、受傷等皆不適宜）③。

---

[1]日本亞細亞航空（Japan Asia Airways, JAA）已於2008年4月1日併入日本航空。

表3-3　緊急出口旁座位乘客義務

1.就坐於緊急出口位置
2.能辨識打開緊急出口之裝置
3.能瞭解打開緊急出口之說明
4.開啓緊急出口
5.能評估打開緊急出口是否將增加乘客風險
6.遵守組員口頭指引或手勢
7.放置或固定緊急出口（艙門）的方法以避免阻礙出口之使用
8.評估逃生滑梯之情況、啓動逃生滑梯、穩定充氣後之逃生滑梯以協助乘客撤離
9.能迅速撤離
10.評估、選擇並依照安全的路線自緊急出口撤離

表3-4　緊急出口旁座位乘客限制

1.雙臂及雙腿有足夠體能、活動力及機動性執行下列事項： (1)可向上、向旁及向下觸及緊急出口，並操作緊急出口裝置。 (2)能抓、推、拉、轉或以其他方式操控機械裝置。 (3)能推撞或以其他方式開啓緊急出口。 (4)能迅速到達緊急出口。 (5)能迅速撤離。
2.年齡大於15歲的乘客。
3.能瞭解航空公司所提供書面之有關緊急撤離說明或飛航組員口頭指令者。
4.無需在他人的協助下就能執行航空公司所賦予之協助事項者。
5.沒有視力障礙，能順利執行航空公司所賦予之協助事項者。
6.沒有聽力障礙，能順利執行航空公司所賦予之協助事項者。
7.能適時傳遞訊息給其他乘客者。
8.無需照顧幼童或其他隨行者。
9.不會因執行被賦予之協助事項而遭致傷害。

第三節　機翼上出口及上層艙滑梯

一、機翼上緊急出口（Overwing Exits）

　　FAA於1994年，對於載客數60人以上之運輸類飛機訂定了通往Type III逃生門逃生通道之最低通道寬度要求。Type III型逃生門通常位於飛機中段機身兩側機翼上方位置，故其門檻往往高於機艙地板高度。目前仍普遍配置於營運中之中小型飛機，如波音B727、B737和空中巴士A320等飛機上。營運經驗也發現提高最低通道寬度之Type III型逃生門其乘員疏散速度可增加約14%④、⑤。

　　然而，相較於從逃生滑梯（escape slide）撤離，緊急逃生時從機翼上出口離開較易發生乘員受傷，特別是需要從一定的高度往下跳。且逃生充氣滑梯不論乘員任何體型或年紀皆可使用。另從心理因素考量，機翼上出口是從不可控的高度向下跳，乘客使用時不像逃生滑梯比較有安全感⑥。

　　因Type III艙門通常是在機翼上方，且由於客艙組員位於其他位置，故它多半是由乘客開啓。此機翼上方的窗型艙門主要有兩種類型⑦，一種為disposable hatch如圖3-5，須將窗型艙門由機身拆下，並置於客艙內不會阻礙逃生出口處或丟出機艙外；另一種為self-disposing hatch如圖3-6，在新一代飛機中可見（如波音737 NG），使用時只需下拉頂部把手即可將艙門自動向外推出，既簡化緊急出口操作又不會阻礙出口。

　　研究指出，在缺乏指導或實做下很少有人能正確操作機翼上出口（如Type III、Type IV），況且乘客有可能因為情急緊張，未先檢視門

圖3-5　機翼上出口——disposable hatch

資料來源：本圖攝於JAA B767-300安全須知卡。

圖3-6　機翼上出口——self-disposing hatch

資料來源：本圖攝於大韓航空Korean Air B737-900安全須知卡。

外狀況就貿然打開出口⑥。故空服員應對坐於機翼緊急出口旁的乘客給予個別相關說明，包含確認外面狀況（例如是否起火）、如何開啓及放置該艙門等。部分飛機由於機翼距離地面較低，故未另裝置逃生滑梯；有些航機則因機翼距離地面有一定高度，故機翼上另設有充氣滑梯。

又如B767、B747及A380，機翼上逃生滑梯構造較特別，滑梯必須避開引擎部分，下滑前機翼上另有一段平緩坡道滑梯（稱爲ramp slide）。故乘員從機翼上逃生後，若有充氣滑梯自是從滑梯而下，如

圖3-7。若機翼上緊急出口未設置充氣滑梯,則應順著機翼上箭頭指示由飛航組員已放下機翼後緣襟翼(flaps)處坐滑下(或跳)。然此部分,即便航空公司於安全須知卡中圖示標出(如圖3-8),或是於緊急

圖3-7　機翼上逃生滑梯

資料來源:本圖攝於JAA B767-300安全須知卡。

圖3-8　機翼上逃生出口

資料來源:本圖攝於Continental Airlines[2]B737-800/900安全須知卡。

---

[2]美國大陸航空(Continental Airlines)已於2012年3月3日併入聯合航空。

出口上標示提醒，如海南航空張貼於出口上的警示文字：「警告：從翼上應急出口緊急撤離時，須沿機翼表面應急撤離指示路線撤離，否則會導致人員傷亡。」（如圖3-9），然若乘客未查閱或不清楚，則實際逃生時成效定會受阻。從下述案例即可看出：

案例

　　2015年7月8日，中國海南航空（Hainan Airlines）一架波音737-800飛機，由合肥飛廣州的HU7244航班，因貨艙警報返航，8名乘客跳下機翼摔傷。據報導撤離時空服員開啟前後逃生門放下滑梯讓乘客逃生（註：為Type I艙門），其中四個緊急出口位於機翼上（註：為Type III艙門），乘客打開緊急出口後從機翼滑下，然多名乘客卻未按指示從靠近機身的機翼滑下地面，反而站在機翼上看熱鬧，不少更是帶著行李、穿上高跟鞋，多人更從機翼邊跳到地面，骨折受傷⑧。

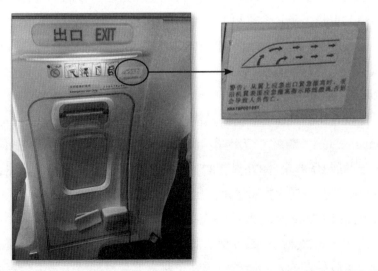

圖3-9　B737-800機翼上緊急出口；緊急出口艙門上標示逃生指示路線（依照箭頭方向）

資料來源：本圖攝於JAA B767-300安全須知卡。

從上述新聞的發布看來，乘客受傷應當是可以避免的。可看到飛機機翼右側上方出口兩個被開啟的出口，乘客卻並非從機翼後緣處（襟翼）箭頭指示方面下滑（此處距離地面高度低），而是反方向（往機頭）從機翼前緣，甚至攀坐於引擎上滑下，看來險象環生，乘客的確易因往下跳而受傷。

二、上層客艙逃生

隨著世界最大載客量客機——空中巴士A380問世，超大型客機（Very Large Aircraft, VLT）如何在最短時間內逃生撤離，即受到關注。A380共有16個緊急出口（皆為Type A）分別在主層艙（main deck）有10個，上艙層（upper deck）有6個。隨著緊急出口數量增加，相對在緊急撤離的難度與任務也增加⑨。

以上層客艙來看，A380為全長度的上層客艙，較B747（僅有部分上層艙）更長，載客容量更大。A380上層艙門離地面高近8公尺（7.9公尺）較B747-400上層艙門離地面還高些（B747為7.8公尺），A380上層艙門滑梯長度更達到15公尺（50feet），較B747上層滑梯14公尺（46feet）還長些⑨⑪。

即使A380於2006年在德國漢堡完成逃生撤離測試（emergency evacuation test）驗證。資料顯示測試時共開啟8個逃生出口（主層艙5個，上艙層3個）全部876員在87秒內疏散完畢。且從上層艙撤離速度與主層艙沒有差異（主層艙每個出口平均每秒1.3人到1.8人不等；上層艙每個出口平均每秒1.3人到1.6人不等）⑫。

然而，此畢竟為演練非真實狀況。試想，當航機發生狀況緊急撤離時，乘員站在約2～3層樓高處往下跳入充氣滑梯時，是否會遲疑畏縮甚至影響其他人撤離受阻②⑬。根據調查，由於乘客不瞭解大型航空器兩艙層所使用之緊急出口是獨立的，特別是乘客經由主艙層進入

飛機，許多乘客都會選擇登機時使用的艙門作爲緊急出口，結果逃生時經由樓梯下到主艙層撤離⑨，反而造成了主艙層前方出口的擁塞。爲減少此種人爲因素影響撤離，客艙組員的責任即爲引導上艙層乘客使用安全的逃生出口，避免他們使用主艙層出口，故客艙組員在訓練時當特別強調他們對於大型航空器內乘客的有效指引控制。

A380客機艙門滑梯另有滑梯延長（extendable length slide）新功能。若飛機降落時姿態異常——如起落架受損導致機尾觸地（tail-low），此時當主層艙門距離地面高度超過正常5.1公尺時，機上的感應器將自動延長部分滑梯，以確保滑梯能到達地面使用⑫。

第四節　機艙門操作

一、艙門待命狀態

緊急逃生時，無論是陸上降落啓動逃生滑梯或水上的救生筏（艇），能立刻充氣讓乘員快速離開，靠的是艙門內置的滑梯包（slide pack），滑梯包平常收起，緊急時裡面的鋼瓶啓動可使之充氣。在飛機關艙門後，空服員要依規定，讓艙門置於待命狀態（emergency mode），依機型不同有不同操作方式，一種是將操控手柄從disarm移到arm（圖3-10）。另一種是將逃生梯桿（girt bar）扣在機艙地板上，此稱爲arm doors；反之，當飛機落地後要開艙門前，必須解除待命狀態回到一般狀態（normal mode），空服員會將逃生梯／筏的操控按鈕轉回disarm，或將扣在機艙地板上逃生梯桿解下歸位（圖3-11），此稱爲disarm doors。

緊急陸上降落時，艙門於待命狀態下，一開門就會自動充氣成滑

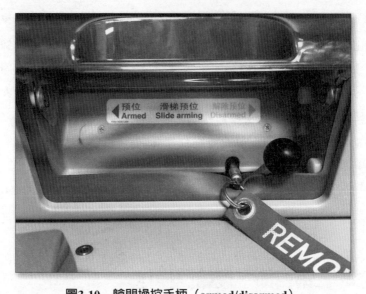

圖3-10　艙門操控手柄（armed/disarmed）

圖3-11　空服員艙門操作──使用逃生梯桿（girt bar）

梯，飛機在海上迫降時，開門後自動充氣後能當作救生筏。

二、機艙內或機艙外開門

現代的民航客機艙門皆是採用內崁式（plug type）艙門。利用飛行時艙內較高的氣壓，將機門從艙內緊閉在門框上。因此，在高空飛行時，緊閉的艙門不會被意外打開[7]。此外，艙門多有防誤設計，只要從外面開門，即使機艙內設定在待命狀況——armed position，能解除成一般狀態（disarmed），此可避免外面開艙門滑梯充氣導致人員受傷及裝備受損。這也是大多數航空公司皆由地勤人員由外面開門之故（註：有少許機型從外面並無法解除艙門待命狀態，故仍由艙門內控制armed/disarmed的空服員開門）。

三、機艙門操作程序

(一)一般艙門操作

如同檢查緊急裝備般，空服員登機後需按照個人的責任區域檢查艙門及緊急出口。檢查要點如下：門把手應在正確位置、若門內裝有逃生滑梯（slide）其壓力指針在正常範圍（**圖3-12**）且門設定在一般（normal position），而非待命狀態。

飛機艙門分為一般艙門操作（normal door operation）及緊急狀況艙門操作（emergency door operation）。在空服員訓練中除了熟悉前述兩種操作外，對於緊急疏散時的程序亦須熟稔清楚，例如艙門故障或逃生滑梯自動充氣失效及門外起火或有障礙物等反應處理程序，須經過再三演練與考核通過，以確保緊急狀況時能在最短時間完成乘客撤離疏散。

圖3-12　艙門檢查——壓力指針在正常範圍

◆出發——關艙門

所有艙門關閉後到飛機開始滑行前，座艙長會透過廣播，如「doors for departure」或「prepare for departure」，通知負責空服員將所有艙門關好檢查並置於待命位置（armed position）。空服員進行交互檢查（cross-check）後，立於艙門邊走道上舉手以大拇指向上手勢（一般稱OK Sign），完成回報。座艙長接收回報並確認所有艙門均已準備妥當，準備起飛。

圖3-13以空中巴士A321機型艙門為例，艙門關妥後檢查艙門鎖定指示為綠色「鎖定」字樣locked（**圖3-13-1**），艙門置於armed位置（**圖3-13-2**）。

◆抵達——開艙門

在飛機停妥後，繫緊安全帶燈號熄滅後，座艙長會透過廣播如「doors for arrival」或「prepare for arrival」，通知負責空服員將所有艙門解除待命位置（disarmed position）及交互檢查。待空橋或是梯車靠妥後，負責的空服員與外面的地勤人員溝通確認好後，方能打開艙門讓乘客下機。準備開艙門前，負責開門的地勤人員會先敲艙門幾

圖3-13-1　艙門鎖定指示

圖3-13-2　艙門置於armed位置

圖3-13　A321艙門

聲，提醒空服員空橋已靠妥準備，並將大拇指向上動作（OK Sign）貼於艙門外的觀察窗上，而空服員若完成艙門解除待命與交互檢查後，亦會在艙門內的觀察窗比出OK Sign（圖3-14），表示雙方確認完成，則可由地勤人員從外面開門。

　　下圖以空中巴士A320機型為例，座艙長（L1/1L）可透過控制儀表板（panel）確認機艙門狀態——已開啟艙門及艙門已解除待命（disarmed position），如圖3-15所示畫面。

(二)緊急艙門操作

　　飛機上開啟緊急出口的方法須迅速、標示須明顯，且不需外力協助〔圖3-16為阿聯酋航空（Emeriate Airlines）A380客機艙門上標示與說明〕。常見的逃生出口型式為Type A、Type I及Type III。Type A艙門常見於廣體客機，藉由轉動或拉起門上之手柄而開啟；Type I艙門通常

圖3-14　空地勤人員互以OK Sign確認可準備開艙門

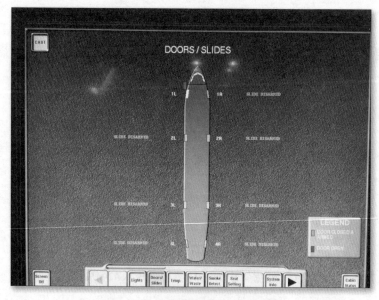

圖3-15　L1空服員座位上儀表板

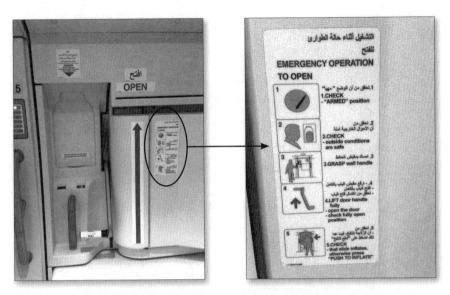

圖3-16　阿聯酋航空A380艙門上緊急操作圖示及說明

　　是藉由向紅色箭頭的方向旋轉手柄180度來操作。空服員的重要任務之一，即當飛機關上艙門準備起飛前，必須把逃生艙門放置armed的待命狀態，當遇到緊急事件時，一推開門，逃生梯會自動打出並於10秒內即充氣膨脹伸展成滑梯狀，以利乘客及組員滑降逃生。逃生滑梯依據緊急出口大小，有分單滑道（single-lane）滑梯與雙滑道（dual-lane）滑梯。雙滑道撤離可承載人數多也可加快撤離（如A380經認證撤離資料，平均一分鐘最多可撤離70人）⑨。故空服員指引乘客離開飛機時，須以正確清楚的口令指揮如「兩個兩個一起」（雙道滑梯），一次一個（單道滑梯）等。

　　因此遇緊急狀況開門前，空服員仍須注意：

1.確認是否收到駕駛艙組員或座艙長下達撤離指令（evacuation signals）並評估狀況是否開啟緊急逃生門。
2.確認艙門在正確狀態。

3.檢視機艙外情況能否開門（是否有障礙物、起火及飛機的姿態
　——如水上降落艙門是否低於水面），如圖3-17所示。

4.開啓艙門並確認滑梯已充氣完全，若艙門開啓後滑梯未能自動
　充氣，則可啓動手動充氣拉柄（manual inflation handle）使滑梯
　充氣。圖3-18則以A321艙門為例，於艙門打開右側可看到紅色
　手動充氣拉柄（PULL字樣）。

第五節　影響逃生滑梯使用因素及注意事項

一、影響逃生滑梯使用因素

　　研究指出，客機上緊急撤離滑梯能幫助乘員加速撤離飛機，然而
人為因素及機械因素會致使滑梯的效能受限。人為因素包含⑨：

1.逃生時乘客通常會拿取自身的行李背包（這些物品會造成逃生
　時受傷）。

2.相較於主層艙，緊急逃生乘客使用上層艙滑梯是否會遲疑。

3.逃生時受傷較嚴重乘員通常和使用機翼上出口向下跳者有關聯。

　　在機械因素方面根據一份航機撤離研究資料顯示，發生至少有一
個滑梯故障無法使用的比率約為37%（19件中有5件）⑩。而逃生滑
梯失效原因包括無法充氣、飛機姿態、風大影響、滑梯燃燒等。當緊
急情況時，逃生滑梯失效，不僅造成延遲（乘客無法使用最近出口逃
生）更會增加乘員緊張。

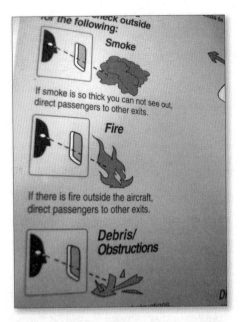

圖3-17　緊急狀況開門前應先確認機艙外狀況（沒有煙、火及障礙物）

資料來源：本圖攝於聯合航空B737安全須知卡。

圖3-18　艙門內手動充氣拉柄

二、操作失誤

(一)空服員操作失誤

客艙門開啟前客艙內外人員需先相互確認，避免逃生滑梯打出，艙門開啟或關閉後其把手均須復位，以避免刮傷機身蒙皮。通常涉及客艙門的事故，以地停時誤將逃生滑梯打出居多，依據國內外數據，於營運中之航班誤將逃生滑梯打出的成本約25,000美元，此尚不包括損及車輛裝備或對人員造成傷害的金額⑭⑮。

從國內外媒體報導，不時可見空服員因為個人疏忽致操作失誤，如航機落地後，忘記先將逃生滑梯設回正常位置，結果在待命狀態下開門，誤將逃生滑梯釋放的意外事件。通常發生在艙門關閉後飛機還未起飛前，又有旅客要求或其他因素，臨時要再開艙門，但空服員未先將艙門解除待命狀態，便直接開門導致逃生梯充氣；或是航機落地後，因失誤致未正確解除艙門待命狀態，誤將逃生滑梯釋放的意外（**圖3-19**為2014年6月一架中國南方航空CZ330航班波音787在廣州新白雲國際機場誤放緊急滑梯）。

如我國民航局於2013年鑑於當年國籍航空已發生五起逃生滑梯因作業疏忽，導致無預期施放案件，特發飛安公告提醒所屬航空公司操作人員務必遵照標準作業程序⑯。而此種因為程序未落實的人為失誤事件，不僅造成航班延遲、營運成本增加，更有可能導致地面人員因意外受傷，故空服員服勤時務必留意。通常發生後航空公司會對失職人員加強訓練或警告懲處。

(二)乘客誤觸

除了空服員或地勤人員疏失導致誤放逃生滑梯外，乘客誤觸艙門

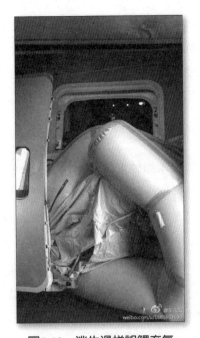

圖3-19　逃生滑梯誤觸充氣

資料來源：圖片取自澎湃新聞網。⑰

　　導致滑梯充氣事件也不少。如2015年初中國大陸春運期間即連續發生兩起飛行中乘客強行打開緊急艙門事件。不僅危害旅客自身的安全，更影響航班的正常起降。違犯乘客視情節輕重對損害賠償罰金，甚至要追究刑事責任。又如2015年一名男性乘客搭乘荷蘭航空（KLM）試圖在3萬呎高空打開客機艙門，被空服人員制止，在飛機降落後被警方逮捕。該乘客被罰款600歐元，且被禁止搭乘KLM航班五年。

　　一般而言，飛機緊急出口艙門被打開，不同情況有不同修復作業（如僅有艙門開啓或是起動滑梯充氣等）。根據「航空器飛航作業管理規則」第47條中明定：「備有自動充氣緊急撤離輔助裝備之航空器，於執行載客任務時，在該裝備之啓動裝置未備妥可用前，不得於地面移動及飛航。」，故航空公司需依狀況採取不同的因應措施。如

逃生滑梯充氣，則必須卸下滑梯，先檢視是否破損，再將氣體抽出經過繁複手續方可重新收疊打包裝回客艙內。且爲確保安全，航機必須重新檢視，有時因應短少的緊急逃生滑梯，須減少機上載客數以符合規定；或有需要將該航機停飛待修復完全才能放行。

(三)乘客留機時加油作業

依據「航空器飛航作業管理規則」第75條中明定：「飛機乘客於客艙內或上、下飛機時，航空器使用人不得進行加油作業。但有下列情形者，不在此限：一、有合格之人員能在旁待命，提供緊急逃生及疏散之指令及引導。二、飛機上飛航組員及地面加油人員已建立雙向通訊管道……」。是故，航機如須進行乘客留機時加油作業，爲維護安全，加油作業開始與結束時座艙長應被告知。客艙內「禁止吸菸」標誌亮起，但「繫緊安全帶」燈號熄滅。座艙長會以廣播提醒乘客於此加油期間中禁用火柴、打火機及任何電器用品並禁止吸菸。空服員並確認所有乘客留在座位上且解開安全帶。同時座艙長確認空橋及登機梯未撤離，其他艙門置於待命狀態（armed position）。空服員應保持警覺並在緊急逃生出口邊巡視，並保持走道及至出口方向淨空，且每一個主要的出口皆有空服員就位，除了避免有乘客誤觸逃生滑梯外，亦可於緊急狀況時立刻放下逃生滑梯疏散乘客。如加油作業期間有任何異狀（如客艙內有油氣時），應隨時通知飛航組員及機邊地勤負責人員。

參考文獻

①王惠玲（2011）。〈民用飛機應急撤離滑梯設計技術分析〉。《航空工程發展》，2(1)，37-42。

②〈飛機緊急撤離的故事：90秒鐘的考驗〉（2013年09月09日）。民航資源網。http://tw.weibo.com/carnoc/3620743558760887

③交通部民用航空局民航通告AC121-003（2007）。出口座位安排計畫。

④林日新（2014）。新加坡民航學院（SAA）與美國FAA合辦「客艙安全——抗撞適航」訓練出國報告。台北：交通部民用航空局。

⑤FAA, Federal Aviation Administration. Fact Sheet: Improvements to Aircraft Survivability. https://www.faa.gov/passengers/fly_safe/safety_improvements/

⑥Forrest, S. (2015). Should We Stay or Should We Go? Flight crews must consider many factors in deciding whether to order an evacuation. *Aero Safety World, Vol. 10*(1).

⑦https://en.wikipedia.org/wiki/Evacuation_slide

⑧〈合肥飛廣州航班冒煙後緊急返航 有乘客從機翼跳下受傷〉（2015年07月09日）。《合肥在線》。http://news.hefei.cc/2015/0709/025398197.shtml

⑨Kreckie, Jack (2011). The challenge to airport emergency services for evacuations on multi-deck. *Journal of Aviation Management*, 7-18.

⑩FSF Editorial Staff (2005). Analysis of evacuation-slide problems calls attention to recurrent issues. Flight Safety Foundation. *Cabin Crew Safety, 40*(3).

⑪Goodrich facility flies with Airbus contract (2002). *Phoenix Business Journal*. http://www.bizjournals.com/phoenix/stories/2002/03/25/story1.html?page=all

⑫Rosenkrans, W. (2007). Over in a Flash. Flight Safety Foundation. *Aero Safety World*, 46-49.

⑬Michaels, Daniel and Lunsford, J. Lynn (2005). Cabin Pressure: On Its Giant

Plane, Airbus Tests Exits-And Humans, Too. *The Wall Street Journal*, March 22.

⑭Keagle, S. (2010). Jet blue flight attendant steven slater: Is he a hero to airline worker? *The Wall Street Journal*.

⑮彭斯民（2015）。〈機坪危害與人為因素〉。《航空安全及管理季刊》，2(2)，129-158。

⑯交通部民用航空局飛安公告ASB：No. 102-007/CS（2013, Nov.）。

⑰欒曉娜（2014）。〈兩天三起航班誤放滑梯，民航華東局緊急召開安全會議〉（2014年6月27日）。《澎湃新聞網》。http://www.thepaper.cn/newsDetail_forward_1253050

第四章

飛機上緊急裝備

- 飛機上緊急裝備類型
- 相關法規
- 緊急裝備檢查要項
- 機內標誌

前　言

　　緊急裝備（emergency equipment）為客艙安全設計的最後防線，為萬一發生緊急狀況時協助旅客及機組人員，能安全且快速逃生的工具，其相關規定除了在設計檢定時依照適航標準進行檢定外，多數的裝備需依據營運的規範進行配置①。空服員的訓練必須包含對機上緊急裝備的認識操作，且平日服勤前提示項目亦包含對各項裝備的複習。

第一節　飛機上緊急裝備類型

　　一般而言，機上緊急裝備分成三種：緊急撤離裝備、滅火裝備及急救與醫療裝備。一為航機緊急撤離時用逃生滑梯、救生艇、救生背心、擴音器及迫降後可於發送電波的緊急定位發報器與求生裝備等；二為滅火裝備如滅火器、煙霧偵測器及手斧與防煙面罩等；三為醫療急救用，如可攜式氧氣瓶、急救箱、醫療箱與自動體外心臟電擊去顫器（Automated External Defibrillator, AED）等。茲說明如下：

一、緊急撤離裝備

(一)航機緊急疏散設備

　　飛機機門和緊急出口，皆配置緊急設備，以協助乘客和機組員在緊急狀況時能離開飛機。這些設備包含逃生滑梯／筏，並可自動充氣或有手動充氣手柄。若於陸上疏散，乘客和機組人員可從逃生滑梯下滑離開飛機。若為水上疏散，逃生滑梯／筏成為一個漂浮裝置，可使乘客和機組人員進入。救生艇上亦配備有急救藥品、信號裝置與遮篷

等求生物品（有關救生艇上的裝備詳見本書第十章〈水上緊急降落及逃生要領〉）。

航機除了以上的逃生滑梯、救生艇外，另有裝備如下：擴音器（megaphone）、手電筒（flash light）、成人／兒童用救生衣（life vest）、嬰兒救生衣（baby life vest）、緊急定位發報器（Emergency Locator Transmitter, ELT）（可於陸地上及水上使用）以及緊急逃生繩（passenger compartment escape straps）。

(二)緊急照明

客艙內設有可獨立電源的緊急照明系統，其照明範圍如下②：

1.客艙。
2.緊急出口區。
3.緊急出口標誌（exit sign）。
4.緊急出口位置標誌（exit locator sign）。

(三)乘客救生衣

有關乘客救生衣放置則會因艙等不同而擺放位置不同，經濟艙多置於座椅下方（**圖4-1**）；豪華經濟艙以上艙等則多置於扶手旁（**圖4-2**）。

二、滅火裝備

航空器內搭載使用的零件和材料有阻燃要求。如「航空器飛航作業管理規則」第102條中明定：「航空器內部裝潢，如天花板、壁飾、幃幕、窗簾、地毯及坐墊、椅套、棚架等，其防火及耐火功能應經民航局委託之機關、團體檢定合格。但經民航局認可之航空器設計國民航主管機關檢定合格者，不在此限。」

圖4-1　經濟艙救生衣位於座椅下方

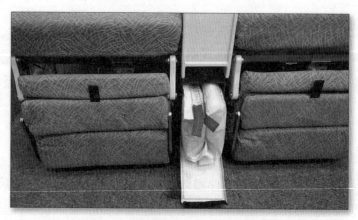

圖4-2　商務艙救生衣置於座椅旁邊

此外，當發生火災時空服員得使用客艙內配備的滅火設備滅火。機上滅火裝備的數量和類型或有不同，包含以下這些類別：

1. 海龍滅火器（halon fire extinguisher）（**圖4-3**）。
2. 水滅火器（water fire extinguisher）（**圖4-4**）。
3. 防煙面罩（smoke hood/portable breathing equipment）（**圖4-5**）。
4. 手斧（axe）（**圖4-6**）。
5. 洗手間內煙霧偵測器（lavatory smoke detectors）（**圖4-7**）。
6. 洗手間內自動滅火器（automatic lavatory fire extinguishers）（**圖4-8**）。

圖4-4　水滅火器

圖4-3　海龍滅火器

圖4-5　防煙面罩

圖4-6　手斧

圖4-7　洗手間內煙霧偵測器

圖4-8　洗手間內自動滅火器

隨3C電子產品日益普及，乘客帶進客艙隨身行李電子用品的數量也增加，相對風險亦增加。有些航空公司已在飛機上新增對隨身電子用品中鋰電池滅火裝備，使客艙組員能迅速有效處理。如名為Life Kit的Firebane（圖4-9）滅火用品，及稱為FireSock的防火袋（圖4-10），裝備包含防熱手套及一個防火密封袋。

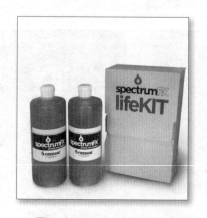

圖4-9　Life Kit-Firebane

資料來源：圖片取自Aircare公司網站，http://www.aircareinternational.com/。

圖4-10　FireSock

資料來源：圖片取自Aircare公司網站，http://www.aircareinternational.com/。

三、急救與醫療裝備

航機上急救與醫療裝備如下：

1.急救箱（first aid kit）。
2.可攜式氧氣瓶（portable oxygen bottles）（**圖4-11**）。
3.緊急醫療箱（Emergency Medical Kit, EMK）（**圖4-12**）。
4.自動體外心臟電擊去顫器（AED）。
5.急救用防護裝備及利器處置器（biohazard kits or precautions kit）。
6.人工呼吸面罩（resuscitation mask or face shield）。

圖4-11　可攜式氧氣瓶

圖4-12　緊急醫療箱

資料來源：圖片取自Aircare公司網站，http://
www.aircareinternational.com/。

第二節　相關法規

　　緊急裝備會因為不同機型、不同國家、不同法規要求而配置不同的緊急裝備項目與數量。航空公司客艙組員需完成對緊急裝備使用方法、時機與機上位置等訓練考核，以確保在緊急情況下能迅速處理回應。FAA對於緊急裝備主要規定說明如下：

1. 急救箱所擺放的位置需要有清楚的標示且平均分布於客艙內，急救箱內的物品需要符合規定。
2. 緊急醫療箱（EMK）每架飛機需配置一套。
3. 每位空服員都需配備伸手可及的手電筒。
4. 滅火器所在位置需要清楚標示且平均分布於客艙內。
5. 每架飛機需配置手斧一只。
6. 每位乘客均需配置救生衣或是浮墊。
7. 每架飛機需有足夠數量的救生筏，並配置有緊急求生裝備（survival kits）。
8. 每個座位都需要確定人員在繫緊安全帶的狀況下，氧氣面罩是可及的。
9. 每架飛機需配置緊急定位發報器ELT（Emergency Locator Transmitter），通常位於救生筏或緊急出口處。
10. 若是緊急出口距離地面超過6呎，則需要配置逃生滑梯①。

　　此外，我國民用航空法「航空器飛航作業管理規則」對機上緊急裝備規範如表4-1。

表4-1　「航空器飛航作業管理規則」對機上緊急裝備規範

航空器飛航作業管理規則	
第8條	航空器使用人應於航空器上備有緊急救生裝備之清冊，其內容包括救生艇及煙火信號器之數量、顏色、型式、急救藥包之內容、飲水供應、手提緊急無線電裝備之型式及頻率。任何時間航空器使用人皆應能立即將該清冊提供給搜救指揮單位。
第98條	航空器應裝置急救箱、醫療箱及衛生防護箱，其裝置數量、器材及藥品依附件八辦理。
第99條	航空器應裝置經認可之便攜式滅火器，其裝置數量依附件九辦理。滅火器內盛裝之藥劑於使用時，不得肇致航空器內有毒性之空氣汙染。
第100條	航空器使用人應確保第九十八條及第九十九條規定之各類設備均於有效使用期限內。
第101條	飛航組員座椅應配置安全帶。該安全帶應具備自動抑制軀幹之裝置，於快速減速情況下，能維護其人身安全。載客之飛機應配置具備安全帶及肩帶之客艙組員座椅，並能符合遂行緊急撤離之需求。 前項客艙組員座椅應接近緊急出口位置並貼近於客艙地板。
第103條	飛機應配備手斧一把，供艙門或緊急出口無法開啟時砍破機體使用。
第104條	航空器載客座位數六十一座至九十九座者，應於客艙中配備電池供電之輕便擴音器一具；一百座以上者，應於客艙前後各配備一具，並置於客艙組員座椅周邊便於取用之處。
第105條	載客飛機之各緊急出口應配備獨立電源之緊急照明設備。但經飛機型別檢定屬非運輸類者，不在此限。
第106條	配置客艙組員之載客航空器，應配備乾電池供電之手電筒，並置於客艙組員座椅周邊便於取用之處。
第107條	航空器使用人應明確標示並告知乘客下列訊息： 一、繫妥安全帶、留置座椅及椅背豎直之時機。 二、氧氣設備之使用方法及時機。 三、禁止吸菸之規定。 四、救生背心或個人浮水器具之位置及使用方法。 五、緊急出口之位置及開啟方法。
第189條	航空器使用人指派客艙組員檢查客艙內一般與緊急裝備時，應將客艙組員執行裝備檢查之責任、程序及說明，訂定於客艙組員手冊內。
第190條	航空器使用人應訂定客艙組員訓練計畫，報請民航局核准後，據以實施。客艙組員經完成訓練，並經考驗合格後，始得執勤。其中包含各項緊急及求生裝備之使用與緊急程序，如救生背心、救生艇、緊急出口及滑梯、便攜式滅火器、氧氣裝備、急救箱、醫療箱及衛生防護箱等之使用方法。

第三節　緊急裝備檢查要項

一、機上緊急裝備檢查

　　空服員登機後必須依個人的責任檢查區域（staff check area）檢查其內各項緊急裝備。機上緊急裝備的數量、位置皆有規定，不得任意變更（**圖4-13**），且每項裝備有其檢查重點與要項（**表4-2**）。如經使用或有所短缺，空服員必須立即向座艙長報告並登載。

　　空服員檢查客艙時，也須包含空服員座椅（jump seat）檢查，此座椅為折疊式，未拉開使用時應保持折疊狀態，以確保走道空間之暢通。於空服員座椅，亦配置有手電筒、救生衣及通話器等緊急裝備（**圖4-14**）。

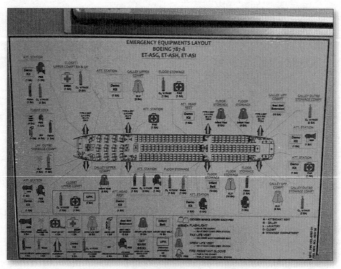

圖4-13　客艙內緊急裝備位置圖

表4-2　各式緊急裝備檢查要項

緊急裝備項目	檢查要項
1.手持擴音器（megaphone）	定位。按下扣板能聽到聲音。
2.手電筒（flash light）	定位。電源指示燈每2～4秒閃爍確定電量。
3.手斧（axe）	定位。
4.海龍滅火器（halon fire extinguisher）	壓力指針於綠色區域。安全插梢於定位且封妥。
5.水滅火器（water fire extinguisher）	手把與瓶身之金屬封條完整。
6.可攜式氧氣瓶（portable oxygen bottle）	指示量合乎需求之最低標準。面罩完整。
7.急救箱（first aid kit）	封籤完整。
8.醫療箱（emergency medical kit）	封籤完整。
9.防熱手套（fireproof gloves）	定位。
10.防煙面罩（Portable Breathe Equipment, PBE）	定位且密封。
11.緊急定位發報器（ELT）	定位。

圖4-14　空服員座位

　　然而，空服員不僅是檢查裝備，平日亦應保持良好工作習慣，不得將雜物、組員個人用品（如外套、鞋子、皮包）或餐勤服務用品等暫堆放於緊急裝備或緊急裝備櫥櫃內。

　　緊急裝備既然是萬一事故發生時，能幫助乘客平安逃生或進行搶救的裝備，自有其重要性，不僅空服員上飛機要按照手冊檢查數量、位置及完整外，航空公司機務單位亦會列管追蹤查核，確保裝備效期及可用性。若有發現短少或已開啓、使用的緊急裝備，座艙長必須記載於客艙缺點紀錄簿（Cabin Logbook）中。

　　隨著科技應用普及，有些航空公司在新型飛機上已施行e化（無紙化）的Digital Cabin Logbook或稱Cabin Electronic Logbook（圖4-15）。如芬蘭航空（Finnair）A350客機及英國航空（British Airway）B787客機已採e化Logbook。過去傳統無論是駕駛艙組員或空服員係以紙本登載缺點問題，故只能待班機落地停靠後機務人員上機確認處理，若改採e

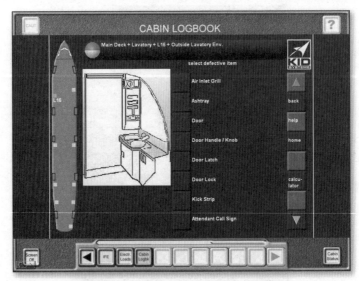

圖4-15　Digital Cabin Logbook畫面

資料來源：圖片取自公司網站，http://www.etamax.de/referenzen/digital-cabin-logbook/。

化可增加處理時效（提早準備零件）與增進前後艙溝通及資訊整合。

二、不可拿取或破壞機上裝備

據報載較常發生機上被偷竊的緊急裝備為——救生衣，偶有發生乘客順手牽羊將救生衣塞入行李帶走。機上的救生衣為航空公司的資產，私自竊取機上設備恐觸法。雖然航機上有一些備用救生衣（spare life vest），但倘若真有緊急需要時因救生衣短少，致危害他人權益及生命安全則茲事體大！

此外，目前航班皆已全面禁菸，機上抽菸可能引發火災及嚴重影響飛安。若癮君子在客艙內吸菸經勸阻而拒不合作者，機長可報請警察機關依菸害防制法處理；在機上洗手間內吸菸或破壞煙霧偵測器，均屬違法，且於2015年起，我國加重對航空器廁所內吸菸開罰，從過去新台幣1萬元以上、5萬元以下，提高為3萬元以上15萬元以下罰鍰；航空器廁所外區域吸菸，處1萬元以上5萬元以下罰鍰，且可由航空警察局於飛機落地後，查明屬實立即裁罰。

第四節　機內標誌

客艙內緊急裝備置放處有文字與圖示標誌（圖4-16），除了為便於取用及辨識外，也在提醒乘客，其行李物品擺放不得影響緊急裝備之取用。另有指示緊急時「出口」（EXIT）標誌。乘客上機坐下後，定可看到前方「繫緊安全帶」（fasten seat belt）、「禁止吸菸」（no smoking）燈號指示。起飛降落及遇亂流「繫緊安全帶」亮起時（圖4-17），機上洗手間內的「請回原座」（return to seat）燈號指示亦亮起（圖4-18），提醒乘客為安全起見應立刻回座位繫妥安全帶。

此外，另有標示洗手間是否有人使用（occupied）或無人（vacant），
如圖4-19；或以顏色標示（紅色表有人使用，綠色表無人使用），如圖
4-20。

圖4-16　機上緊急裝備標誌

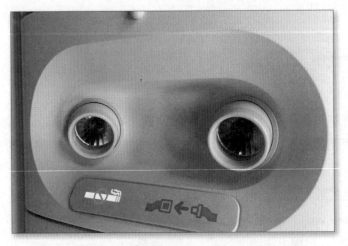

圖4-17　機上「繫緊安全帶」與「禁止抽菸」燈號

圖4-18　洗手間內「請回原座」燈號

圖4-19　機上洗手間燈號標示(1)

圖4-20　機上洗手間燈號標示(2)

　　此外，有關機上洗手間的菸灰缸設備，或有人疑問目前航班幾乎都已實施全面禁菸，洗手間門內外之菸灰缸是否仍是飛機上不可或缺的配備？即使洗手間內外均設有菸灰缸（**圖4-21**、**圖4-23**），且門外貼有禁菸標示及告知煙霧偵測器與門內罰則警告（**圖4-22**、**圖4-24**），禁菸的燈號也全程亮著，客艙組員廣播也提醒在機上吸菸是違法行為，然菸癮難耐的癮君子偶有在機上洗手間違反吸菸。故為避免因菸蒂丟入垃圾桶或隨意棄置而引發火災，於洗手間設置菸灰缸仍有其必要性③。且飛機上菸灰缸被列在「最低裝備需求手冊」[1]（Minimal Equipment List, MEL）④，若短少則不符合飛機放行作業，甚會導致航班延誤、取消或更換飛機。

圖4-21　機上洗手間外——禁菸標示及設有菸灰缸

圖4-22　機上洗手間外——禁菸標示及煙霧偵測器說明

---

[1]最低裝備需求手冊容許航空器在部分裝備失效時，繼續從事單次飛行或連續數次飛航，以飛至能獲得適當修理之地點。

圖4-23 機上洗手間內——設有菸灰缸

圖4-24 機上洗手間內——禁菸標示與罰則警告

為什麼乘客隨身行李不能放在腳邊或抱在身上

於第一章提及每次起飛降落前空服員要執行客艙安全檢查，包含確認乘客的行李須收妥（隨身行李必須放置上方行李廂或是前方座椅下方）；於第三章也提到乘客若坐於逃生艙門旁則起飛降落時前方不能放置任何物品，乘客的隨身行李必須放置上方行李廂內。然而關於隨身行李置放，卻不時發生乘客與空服員間衝突。有些乘客認為行李貴重得隨時盯著才放心，故將行李揹掛身上或是置於腳邊；對於空服員勸告也認為大驚小怪，自認行李尺寸不大沒有影響，而不願配合。如以下兩則案例：

◎案例1

2010年9月捷星航空由桃園機場前往馬來西亞，航機準備起飛時，空服員發現一位乘客將隨身包包放在大腿上，經空服員和機長勸告，請他將包包放到前方座位下，不過乘客以包包裡面有現金為由，不願意配合。最後被請下飛機。

◎案例2

2015年4月台灣虎航從東京飛往桃園機場的航班，準備降落時，一名坐在逃生門旁的乘客把行李放置在自身座位底下，不願配合空服員移動到座椅上方行李廂，導致班機重飛延誤15分鐘，影響其他138名乘客，落地後航警依照違反航空法送辦。

行李未收妥，不僅飛機有狀況時可能傷及他人，甚至影響逃生。最主要的是，乘客若將行李抱於身上，緊急狀況時無法做保護自身的防撞姿勢（brace position）；此外，個人緊急裝備——救生衣，多位於座椅下方或旁邊，若將行李置於自己腳邊，千鈞一髮之際若阻礙拿取救生衣，可是影響自身的安全！

參考文獻

①林日新（2014）。新加坡民航學院（SAA）與美國FAA合辦「客艙安全──抗撞適航」訓練出國報告。台北：交通部民用航空局。

②交通部民用航空局民航通告AC120-34（2005）。「航務」與「客艙安全」人為因素發展原則與執行方式。

③行政院飛航安全委員會。飛安自願報告系統（2013）。http://www.tacare. org.tw/sub_ch/reportDetail.aspx?uid=376&pid=376&id=428

④〈椅背豎直、窗戶打開 坐飛機規定大解密〉（2015年6月11日）。《大紀元時報》。http://www.epochtimes.com.tw/130058/椅背豎直、窗戶打開-坐飛機規定大解密.html

第五章

機上亂流與因應

- 亂流分類
- 機上亂流相關案例
- 亂流因應與處理

前 言

亂流（turbulence）是大氣或環境作用的結果。航路上的亂流造成許多乘員受傷，且會發生於任何時間和任何高度。亂流可以是預知的，也可以是突發而無預期的。亂流強度與機內乘員所處位置的不同有關①。

「亂流」是飛機於飛行過程中，飛航組員、空服員以及乘客感受到飛機搖動或震盪的現象。在非致命意外中，空中亂流乃是導致機上乘客和空服員受傷的首要原因②③，對於飛行安全，特別是客艙服務安全帶來威脅與危害。根據美國NASA資料，飛行亂流至少造成每年約1億美元的營運損失，而每一事件的成本約在美元28,000～167,000間④。根據我國飛安基金會統計2001～2005年，旅客在客艙內受傷的案件顯示：客艙受傷事件中，亂流引起的比例達到24%，僅次於旅客遭到行李砸傷。另根據飛安會一項調查報告指出，近十年來共調查33件非致命事故，其中4件與亂流有關，導致127人受傷，占全部事故受傷者的84%，且受傷空服員占服勤者的一半，可見空服員防備心不足，民眾亦不以為意，皆需要加強教育⑤。

本章將介紹不同類型與不同強度的亂流，以及亂流對飛行及機上乘員影響，最後則是客艙組員對亂流的因應與處理。

第一節　亂流分類

一、依亂流種類

亂流是空氣中混亂的流動現象，發生地無所不在，當飛機飛行時

遇到不穩定氣流，使飛機發生強烈顛簸（bumpiness），甚至失控，這種大氣中小範圍的不穩定對流狀態，稱為亂流⑥。而此種擾動的氣流卻無法完全被預測、被觀察，因此會對飛行安全（特別是客艙安全）帶來嚴重的危害。根據FAA統計，有三分之二的亂流事件發生在3萬呎以上高空，然而亂流不僅只在飛機巡航時發生，從飛機起飛到進場降落等階段都有可能性。亂流發生常和惡劣天候狀況有關，如雷陣雨⑦。

　　亂流可分以下六類，包括：「機尾亂流」，因為兩架飛機非常接近，位於前方飛機產生的機尾亂流，如果間隔不夠，常常在飛機起降階段產生威脅；另兩種亂流——「雲雨高空亂流」及「鋒面高空亂流」比較容易事前透過氣象觀測獲得資訊；和位於特定地區的「高空噴射氣流」，以及因為山脈高聳，越山而過的氣流可能引發亂流的「山越波亂流」，其常見於美西的洛磯山脈；最後是幾乎無法事前發現的「晴空亂流」。根據民航局統計，有四大區域最容易遇到亂流，包括東北亞日本東京灣附近、阿拉伯半島飛往歐洲地區途中、東南亞與南中國海一帶、新加坡與馬來西亞地區，以及飛往美國經太平洋附近的夏威夷群島一帶等地⑥。

二、依亂流強度分類

(一)輕度亂流

　　這種類型的亂流較常碰到，會有輕微、快速且有律動的顛簸。在輕度亂流下，通常未固定的物品尚可保持穩定。例如，杯子裡的咖啡會輕微搖晃，但不至於濺灑出來。但此亂流下若要行走於客艙仍會有些困難。

(二)中度亂流

與輕度亂流很像，也是較常碰到，其相較於輕度亂流的力道更強些。中度亂流時飛機的高度及姿態會有輕微且瞬間的變化，但飛機仍在控制下。然而，在中度亂流下，通常未固定的物品會移動，杯子裡的液體會灑出來，在客艙行走會感到困難，且乘客會感覺到安全帶拉住身體的力道。

(三)強烈亂流

強烈亂流造成突然且較大的高度改變，飛機可能會有短時間無法控制。乘客可強烈感覺到座椅安全帶的扯動力道。強烈亂流下，難於客艙中走動，且對機上乘客及空服員而言是具危險性的。

(四)極強烈亂流

此種強度亂流會迫使劇烈顛簸，且航機幾乎是不能控制。這種類型的亂流可能造成機體結構損壞（圖5-1）。

除了在極其嚴重的情況下，一般而言，亂流不至於造成飛機的損壞，然而，若是乘客未繫上安全帶，則即使是輕度的亂流都可能會影響乘客甚至導致受傷⑥。

三、晴空亂流

晴空亂流（Clear-Air Turbulence, CAT）不容易事先觀察。晴空亂流可能發生在萬里無雲非常高的高空，也可能發生在山脈間⑦。它通常沒有很明顯的水氣存在，因此無法由氣象雷達偵測出來，也不能藉由觀察雲層分布加以判斷，往往在遭遇後才知道它的存在⑧。晴空亂流也依照強度不同而有輕度、中度、重度和極重的類型。氣象雷達雖

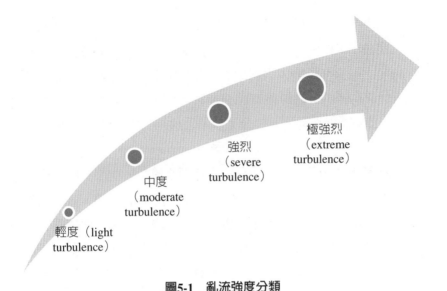

圖5-1　亂流強度分類

然可以協助飛行員避開嚴重的亂流，卻躲不過晴空亂流⑧。

　　噴射氣流的存在並不意味著一定會出現晴空亂流，飛行員雖然可以透過氣象資料知道噴射氣流的存在，但並無法確切預測是否有亂流。正因為晴空亂流的不可預測性，飛機一旦遭遇到它，後果常常不堪設想，甚至造成人員傷亡，例如1997年12月28日一架自東京飛往夏威夷的聯合航空客機，就遇上了強烈的晴空亂流，飛機瞬間急降30多公尺，並且持續上下巨幅擺動，造成1名乘客死亡、100多人受傷。這一類的案例非常多，就算幸運無人傷亡，過程仍然叫人膽顫心驚⑧。

第二節　機上亂流相關案例

　　雖然亂流的死亡人數遠較失事為低，然而受傷的人數卻比任何失事意外事件為高，同時引起社會大眾的注意⑨。根據統計我國籍航空

公司2002年至2005年5月期間，共發生10次因飛機亂流，導致人員受傷事件，這10次事件中，2次有乘客受傷，其餘均為空服員受傷⑩。在美國，每年因亂流受傷的人大約60名，而其中三分之二都是空服員⑪。FAA統計資料顯示，從1980年到2008年，美國航空公司共發生234起亂流事件，造成298位重傷，3人死亡；而298人中有184位是空服員（占受傷總人數62％），其餘114位是乘客。

依據美國1980～1999年統計，在遭遇亂流時，空服員的死亡及重傷比率為一般乘客的24倍，而輕傷比率為一般乘客的6倍。客艙組員在航機發生異常情況時，因工作環境較不易保護自身安全而比乘客更易受傷害。且因為工作性質的關係，空服員在機上大部分時間都無法繫上安全帶（起飛落地除外），絕大多數的空服員傷害因亂流引起。在一項2004年1月1日到12月31日的統計資料顯示，共有232件因為亂流導致空服員受傷。其中64％的傷害乃因為亂流過程中空服員未受到固定保護；有44％的空服員受傷發生在廚房；而其中9％的亂流事件導致空服員嚴重的傷害。空服員大都是遭遇亂流時被拋起或失去平衡，造成腳部、踝部和背部／脊椎受傷；亦有部分空服員是因為客艙內未固定的物品（如服務用推車）導致受傷⑫。

從下述六個案例可見亂流對機上乘員的影響。

案例1

2005年3月28日，長榮航空BR2196班機，A330機型，載有251名乘客，16名組員，由台北飛往日本東京，於降落前一小時，在距成田機場約115公里的上空，突然遭遇到強烈的亂流，飛機在數秒鐘內，突然下墜一、二千呎，然後又忽然飛快上升一、二千呎，由於當時正逢乘客剛好用完晚餐之際，許多準備上洗手間而在走道上走動和未繫好安全帶的乘客，還有正在整理餐盤的空服員和推著免稅車的空服員等，都像空中飛人似地騰空飛起，撞上天花板，再落下來，餐車也衝上天花板，並撞破

天花板，客艙天花板受損，氧氣面罩也掉下來，機艙內非固定物品及餐具亂飛，並散落滿地。共計56位（乘客46名，空服員10名）乘員受傷。

案例2

2005年6月10日，國泰航空一架載有352名乘客及17名機組人員的波音777客機，從馬尼拉飛往香港途中，在太平洋上空遭遇到強烈亂流，並持續達兩分鐘之久，飛機上下急劇擺動，機上沒有繫安全帶的乘客及空服員，被拋離座位。更有乘客撞爆機艙頂當場頭破血流，事件造成15位（乘客8名，空服員7名）乘員受傷。

案例3

2008年10月2日，中華航空從桃園飛往香港再轉至泰國曼谷的一架CI641班機，在準備降落曼谷國際機場時遇到亂流，由於當時一直有不穩定氣流，機長已提醒乘客及空服員繫上安全帶，不過可能有部分乘客未依規定繫上，空服員也未能逐一檢查，隨後氣流變化加劇，座艙長和一位空服員被拋上天花板，再摔落廚房地板，還有女性乘客撞到天花板後落在地板。強烈撞擊也造成天花板及置物箱凹陷損壞，閱讀燈面板及氧氣面罩落下。造成機上共計21位乘員（乘客16名，空服員5名）受傷。

案例4

2015年7月8日英國托馬斯庫克航空（Thomas Cook Airlines）一架載有328名乘客與10名空服員客機，自曼徹斯特飛往賽普勒斯時遇上非預期的亂流，機上共4人受傷，4位都是空服員，亂流導致有空服員被拋至機艙天花板，有2位空服員因此骨盆骨折及脊椎骨折等。

案例5

2015年8月11日，中國海南航空一架空中巴士A330客機，從成都飛

往北京途中，在下降至4,200公尺時遭遇到強烈亂流，事發突然，導致當時未繫上安全帶之乘客及客艙組員被拋起撞擊機艙天花板，造成30位乘員受傷。

案例6

2015年12月30日，加拿大航空（Air Canada）一架載有332名乘客及19名機組人員的波音777客機，從上海飛往多倫多途中，在太平洋上空遭遇到強烈亂流，亂流持續45分鐘之久，飛機上下急劇擺動，有乘客被拋飛座位外，還有人被飛出來的行李砸傷。飛機並因此轉降至卡加利機場。亂流造成機上共計21位乘員受傷，其中8名乘客以擔架抬出機艙送醫。

第三節　亂流因應與處理

空中亂流乃是導致機艙內乘客和空服員受傷的主要原因。且亂流依照程度分為不同等級，航空公司會根據不同強度的亂流及能否事先預測的亂流，規範亂流預防及處置程序，以及空勤組員相對應處理方式，以減少亂流帶來的安全危害與影響。如**表5-1**根據亂流程度相關因應處理⑦。

表5-1　依亂流程度客艙因應處理

亂流程度	狀況因應	客艙處理
輕度／中度亂流	·飛行組員廣播並將「繫緊安全帶」的指示燈打開。 ·客艙組員立即廣播告知乘客，以確保客艙中乘員知悉，「繫緊安全帶」的指示燈已亮起，乘客應回到座位。	·檢查上方行李廂關妥及行李收妥。 ·確認洗手間內沒有人。 ·和機長確認是否可以繼續供應餐飲服務（或已先暫停供應熱飲）。

（續）表5-1　依亂流程度客艙因應處理

亂流程度	狀況因應	客艙處理
強烈／極強烈亂流	·飛行組員應通知亂流預期的強度，並通知暫停客艙服務。 ·廣播告知乘客，並確認乘客立刻返回座位繫好安全帶。	·將餐車推回並收妥廚房內服務設備。 ·空服員應坐在組員座位上並繫緊安全帶／肩式安全帶，並留在座位上，直到機長有進一步指示。 ·在遭遇不可預期的亂流或極強烈的亂流下，空服員可能沒有足夠的示警時間收妥服務用品，只能立即就座。

一、繫妥安全帶是預防亂流的最佳對策

(一)正確地繫緊安全帶

　　依據FAA1980年到2003年的資料分析，最佳防止亂流傷害準則為「坐下並繫妥安全帶」[12]！乘客應養成良好的搭機習慣，注意起飛前安全示範及閱讀座椅袋裡的安全須知卡並遵守空服員的安全指示。而所謂正確地坐在座位上繫妥安全帶，係指勿採盤腿或跪坐或躺姿等不正確坐姿繫安全帶或是安全帶繫得過於寬鬆等，甚至躺在客艙地板上睡覺等，以免未能達到保護作用。若有攜帶兒童的乘客，亦確認兒童安全座椅（CRS）或兒童安全帶（CARES）固定繫妥，不可因為其哭鬧或不願意就疏於防護；若使用嬰兒搖籃（baby bassinet）旅客，遇亂流時應立刻從搖籃中抱起嬰兒，避免危險。乘客若需要蓋上毛毯休息，可將安全帶繫於毛毯外，亦能便於空服員執行檢查確認。

　　為避免無預警的亂流，乘客除非離開座位至洗手間，否則應全程繫緊安全帶，即使繫緊安全帶燈號熄滅仍應繫上。另外，波音（飛機

製造）公司建議，乘客若必須離開座位，則於客艙時應扶靠著座椅椅背或上方行李廂行走⑭，以確保安全。

從過往案例更看出乘客在亂流中受傷，通常與未繫安全帶有關⑥。FAA一項統計說明在美國每年大約有58人因為亂流未繫安全帶導致受傷；另從1980年到2008年，美國航空公司共發生234起亂流事件，共計有3人死亡，3人中有2人是因「繫緊安全帶」燈號亮起時未繫上安全帶所致。故搭飛機時，隨時繫好安全帶是預防亂流的最佳對策。

案例

2015年10月1日一架美國航空（American Airlines）載有74名乘客和5名機組人員從格瑞那達（Grenada）飛往邁阿密的班機，飛行途中遇上一波強烈亂流，機上劇烈晃動，當時一名熟睡的乘客沒有扣上安全帶，直接被拋離座位撞破機艙天花板。

(二)手提行李妥善安置

據報導在美國，航空公司一年約有4,500位乘客因上方行李廂內物品掉落而受傷⑬。況且遇緊急狀況，因突來的撞擊力與過重的行李將導致上方行李廂毀損，因此造成的傷害更甚於撞擊本身⑬。故乘客依照規定攜帶手提行李，如行李特別過大、超重的行李應託運，避免飛機嚴重晃動時掉出或滑落出行李廂，以免行李砸傷乘員。手提行李依規定只能放在前方座椅下方或上方行李廂內，不可放置於地板或腳下或座椅旁空位，以免遇亂流或緊急狀況時，行李被拋起。飛航中若開啟行李廂取物後應立即關妥行李廂。此外，遇亂流時亦不要起身開啟上方行李廂，以免行李掉落砸傷人。

案例

據報導2012年一位男性乘客搭乘某國籍航空，因為登機延遲，倉促中未妥善放置行李，致行李從上方行李廂掉落砸中另一位女性乘客。該女性乘客受外力衝擊，致頸椎骨折、外傷及神經壓迫等受傷情況。事後該粗心乘客被依過失傷害罪起訴。

(三)安全優先

建議遇強烈亂流時客艙組員可自行決定停止服務程序與立即就座之指導原則。針對亂流時駕駛艙組員及客艙組員溝通與協調程序以及訓練程序中應包含發布有關停止或可繼續服務、鎖妥物品之指導原則或特殊信號；若繫安全帶之指示燈持續亮起時，客艙組員應藉由間隔性的廣播再次提醒。另外，下降前乘客常會誤會繫安全帶之指示燈為下降之信號，則可在下降前繫安全帶指示燈尚未開啟之際，告知乘客即將下降之訊息並建議利用此時使用洗手間等訊息。

(四)安全提示與教育

航空公司可透過機上安全錄影帶、椅袋內安全提示卡及機內廣播等方式提醒乘客就座時繫妥安全帶⑫。如日本航空（JAL）於機上安全示範影片中特別強調乘客即使睡覺也應全程繫上安全帶（可繫於毛毯外），如圖5-2；又如FAA曾針對機上亂流之影響，推出對公眾教育宣導活動（turbulence

圖5-2　乘客休息時可將安全帶繫於毛毯外

資料來源：圖片擷取自YouTube日本航空安全示範影片。

101

happens campaign），透過傳播媒體，向民眾宣導有關機上如何避免亂流所造成之傷害及乘客自身保護⑮。

二、空服員落實安全檢查及加強個人保護

(一)落實客艙乘客安全帶檢查

於「航空器飛航作業管理規則」第46條中明定：「航空器使用人應確保組員於航空器起飛、降落時，告知乘客繫妥安全帶或肩帶。飛航中遭遇亂流或緊急情況時，組員並應告知乘客採取適當之行動。航空器使用人應確保航空器起飛後，即使繫安全帶指示燈號已熄滅，組員仍應立即告知乘客於就座時繫妥安全帶。」空服員除了依規定落實客艙安全檢查（包含起飛降落前及不穩定氣流時客艙檢查），確實完成乘客就座、安全帶繫妥確認外，要避免乘客起身於客艙任意走動或上洗手間等活動。由於亂流的不可預測性，航機上飛航組員或客艙組員多會做以下廣播提醒乘客：

「各位旅客：繫緊安全帶的燈號已經熄滅，為了預防突然的壞氣流，仍請您就座時將安全帶繫好。」

(二)客艙組員維持良好工作習慣

另依據「航空器飛航作業管理規則」第53條中明定：「航空器使用人應確保客艙內服務用車不得於無組員照料之情況下留置於通道；於使用中未移動時，亦應固定。客艙組員於起飛及降落階段應確認客艙內服務用車及裝備已經固定於適當儲放空間。航空器使用人應對客艙內服務用車及其固定裝置之故障，訂定通報程序。」

過往有些飛機於客艙地板配備有固定式餐車鎖裝置，稱為「蘑菇

裝置」（mushroom fittings），空服員於客艙服務時可將服務用車暫時固定於mushroom fittings區域，然目前客機多無此裝置。現另有機型設計於客艙中段艙壁上的扣鎖cart hook，以便於服務用車可暫時固定以免滑動（圖5-3）。

　　然客艙組員亦應養成良好習慣，客艙服務時勿將服務用車離開太遠、車停下時立即踩下煞車。餐勤服務用品使用後歸位，收妥於固定的手提鐵箱（standard unit）或服務用車中，且隨時將廚房內儲櫃門關好並將紅色門鎖擺放正確位置（latch on）（圖5-4），服務用車應將車門關妥並踩下紅色剎車踏板固定（tie down）（圖5-5），以避免突遇亂流造成服務用品及餐食餐具飛灑掉出或是餐車衝出造成傷害。

(三)對客艙組員應強調其個人安全的重要性

　　絕大多數的空服員傷害來自亂流，因為工作性質關係，空服員機上大部分時間都無法繫上安全帶（起飛落地除外）⑨。因亂流導致

圖5-3　服務用車利用cart hook固定於客艙中

圖5-4　廚房內手提鐵箱門關好並將紅色閂鎖擺放正確位置

圖5-5　服務用車固定於廚房時
　　　　門鎖上並踩下紅色剎車
　　　　踏板

機內乘員受傷事件，除了乘客外幾乎都有空服員。特別是必須在客艙走動服務乘客的空服員。亂流可說是空服員執勤時最大的威脅，原因是多數亂流都難以事前偵測。故空服員除了落實乘客安全帶繫妥檢查外，自身安全更不可輕忽。例如北歐航空（Scandinavian Airlines）規定客艙組員，在飛航組員信號通知飛航高度15,000呎以下時，即應完成所有任務回到組員座位並繫妥腰上及肩上安全帶⑯。又如中國大陸民航總局發布96號文明定，飛機起飛20分鐘、落地前30分鐘不得做與安全無關的工作。此不僅是對空服員的要求，也是對機上成員的保護⑲。

　　空服員在遭遇亂流時扮演重要的角色，但無形當中也增加受傷的危險性。空服員可能因為要執行例行性的作業程序，例如檢查乘客是否確實繫妥安全帶；或需要先完成手邊工作（如餐車固定等），反而忽略目前實際遭遇亂流時的因應⑫。此外，也可能肇因於空服員本身疏失大意，研究指出，資深客艙組員因習於此類工作環境，而易輕忽機長指示，繼續服務工作，間接影響乘客遵守規定之意願⑰。故一旦遭遇亂流時，客艙組員第一反應──保護自己，以身作則。

(四)前後艙聯繫溝通

　　客艙組員能適時地由飛航組員告知亂流訊息是很重要的，飛航組員通常會對可預期的亂流向客艙組員提出警告；然而，會導致客艙組員嚴重傷害，大部分是因為客艙組員未警覺到亂流。且因為空服員在飛行中才獲得有關可預期亂流的訊息可能太晚，造成他們不及採取預防措施而受傷。因此，飛航組員應該在飛行前告知客艙組員亂流的相關訊息，最好是在飛行前飛航組員和客艙組員任務提示時先行說明。此外，飛行時，客艙組員需要瞭解非預期亂流的程度，才能決定是否要採取客艙安全措施或需要立即就座。在大型航空器內，駕駛艙內對亂流的感受較客艙內為輕，而飛機後段又較飛機前段對亂流感受更

明顯。所以在某些情況下，客艙組員應主動將亂流的程度告知飛航組員，以便開啓繫安全帶的指示燈⑫。

　　任務前機長執行和空服員的簡報內容，會有航程中天氣預報（包含亂流）之說明。事先提醒組員可能預期遭遇亂流的時間與位置，使空服員得以因應準備或調整服務流程。當繫緊安全帶燈號亮起或是機長通知將經過不穩定的氣流時，客艙組員遵循指示進行廣播，通知乘客並進行客艙安全檢查以確認所有乘客回到座位繫上安全帶；若遇不可預期的亂流時，機長則會透過機內廣播系統立即傳達如：「組員請就座」（cabin crew be seated），此種情況下，機內每個乘員（包括空服員）都應該立刻坐下，空服員若在組員座位旁則立刻座下並繫緊安全帶及肩帶；倘若空服員不在組員座位旁，應當就近坐在客艙空位上繫好安全帶，如無空位，應立即蹲下握緊座椅扶手，或是坐（蹲）在地板上並請旁邊乘客拉住你。空服員不應試圖回到組員座位，因為當遇強烈或極強烈的亂流時，不僅在客艙移動有安全疑慮，甚至可能有被拋上艙頂摔落受傷的風險。

參考文獻

①《客艙安全檢查員手冊》（2003）。〈客艙安全工作輔助　第一節〉。

②Tvaryanas, A. P. (2003). Epidemiology of turbulence-related injuries in airline cabin crew, 1992-2001. *Aviation, Space, and Environmental Medicine, 74*(9), 970-976.

③Federal Aviation Administration, Staying Safe. https://www.faa.gov/passengers/fly_safe/turbulence/

④Shively, N. (2015). Airlines Get New Tools to Avoid Turbulence. *Los Angeles Times*.

⑤飛航安全委員會（2010）。「行政院飛航安全委員會中華民國99年工作報告」。台北：飛航安全委員會。

⑥陳俍任、楊正敏專題報導（2008年10月5日）。〈飛安殺手 亂流神出鬼沒〉。《聯合報》。

⑦IATA-Airline Cabin Crew Training Course Textbook.

⑧盧衍良（2008）。〈當飛機遇上亂流〉。《科學人雜誌》（2008年12月號）。

⑨飛行安全基金會（2005）。〈從亂流看空服員的工作安全〉。《飛行安全夏季刊》，第42期。中華民國台灣飛行安全基金會。

⑩行政院飛航安全委員會（2006）。《飛得更安全》。台北：行政院飛航安全委員會。

⑪郭雅琳、陳思穎、溫澤元譯（2015），Partick Smith著。《機艙機密：關於空中旅行，你該知道的事實》（*Cockpit Confidential*）。台北：好人出版社。

⑫Airbus. Flight Operations Briefing Notes（Cabin Operations)-Turbulence Threat Awareness.

⑬交通部民用航空局民航通告AC121-37（2006）。防止空中亂流所造成之

傷害。

⑭Mcgee, W. J. (2014). Incidents of Airliners Hitting Turbulence Seem to be Increasing, Say Experts. Yahoo News. http://news.yahoo.com/turbulence-in-flight--reasons-to-worry--and-not-to-worry-165623271.html

⑮Rozmaryn, L. M. (1998). Sporting goods, oddly shaped items have highest injury rates in study of falling overhead baggage. Flight Safety Foundation. *Human Factors And Aviation Medicine, 45*(3).

⑯Cabin Safety Update (2006). BA removes hand baggage weight restrictions. *Cabin Safety Update. 12*(4).

⑰Cabin Safety Update (1999). Turbulence. The collision with the sky. *Cabin Safety Update, 5*(12).

⑱Rosenkrans, W. (2009). Flight Safety Foundation. Bucking Convention. *Aero Safety World*, 30-33.

⑲林沛達、劉震苑、李延年（2014）。〈我國飛安調查的過去現在與未來展望〉。《航空安全及管理季刊》，1(1)，1-27。

第六章

客艙失壓與缺氧症

前 言

　　根據民用航空法「航空器飛航作業管理規則」第190條明定：「航空器使用人應訂定客艙組員訓練計畫，報請民航局核准後，據以實施。客艙組員經完成訓練，並經考驗合格後，始得執勤。其中包含具有於一萬呎以上飛航缺氧及艙壓失效時之生理現象知識。」另於，第77條亦有「加壓航空器攜帶之氧氣量應符合下列規定：一、於座艙失壓時，應攜帶飛航於艙壓高度一萬呎足供全體組員及乘客使用之氧氣量。二、於超過二萬五千呎飛航時，應攜帶足供客艙全體組員及乘客至少使用十分鐘之氧氣量。三、於二萬五千呎以下飛航時，如遭遇座艙失壓且無法於四分鐘內安全下降至大氣壓力高度一萬三千呎時，應攜帶足供客艙全體組員及乘客至少使用十分鐘之氧氣量。」

　　本章說明何為客艙失壓，其對機上乘員造成的影響及可能致使航機無法正常運作。同時為有效快速的回應，客艙組員必須認識缺氧常見的症狀及高空的生理現象。覺察不同情況（慢速失壓或爆炸性失壓）的失壓及機上適當處理程序。

第一節　客艙壓力與航空生理

一、客艙壓力

　　地面（海平面）大氣壓力強度為1大氣壓，因為高度增加而大氣壓力逐漸下降，在一萬公尺的上空，大氣壓力會降至0.26大氣壓，幾乎只有地面的四分之一。然而人類無法適應這樣的氣壓變化，因此航機內部必須進行控制這些由外部進來的空氣氣壓，此謂加

壓（pressurization）①。而客艙加壓最主要的目的在於維持氧分壓（partial pressure of oxygen）在人體可接受範圍②。

在海平面和在8,000呎高度其壓力分別爲是10.69psi和10.92psi，因此，飛機在8,000呎高空，可容許客艙壓力高度最低氧分壓爲相當於海平面的74%。正如美國聯邦航空條例規定（FAR），飛機「客艙壓力高度」不得超過8,000呎②。隨飛航高度升高，壓力高度卻遞減，從圖6-1看出飛機在24,000呎高空時壓力高度降爲5.70psi，而在40,000呎高空時壓力高度更降爲2.72psi，但經過加壓的客艙其「客艙壓力高度」維持在8,000呎（壓力高度爲10.92psi）。

二、航空生理

人體在海平面時肺中氧氣壓力約3磅／每平方英寸（psi），如表6-1所示，這樣的血氧飽和度足使人的腦部和身體維持正常功能。然隨著高度的增加，這種氧氣壓力會降低。在海平面7,000呎（以下），氧

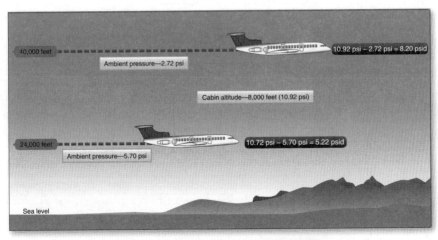

圖6-1　不同飛行高度下壓力及與客艙壓力

資料來源：本圖取自FAA. Aviation Maintenance Technician Handbook。

氣壓力可維持足夠的血氧飽和；然在海平面7,000呎以上時，氧氣壓力漸變得不足以維持血氧飽和；在海平面10,000呎，血氧飽和度僅有正常的90%左右，在此高度持續下會導致缺氧症狀像頭痛和疲勞。在海平面15,000呎，血氧飽和度下降至僅有正常的81%左右，且通常導致如嗜睡、頭痛、嘴及指甲發青，以及脈搏和呼吸加快，甚至會影響視覺和判斷，就空勤組員而言更會危及飛機安全操作。簡言之，高度愈高則因壓力降低導致更少氧氣進入血液。在海平面22,000呎，血氧飽和度下降至僅有正常的68%左右。若持續25,000呎達5分鐘之久，則由於血氧飽和度減少到大約正常的50%，會導致昏迷③。此外，客艙中的減壓會對乘客和機組人員產生一些生理變化。特別是減壓環境空氣壓力將導致在體內的氣體膨脹（如中耳、鼻竇和胃腸道）多增加25%的體積②。

表6-1　不同高度下氧氣壓力

海平面高度（呎）	氧氣壓力（psi）
0	3.08
5,000	2.57
10,000	2.12
15,000	1.74
20,000	1.42
25,000	1.15
30,000	0.92
35,000	0.76
40,000	0.57

資料來源：本表摘譯自FAA. Aviation Maintenance Technician Handbook。

第二節　客艙失壓

　　如上所述航機在空中壓力變化，一般民航客機於高空中因爲空氣中沒有足夠供呼吸的氧氣，人類難以承受。故加壓客艙使此艙內的壓力高度維持在比實際飛行高度還低④。然而，由於內外壓差極大，若加壓失效則稱爲客艙失壓。故客艙失壓意謂機艙內的壓力無法保持。一般原因爲：如因機體破損（如爆炸、艙門飛脫等）、所有的「供氣」的來源──如發動機或輔助動力系統（Auxiliary Power Unit, APU）失效、出氣閥失效──無法在需要的時候關閉，以及壓力（高度）感測器失效等⑤。

　　而客艙失壓可分爲慢速失壓（gradual decompression）、爆炸性失壓（explosive decompression）及快速失壓（rapid decompression）三種。因客艙失壓對飛機上乘員具有危險性，爲確保航機乘員安全，客艙組員必須先區分是何種失壓且瞭解其差別以及該如何因應。慢速失壓指的是逐漸失去客艙壓力，它可能是因機艙門或逃生出口的密封洩漏或因加壓系統發生故障而引起的；快速失壓指迅速失去客艙壓力，它可能是由金屬疲勞、炸彈爆炸或武器射擊而引起的，在極端情況下，可把快速失壓歸類爲爆炸性失壓。

一、慢速失壓

　　慢速失壓指的是逐漸失去客艙壓力，它可能是因飛機加壓系統發生故障或是機體結構有壓力洩漏而引起的。然而，若系統發生重大故障或有導致飛機結構損壞時，則有可能成爲快速或爆炸性失壓。

二、爆炸性失壓

爆炸性失壓是因爲機身爆炸或破裂致爆炸發生瞬間失壓。由於機艙壓力發生變化時速度遠比肺部排出氣體速度還要快，十分具危險性，故可能造成肺部損傷。正常情況下，肺部釋放空氣約需0.2秒。一般認爲發生小於0.5秒內爲爆炸性失壓且具有潛在危險。

三、快速失壓

快速失壓儘管發生時間很短，但其在客艙壓力的變化較慢，使肺部可以釋放空氣較客艙快。儘管仍然具嚴重性，但相對於爆炸性失壓，快速失壓對於肺部損害可能性較小④。

四、慢速失壓特點

慢速失壓發生緩慢，在機艙內可能直到氧氣面罩掉下前都沒有明顯的跡象。在某些情況下，如有不尋常的噪音聲，像在艙門周圍有嘯聲或嘶嘶的聲音，則可能爲慢速失壓的跡象⑥。倘若發現前述狀況，應立即通知機長。機上乘員在身體變化亦緩慢，乃是因爲慢速失壓的發生隨著時間的推移，其效應可能不那麼明顯，除非察覺狀況不對時。通常是空服員會先注意到慢速失壓發生，因爲空服員在機艙工作走動需要消耗更多的能量，故會注意到慢速失壓的影響。當有下列症狀時則要特別留意：頭痛、疲勞、耳朵不適、判斷力和視覺受影響及指甲變色等④，或是因爲氣體膨脹導致胃部不適⑥。

案例

2005年8月14日太陽神航空（Helios Airways）522號一架波音737-300客機，由賽普勒斯飛往雅典，因機艙增壓系統工作不正常導致全體空勤組員和乘客缺氧昏迷，飛機最終在希臘境內墜毀，機上121人全部罹難。調查報告顯示，飛機的增壓系統在起飛後沒有自動啟動，飛行組員也沒有意識到機艙在緩慢地失壓。當駕駛艙的壓力警報器響起，飛行員又誤認為這是假警報，沒有立刻戴上氧氣面罩，最後由於缺氧而喪失知覺⑦。

五、快速失壓特點

快速失壓對組員和乘客的影響，在極短的時間內可能會很嚴重。隨著失去壓力，缺氧及體內氣體膨脹造成生理上的影響。快速失壓通常會有以下客觀及主觀徵候⑤，如**表6-2**所示。

表6-2　快速失壓主客觀徵候

客觀徵候	主觀徵候
✓空氣急速流動 ✓「碰」巨大聲響 ✓溫度急速下降 ✓客艙充滿灰塵、碎片及鬆動物品 ✓聲響會增大 ✓水氣會凝結為霧狀	✓胸部突然膨脹且空氣經由口、鼻溢出，造成呼吸困難 ✓感覺寒冷 ✓鼻子及耳內瞬間感覺鼓脹 ✓言語困難 ✓下腹部發脹造成不適或疼痛

案例

1988年4月28日，美國阿羅哈航空（Aloha Airlines）243班機，一架波音737客機飛抵巡航高度後，因客艙蒙皮結構自機身分離，導致飛機

快速失壓。該機有三位空服員，其中一名空服員不幸被吸出機艙外死亡，另一名空服員事發時遭脫落的殘骸擊中而受傷倒地，唯一未受傷空服員協助安撫機上乘客。事件造成1名空服員死亡，65名乘客受傷，7人重傷，該客機安全降落但機體嚴重損毀⑧。

第三節　缺氧症

　　在地面我們呼吸的空氣中氧氣約占21%，而隨著高度愈高從肺部吸收氧氣進入血液的效率降低。壓力不足時會影響氧氣從肺泡進入血液，致使較少的氧氣進入身體，造成組織缺氧③。從海平面至1萬呎之間，於此高度範圍內，呼吸空氣的正常個體，其動脈血氧飽和度可由98%降至95～90%，但個體不會呈現明顯的功能損害。因此，1萬呎的高空亦稱為人體的生理高度，此乃指個體超過此一高度後，即開始面臨缺氧的危害。

　　缺氧症（Hypoxia）係指組織、細胞內氧氣不足或無法有效利用氧氣，以致影響正常生理功能之情況⑨。缺氧症狀發生的快慢因人和狀況而異，各種症狀出現的次序也不盡相同，但任何程度的缺氧都會使個體的判斷能力受損、精細協調動作變差和技能衰退。值得注意的是，缺氧的初期症狀往往並不明顯，但對個體判斷力的損害即可能已發生，因此即使飛行員對缺氧症有相當認識，也可能因未察覺而無法立刻改正缺氧的危機。例如：當個體受到缺氧影響而產生欣慰感，將很容易忽略缺氧的存在，致使缺氧情況更加惡化。因此，飛行前對座艙內供氧系統和氧氣面罩的檢查，飛行中隨時保持對缺氧危害的警覺心⑨。

　　如果無法即時提供氧氣則可能在很短的時間內，會發生意識喪失甚至導致喪命。缺氧的危險在於它的隱蔽性，除非發生急速失壓有明

顯狀況。爲了預防缺氧症狀發生，客艙組員不僅對自身狀況要保持警覺，同時亦需留意其他機組人員和乘客。雖然下述缺氧症狀存在，然而其發生並不具有順序性且並非同時產生。而修復是氧氣，且一旦供應氧氣則多能迅速恢復。

　　缺氧症狀可能包括：呼吸頻率加快、出汗、頭痛、疲倦、判斷力受損、頭昏頭暈目眩感及感到不舒服等。

　　在1萬呎以上的高空，如果機艙陷入失壓狀況，機上人員有可能面臨多種身體傷害：除了缺氧外，疲勞、噁心、頭疼甚至肺水腫等的高原病（altitude sickness），中耳及腸胃疼痛甚至肺爆震傷的氣壓傷（barotrauma），使溶解於血液中的氮氣等氣體形成氣泡所致的減壓病（decompression sickness），以及高空冷凍空氣導致的凍傷（frostbite）或體溫過低（hypothermia）等⑦。

第四節　客艙失壓因應處理

　　針對客艙失壓，航空公司在空勤組員訓練中，涵蓋有高空生理現象及缺氧症認識與處理程序。遇客艙失壓時，空服員應該立即戴上氧氣面罩並確保能在最近的座位或空服員座椅就座。飛航組員會將飛機緊急下降到可以呼吸且不需用氧氣面罩的安全高度（通常為10,000呎）。當空服員察覺到客艙失壓，首先他們必須先將自己的氧氣面罩戴好以便於第一時間能夠協助乘客戴上面罩。只要有氧氣，身體就能迅速恢復，這也就是為什麼要儘快戴上氧氣面罩的原因④。故空服員必須先照顧好自己，方有餘力照顧機上其他乘客。當飛機降到安全高度後，飛航組員會通知客艙組員開始進行客艙檢查，以評估機艙內與乘客狀況。

　　值得留意的是，當遇到爆炸性失壓時，受限於客艙內噪音及狀況，機內溝通系統受阻⑥，且降落前客艙組員無法事先準備及溝通，故遇此狀況，客艙組員盡可能從駕駛艙組員獲得愈多訊息愈好，且依照相應的狀況處理④。

一、客艙應變程序

　　當客艙壓力高度超過14,000呎時，乘客座椅上方的「乘客服務系統」（Passenger Service Unit, PSU）氧氣儲存槽的面罩會作用（圖6-2），一啟動氧氣供應則無法關閉，可維持氧氣供應約12～15分鐘。飛航組員則會儘速降低飛行高度，以減少對客艙及人員造成之影響。故空服員發現客艙內氧氣隔間板開啟或氧氣面罩掉下及預錄廣播系統（pre-recorded system）啟動時，空服員當立即戴上氧氣面罩、繫緊安

圖6-2　氧氣面罩於氧氣儲存槽內（圈起來處）

全帶，可就近坐在客艙組員或乘客座位上使用可用之氧氣面罩，如果附近沒有空位，則緊握座椅扶手並使用可用之氧氣面罩（註：空服員座位上方亦有氧氣儲存槽，單人組員座位內含一個氧氣面罩；雙人組員座位則含二個氧氣面罩）。空服員在戴上氧氣面罩後應當視情況，使用客艙廣播系統或口頭以指示乘客：「戴上面罩（put on mask）、繫緊安全帶（fasten seat belt）、不要吸菸（no smoking）」，讓乘客立即執行。

　　機上每間洗手間內亦配置有兩個氧氣面罩，乘員若於洗手間內遇客艙失壓面罩掉落時，應立即就地戴上氧氣面罩，且洗手間內沒有安全帶，加上飛機可能會急速下降高度，為避免顛簸震動，可就近蹲下拉住洗手檯邊緣或是握緊把手等。切勿為返回座位而未及時使用氧氣，導致缺氧。空服員如可能應指示帶兒童的成人先行戴上他們自己的面罩，然後再協助隨行兒童戴面罩。有關應先行使用氧氣面罩再照顧他人提醒，除了在起飛前安全提示外告知乘客外，航空公司亦納入書面的安全須知卡中，如**圖6-3**德國漢莎航空（Lufthansa）及**圖6-4**阿拉

圖6-3 德國漢莎航空安全須知卡標示使用氧氣面罩的順序及所需時間

資料來源：本圖攝於漢莎航空A320-200安全須知卡。

圖6-4 阿拉斯加航空安全須知卡標示使用氧氣面罩的順序及所需時間

資料來源：本圖攝於阿拉斯加航空B737-400安全須知卡。

斯加航空（Alaska Airlines）在安全須知卡中不僅以號碼標出使用氧氣面罩的順序外，更清楚加上時間提示，如自氧氣面罩掉落到啟動需3秒鐘，到戴上面罩調整鬆緊帶則共7秒，幫助他人戴好則共需約10秒。

因機型不同，當客艙壓力到達14,000呎時，大多數的機型是面板打開，氧氣面罩從儲存槽落下；另有則是面板打開但氧氣面罩並不會

掉落（**圖6-5**所示）──如MD-80
及MD-90機型。另外氧氣供應有
兩種型式，一為化學氧氣啟動器
（chemical oxygen generator）；
另一種為氣體氧氣系統（gaseous
oxygen system）。且由於化學氧氣
作用時會產生高溫，故須留意手勿
碰觸啟動器避免燙到，同時啟動時

圖6-5　氧氣儲存槽面板打開

會有燃燒的氣味（此為正常現象，然或許會有乘客擔心氧氣釋放時燃
燒味道）⑥。若使用氣體氧氣系統則不會有燃燒的氣味。然不論是哪
一種，乘員使用時則必須要「下拉」，方能啟動氧氣供應，且此種供
乘客及空服員所用的為連續供氣式氧氣，無法個別開關。特別值得注
意，當一開始戴上氧氣面罩若覺得更不舒服，此乃因為人體在缺氧後
突然吸入氧氣所造成的身體反應，稱為oxygen paradox，但這種不適感
不到一分鐘即會消失，故千萬不要因此取下氧氣面罩⑩。

失壓廣播之範例如下：

「各位旅客：繫緊安全帶，拉下面前的氧氣面罩，氧氣會自動供
應。將面罩罩住鼻子與嘴巴，然後以正常的方式呼吸。將鬆緊帶套在
頭上後，把二邊拉緊。請先戴好面罩後再協助您身旁的人。不要離開
座位，使用氧氣面罩，直到有進一步的指示為止。絕對禁止吸菸。」
⑤

二、飛機降至安全高度後空服員的處理程序

飛機到達安全高度，並且接獲飛行組員告知可安全走動後，空服
員依照指示進行客艙檢查。並以廣播告知乘客，內容如下：

「我們已經降至安全高度，您可以拿掉氧氣面罩；如果您覺得不舒服可以繼續使用氧氣面罩。請留在座位上繫好安全帶並且不要吸菸。如果需要任何協助請隨時通知我們。」

空服員依照個人責任區域進行客艙檢查。檢查應包括：

1. 洗手間（確認洗手間內沒有乘客）。
2. 檢查乘客使用氧氣（面罩）情況、安全帶及禁菸的情況。
3. 是否有人缺氧、受傷人數並優先給予急救，並照顧需要協助的乘客。
4. 檢查客艙是否有火災、破損情形；必要時更換座位（避開客艙危險區域）。
5. 回報客艙檢查的情況予機長。
6. 視需要給予缺氧症乘客使用可攜式氧氣瓶。
7. 將已使用的氧氣面罩、可攜式氧氣瓶或其他裝備（如急救箱）記載於客艙缺點紀錄簿（cabin logbook）中。

案例

據飛安委員會調查報告，2008年9月14日，一班由日本東京成田機場飛往台北的國泰航空A330-300空中巴士，在4萬呎高空下降時，艙壓供氣系統突然中斷而需急降桃園機場的事故。報告中就空服員操作提出建議：部分空服員於氧氣面罩未能自動下落時，未能使用工具試圖開啟面板，亦未使用座椅附近的可攜式氧氣瓶。部分空服員更出現不熟悉氧氣面罩須下拉才開始供應氧氣之操作及氧氣面罩之正常操作狀況，另有空服員因故未戴上氧氣面罩，可能有誤導乘客認為不需依指示戴上氧氣面罩[11]。

第五節　有效意識時間

　　有效意識時間（Time of Useful Consciousness, TUC）係指個體開始暴露於高空缺氧的環境，直至出現心智障礙而無法遂行正常工作的期間。惟於此一時間內，個體能夠認知或辨識所面臨的問題，和採取適當的措施來解決問題，例如：尋求額外氧氣的供應和下降飛行高度。因此，有效意識時間亦被稱為有效行為時間（Effective Performance Time, EPT），該時間的長短乃因人而異，主要決定於個體暴露的壓力高度，然而個人耐受力、肢體活動程度、缺氧誘發的方式均會影響。一般而言，有效意識時間隨著肢體活動程度的增加或隨高度的上升，相對地縮短⑨。由此亦可推之，高空中缺氧的危險性，其重點在於預防而非治療④。

　　如客艙失壓在35,000呎（10,668公尺）巡航高度時發生，一般人在嚴重的缺氧症狀出現前約有60秒或更少的時間有反應能力或採取保護措施。此外，快速失壓則因為失壓導致引起肺部空氣強制排出和極快的上升速度，導致有效意識時間（TUC）會減少50%。**表6-3**為FAA提供資料，顯示在不同高度下一般失壓情況下與遭遇快速失壓時空勤組有效意識時間（有效行為時間）⑫。值得注意的是，由於空服員通常於客艙服務（進行耗費體力工作），故在意識到客艙失壓影響時，相對於其他乘客其所能因應時間可能會更短些。

表6-3　不同的高度下的有效意識時間

高度	有效意識時間	快速失壓 有效意識時間
22,000呎	10分鐘	5～6分鐘
25,000呎	3～5分鐘	1.5～2.5分鐘
30,000呎	1～2分鐘	30秒～1分鐘
35,000呎	30秒～1分鐘	15秒～30秒

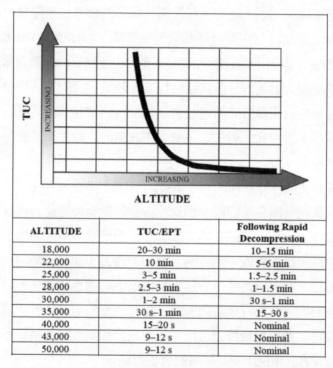

ALTITUDE	TUC/EPT	Following Rapid Decompression
18,000	20–30 min	10–15 min
22,000	10 min	5–6 min
25,000	3–5 min	1.5–2.5 min
28,000	2.5–3 min	1–1.5 min
30,000	1–2 min	30 s–1 min
35,000	30 s–1 min	15–30 s
40,000	15–20 s	Nominal
43,000	9–12 s	Nominal
50,000	9–12 s	Nominal

資料來源：取自FAA, Times of useful consciousness versus altitude, AC 61-107B, figure 2-3.

參考文獻

①吳佩俞譯（2012），秋本俊二著。《波音787完整解說》。台北：晨星出版社。

②Council, R. (2002). The Airliner Cabin Environment and the Health of Passengers and Crew.

③FAA. Aviation Maintenance Technician Handbook-Airframe. Ch16 Cabin Environmental Control Systems. https://www.faa.gov/regulations_policies/handbooks_manuals/aircraft/amt_airframe_handbook/media/ama_Ch16.pdf

④IATA-Airline Cabin Crew Training Course Textbook.

⑤《客艙安全檢查員手冊》。〈客艙安全工作輔助　第二節〉。

⑥AIRBUS. Flight Operations Briefing Notes (Cabin Operations)-Cabin Decompression Awareness.

⑦〈波音的壓力〉（2010）。《南都週刊》，第29期。http://past.nbweekly.com/Print/Article/10874_0.shtml

⑧維基百科：阿羅哈航空243號班機事故，https://zh.wikipedia.org/wiki/阿羅哈航空243號班機事故

⑨缺氧。國軍高雄醫院岡山分院——航空生理及醫學網站資料。

⑩Bureau, A. T. S. (2009). Aircraft Depressurisation Cabin crew information bulletin. Aviation Research and Analysis Report AR-2008-075(2)ATSB.

⑪飛航安全委員會（2010）。「行政院飛航安全委員會中華民國99年工作報告」。台北：飛航安全委員會。

⑫Federal Aviation Administration (2013). "AC 61-107B": Aircraft Operations at Altitudes above 25,000 Feet Mean Sea Level or Mach Numbers Greater than .75, http://www.faa.gov

第七章

客艙火災防範與處理

- 飛機火災對乘員影響
- 燃燒三要素及火災分類
- 客艙火災預防
- 客艙滅火
- 危險品載運暨個人隨身電子設備處理
- 客艙失火／冒煙案例

前 言

　　由於客艙發生火災對航機與乘員的危害威脅，面對此嚴重緊急事件，空服員在客機上不僅要隨時保持高度警覺，能夠識別潛在失火的危險，一旦發生客艙失火，能掌握火源位置及種類並遵照作業程序，使用正確滅火設備，迅速撲滅；同時注意對乘客的照顧安排及後續監控與滅火程序。本章包含從火災對機上乘員影響、火的要素及分類、機上火災預防與滅火處理，以及包含鋰電池與危險品處理原則等內容。

第一節　飛機火災對乘員影響

　　針對1997年9月至1999年6月間美國NTSB調查的46件緊急撤離事件，原因居首為引擎起火共18件（占36%）；其次為煙霧（smoke）──客艙、貨艙或駕駛艙。同樣地，從美國國家航空暨太空總署（National Aeronautics and Space Administration, NASA）的「航空安全報告系統」（Aviation Safety Reporting System, ASRS）統計資料，在2014年發生91件航機緊急撤離事件中，火與煙確實是主要肇因①。

　　由於飛機墜落後通常伴隨著客艙乘員的撤離逃生，且火勢通常較大，無論是火勢蔓延至客艙內或機身外的緊急逃生口附近，都對撤離行動產生極大的威脅②。前NTSB事故調查官在1993年飛行安全文摘報告中提及「幾乎所有的飛機意外事故喪生，並非肇因飛機的墜毀或撞擊而導致傷亡，多是由於飛機撞擊後引起的火災，在許多情況下，常肇因有毒的煙霧或受傷而導致無法快速離開飛機。」一位火災生存專家及航空的首席執行長也提及，特別是在人體可耐受衝擊力和機身保持完好或部分完好下，能從飛機疏散的能力，成為最重要的生存因素③。目前航空法規要求航空器需經驗證，展示其乘客能於90秒內撤

離，其主要目的即爲降低火、煙對乘客的危害②。

在1999年飛行安全基金會的研究報告中，解釋人們是如何在火災中受傷——乃因輻射熱及周圍環境熱導致燒傷。飛機火災通常會產生高輻射熱，輻射熱係以直視線的傳導方式引起人員傷亡。在一項由FAA執行的火災測試計畫，其結論顯示：包括客艙內部使用的材料等，會造成有毒氣體的釋放，形成嚴重危害。在火焰擴大前（flashover）或火焰未產生時，有毒氣體對人員傷亡的影響程度較低；火焰擴大後，無論釋放出有毒氣體的強度爲何，人員的生存是很困難的。火災意外事件的報告也顯示，吞噬客艙的有毒及刺激性氣體雖未產生火焰，但會導致人員衰弱或喪失能力②。此外，1999年飛行安全基金會研究報告中亦提及，客艙發生火災初期，產生的煙霧靠近機艙天花板且以水平方式蔓延，在煙氣層下面的空氣相對較涼及乾淨。當艙門及緊急出口打開，新鮮空氣流入客艙，火焰可能迅速蔓延到整個機艙內，降低乘客撤離的生存機會。若事故導致機身破裂，則機艙內因空氣劇烈流動致火勢會穿透更快、傳播更迅速。因此，迅速逃離飛機是救出乘員的唯一方式③。

第二節　燃燒三要素及火災分類

一、燃燒三要素

燃燒必須具備三個必要條件：燃料（可燃性物質）、氧氣（空氣等）、燃點（溫度）。燃料（材料、紙、橡膠、燃油、瓦斯等）；氧氣（存在於空氣中、某些緊急／醫療器材中）；燃點（電氣、熱、火柴）三項要素如圖7-1所示。而滅火，只需將其中任一要素移開或隔

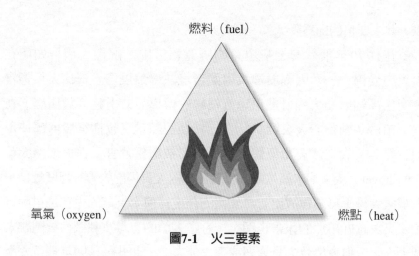

燃料（fuel）

氧氣（oxygen）　　　　　　燃點（heat）

圖7-1　火三要素

離，即能控制火的延燒與擴散，達到撲滅的目的。空服員必須能分辨客艙起火的類型和決定使用最有效的滅火器具，以有效滅火④。

二、火災分類

一般可分以下四類：

1.普通火災：普通可燃物，如紙張、木材、織物和垃圾。
2.油類火災：易燃液體，如汽油、煤油和石油。
3.電氣火災：電器，在飛機上，這可能是廚房設備、照明或有電氣設備或線路在該地區的任何區域。
4.金屬火災：活性金屬，如鎂、鉀、鋰、鋯和鈦等④。

針對不同起火的類型、滅火方式及使用何種適合滅火器說明如**表7-1**。

表7-1　不同火災類型及適用滅火器

名稱	說明	滅火方法／滅火器
A 普通火災	普通可燃物，如紙張、木材、織物和垃圾。	可以藉水或含水溶液的冷卻作用使燃燒物溫度降低，以致達成滅火效果。當無水可用時，使用任何類型的滅火器都是安全的。 適用：水／海龍滅火器
B 油類火災	可燃物液體，如汽油、煤油、石油，或可燃性氣體，如乙烷氣、乙炔氣，或可燃性油脂，如塗料等發生之火災。	最有效的是以掩蓋法隔離氧氣，使之窒熄。此外如移開可燃物或降低溫度亦可以達到滅火效果。水滅火器，絕不可使用於此類火災，因為水會助長其擴散，重點是要隔離氧氣。 適用：海龍滅火器
C 電氣火災	涉及通電中之電氣設備，如電器、變壓器、電線、配電盤等引起之火災。	重要的是切斷引發火災的電源和排除氧氣。注意使用水來滅此類火時應避免遭到電擊。但如能截斷電源再視情況依A或B類火災處理，較為妥當。 適用：海龍滅火器
D 金屬火災	活性金屬，如鎂、鉀、鋰、鋯、鈦等或其他禁水性物質燃燒引起之火災。	這些金屬燃燒於高溫會釋放出氧氣助燃。他們會對水或其他化學品產生強烈反應，因此必須小心處理。這些物質燃燒時溫度甚高，只有分別控制這些可燃金屬的特定滅火劑能有效滅火。 適用：水／海龍滅火器

三、客艙滅火及警示裝備

　　除了海龍滅火器、水滅火器、防煙面罩、防熱手套[1]外，另有滅火斧（消防斧）——當火源在難以到達的區域時可以斧頭協助。例

---

[1]有關飛機上緊急裝備可參考本書第四章。

如，機內牆板或廁所門後方。由於倏忽打開門會讓氧氣進入助燃，故可在門／艙壁上方鑿一個洞，將滅火器噴嘴伸入洞口，並擊發滅火器滅火。此外，飛機上為全面禁菸，洗手間內設有煙霧偵測器（smoke detector），當偵測到洗手間煙霧時駕駛艙及客艙會有警示聲響，且門外會亮燈。洗手間內垃圾箱亦配備了自動滅火器。當垃圾箱內著火時能夠自動擊發滅火器。

第三節　客艙火災預防

一、保持警覺隨時檢視

儘管飛機製造廠、主管機關和航空器使用人盡一切努力，藉著提供防火材料及為降低火災傷害而訂強制法規以減少機內火災之危險，但火災仍會因種種原因而發生。客艙組員須對可能潛藏於客艙內的火災有所警覺，包含有異常的氣味（有可能是失火的前兆）、聲響，或是在艙壁、天花板、地板有過熱或是冒煙的現象等；並經常檢視客艙，特別是在夜間更需注意煙和火；同時留意廚房內烤箱與電氣設備。

客艙組員航程中須定期檢查洗手間，確定沒有煙和火出現，並防止有人在裡面吸菸或是破壞煙霧偵測器。此外，檢查因裝滿或阻塞垃圾造成擋板門未完全打開的垃圾桶是很重要的，如此洗手間內的滅火器才能正常地運作。洗手間內超量的垃圾須移除並置於廚房之垃圾桶內。另外使用過的香水瓶、噴霧罐和任何其他有害的物品須移除，並置於廚房之垃圾桶內④。

案例

　　1983年6月2日加拿大航空（Air Canada）797號班機由美國達拉斯飛至加拿大蒙特婁，機上有5名空勤組員及41名乘客，飛航途中，機上洗手間發生火警，濃煙充斥著整架飛機。飛行員要求緊急降落時，機上乘員陷入煙霧迷漫的客艙中，因恐氧氣會助長火勢，乘員無法使用機上氧氣面罩。待飛機降落後，機艙門一打開，因空氣助燃致觸發客艙大火，飛機開始燃燒，乘員因機內濃煙能見度低而難以找到逃生門，在航機降落後不到90秒時間，飛機立即發生爆燃，整個機艙被吞噬，當時機上仍有23名乘客因逃生不及死亡[5]。

二、客艙發生煙／火區域分析

　　研究指出客艙內較易發生煙／火的地方，包含如廚房——特別像是烤箱、微波爐和垃圾桶，其他像是洗手間內垃圾桶、行李廂、電氣設備間及空調管線等[6]。無論在空中或地面，發生火／煙事件常與廚房的電氣設備有關，原因可能是廚房內的電氣設備過熱或電路負載致短路等，或因空服員人為操作不當（例如不當使用烤箱，將烤箱作為儲物櫃或烘烤取暖之用等）[7]。

　　另外，飛機上使用的滴濾咖啡機亦有發生爆裂的問題。2013年FAA發布了一份安全警告，以告知航空公司有關機上標準型滴濾咖啡機相關的安全隱憂。由於滴濾咖啡包突然爆裂，已造成部分空服員和乘客臉部、頸、手、手臂和軀幹的一度及二度燒傷。根據FAA的警告，緩解風險的措施是要確保滴濾包不被折疊，每壺只使用一包，並把滴濾包放入咖啡機時讓縫邊向下。當水從咖啡機內溢出，聽到嘶嘶的聲音，應關閉裝置立刻離開勿提起手柄，並告知其他所有組員。FAA建議所有的航空承運人在空服員手冊和培訓計畫中添加警示說明

和程序⑧⑨。

　　至於客艙起火的來源，則包含乘客的手提行李內的物品，如鋰電池、去光水、安全火柴，或是其他違禁物品等；此外，客艙內的燈具及座椅上方的PSU亦是發生煙／火的地點；洗手間內起火則與棄置的菸蒂於垃圾桶內燃燒引起的，或因廁所內的設備（如沖水馬桶、燈具等）導致煙／火產生。

第四節　客艙滅火

一、客艙火災因應

　　「航空器飛航作業管理規則」第189條中明定：「航空器使用人應於客艙組員手冊內訂定航空器於飛航中發生緊急、意外、火災或系統操作故障損壞報告之程序，並應訓練客艙組員熟悉作業，適時向機長報告，俾供機長評估以採取適當行動。」航空公司依法規制定相關客艙組員訓練或作業手冊，於發生火災時，能依照客艙滅火程序執行。客艙組員發覺客艙異狀時，會先依據狀況判斷（火源、火勢、起火點），通報其他組員並立即取用適合滅火器，分工合作進行滅火，指導並安撫乘客等程序。

　　為達效率第一位發現的組員即刻拿取滅火器滅火，並請求其他組員協助拿滅火器及防煙面罩等滅火裝備，同時通報飛航組員客艙失火狀況（火源、火勢、起火點、對乘客的影響）及處理情形，同時其他組員安撫乘客——包含視狀況調整乘客座位及請乘客降低姿勢並用手帕或濕紙巾摀住口鼻。而除了機上必備之緊急裝備外，客艙組員也可考慮那些平常不被視為滅火器材之物品，例如：(1)非酒精飲料，諸如

咖啡、汽水、果汁或水等可傾倒用以滅火；(2)含二氧化碳飲料可作用如滅火器，藉由搖動瓶罐之作用而後開啓瓶口，朝火源底部噴灑；(3)濕毛毯或枕頭可作爲悶熄裝置，有助熄滅火源並防止重新點燃等⑩。

　　爲能快速有效滅火，可採團隊分工方式，並依人員角色執行任務分派，團隊成員可視實際情況調整。如第一位組員爲滅火者（firefighter）：通常爲發現失火者，即刻確定火源並滅火。第二位組員爲傳訊者（communicator）：負責通報駕駛艙組員客艙失火狀況；第三位組員爲支援者（runner）：負責協助取得滅火器備用支援、安撫乘客或調整座位、發送毛巾給乘客並將失火區域的氧氣瓶移開等工作⑪。

　　滅火時，若機上客艙組員少於三位，或是僅有單一客艙組員作業時，其必須滅火並與駕駛艙組員聯繫。則客艙組員可將機上的同乘組員[2]（Deadhead/ Positioning Crew）或有能力且願意協助之乘客（Able-Bodied Passengers, ABP）視爲資源協助滅火⑩。

二、客艙滅火程序

(一)客艙滅火基本程序

　　面對客艙失火最重要是保持鎮定勿驚慌，並依程序儘速滅火。力求於最短時間內滅火，以減少機上乘員的安全威脅。下爲客艙滅火基本程序（**圖7-2**）：

　　1.找到火源並確定火災種類。

---

[2]同乘組員（Deadhead/ Position Crew）係指爲銜接赴／卸任勤務而搭機之非任務組員。

2.請求支援，取得適當滅火器及裝備滅火；同時協調其他組員滅火並立即通知機長。

3.使用滅火器，以對準火源底部來回噴灑方式。

4.火勢撲滅後仍持續監看以防復燃。

5.確認乘客安全性，若有需要幫忙乘客更換座位，如因客艙冒煙致呼吸困難，可派發濕紙巾並指示乘客降低姿勢並以濕紙巾或手帕衣物搗住口鼻（記住千萬不要使用火災附近的氧氣）。

6.依照機長的指示，如果因航機失火需緊急迫降時，客艙組員應指示乘客降落前做防撞姿勢（brace position）且執行客艙安全檢查⑫。

圖7-2　客艙滅火程序

(二)機上廚房、行李廂及洗手間失火滅火的程序

以下分別針對機上廚房、行李廂及洗手間失火簡述滅火的程序：

◆**廚房失火**（galley fire）

1.立即將著火處的樹櫃或烤箱門關上。

2.關閉電源開關，並通知飛行組員關閉廚房電源。

3.找出引起火災之原因。

4.如有必要戴上防煙面罩及防熱手套。

5.若為烤箱著火,應先將門關上。接著些微打開烤箱門,並持滅火瓶迅速向內噴灑,再把門關上,重複此步驟直至火熄滅為止。

6.滅火後隨時監控是否復燃。

◆上方行李廂失火 (overhead bin fire)

1.先疏散著火處附近的乘客。

2.通報其他的空服員。

3.使用正確的滅火器及裝備。

4.上方行李廂著火,應先以觸摸門板方式判斷火勢大小。

5.把門打開一小縫,將滅火器對準裡面噴灑後立即將門關上。

6.重複此步驟直至火熄滅為止。

◆洗手間失火 (lavatory fire)

1.發現有煙冒出時應先藉由觸摸門板及門把的溫度來判斷火勢的大小。

2.戴上防煙面罩及防熱手套,攜帶海龍滅火器進入。

3.找出火源後,對準火源底部噴灑,直至火熄滅為止。

4.滅火後可倒入無酒精液體以防復燃。

5.若門的熱度很高,表示火勢很大,則為避免氧氣進入加大火勢或煙散布至客艙,可以用濕毛巾或毛毯將門縫塞住。

6.使用滅火斧於門上方鑿一小孔,將滅火器之噴頭深入孔中,直接噴灑;必要時再使用第二瓶滅火器。

三、客艙冒煙

引起客艙冒煙（cabin smoke）的原因有很多，不論是在空中或地面上。煙對乘客及組員有許多潛在的危險，如呼吸困難、刺激眼睛及喉嚨、驚慌、失能，甚至死亡。因此客艙組員應對客艙內異常味道保持警覺，特別是在地面加油時，須格外注意。若發現任何異狀立即通知機長及其他組員，並視情況戴上防煙面罩，除了以機內廣播系統或擴音器告知乘客、搗住口鼻、採取低姿勢外，可能時，應即重新安置乘客離開濃煙及氣味的區域，時間應允則發給乘客濕毛巾，並取得滅火器備用。若空服員使用攜帶式氧氣瓶提供氧氣予因濃煙及氣體造成呼吸困難的乘客，應注意乘客必須移離失火區域後，方可提供氧氣。客艙失火時，因吸入濃煙造成人員的傷亡較實際火災引起的傷亡更大，任何時候客艙內因火災產生過多濃煙時，則可依照機型不同，必要時進行排煙（smoke removal）。

四、客艙隱匿區域（hidden areas）滅火程序

客艙失火第一要務是尋找火源並立即滅火，對於隱藏或不易接近的火源，當火焰不明顯或空服員一時無法確定火源位置時，更應提高警覺⑬。造成隱匿區域火災原因有可能是因為電線、電器組件設備故障或電路保護故障、過載等，甚至因雷擊、飛機引氣滲漏（bleed air leaks）與鋰電池所引起⑪。空服員可從設備異常（無法正常操作）、斷電器（多個）跳閘、煙霧或是看到通風孔或接縫處有煙冒出、奇怪味道、熱點（hot spot）等跡象判斷並找出火源位置⑪，過程可能需要打開發燙的儲物櫃，以手背試溫（註：因手背上皮膚對溫度變化之靈敏度較掌心或指尖為高，貼著牆板移動更易察覺溫度變化，進而更易

找到牆板後之熱點。同時使用手背可在物體熱度高到足以燒傷手時，保護手指或手掌不致於動不了⑩）。甚至是以工具（如滅火斧）撬／鑿開面板、壁板或天花板。因此，空服員需要熟悉航機上可能潛藏火源的區域及對相關航機系統有相當的認識，包括：電線、液壓管及組件、空調系統、乘客氧氣系統、可能的發動機及貨艙火警區域等⑬。當然，空服員對所有的失效狀況均應回報，如跳電、娛樂系統故障、咖啡機或是任何一個隱藏區域的疑似火源。如此，空服員更能及時且正確地傳達火警資訊予飛航組員⑬。

第五節　危險品載運暨個人隨身電子設備處理

對航機的威脅除了來自槍械與爆裂物外，還有危險品。客艙失火可能由火柴引燃，特別是夾式火柴（book matches），其他如打火機、易燃液體、氣狀類物品，尤其是噴霧式（aerosols）物品，都可能毀掉整架飛機，如髮膠就有這種威力。而安檢人員在機場執行安檢，其目的就是在旅客行李內找出（自己無法確定）是否安全的物品。因此，除了安檢外，旅客登機與客艙清艙時，空地勤人員不只要注意旅客有無攜帶槍械與爆裂物登機，還要注意有無攜帶危險物品⑭。

空服員訓練中即包含對危險品的識別與處理，並隨時保持警覺。客艙組員執勤時也必須對許多可能看似無害的日常家用或工作場合所使用的普通物品保持警覺，由於飛航時溫度和壓力的變化可能造成物品溢漏、產生有毒氣體或引發火災，以致空運時具有危險性⑮。有時候，危險物品會被貼上標籤。當然，有些乘客想要攜帶未被貼上標籤的危險物品登機且它們易被察覺到，因此客艙組員一旦發現可疑物品時，應立即通知機長④。

案例

　　2015年10月20日一架載有100多名旅客的遠東航空班機從金門飛松山機場，空服員於乘客下機進行客艙檢查時，於行李廂內發現一包鞭炮和金紙等祭拜物品，並立即通報航警局。始發現屬於危險品的爆裂物品竟通過安檢上機。乘客表示係因為婚禮習俗致疏誤攜帶鞭炮上機。對於發生首次航空公司在客艙檢查時查獲鞭炮事件，警方除對乘客依「民用航空法」第43條第一項規定，攜帶槍砲、刀械或有影響飛航安全之虞之物品進入航空器。因違反前述規定開罰2萬元。航警局並對負責安檢員究責懲處，亦將請各航空公司加強宣導，提醒乘客勿攜帶危險物品上機，以免發生意外。

一、危險品運輸限制

　　危險物品可以是物質或物件。於載運時，可能會對組員、乘客、地面人員、一般大眾之健康和安全、甚或航空器的安全操作造成嚴重危險。包括貨物、行李、航空郵件中的危險物品。危險物品有九大類。禁止攜帶或託運行李中夾帶的危險物品，包含如爆裂物、危險氣體、易燃品類、高壓縮罐、腐蝕性物質、磁性物質、毒性物料、強氧化劑、放射性物質及具防盜警鈴裝置之公事包及小型手提箱等（圖**7-3**）。並說明如下：

　　1.爆炸物（煙火、閃光燈、玩具槍）。

　　2.壓縮氣體（野營用的氧氣瓶和液化氧氣瓶）。

　　3.易燃的液體和固體（油漆和油漆稀釋劑、非吸菸用打火機、非安全火柴）。

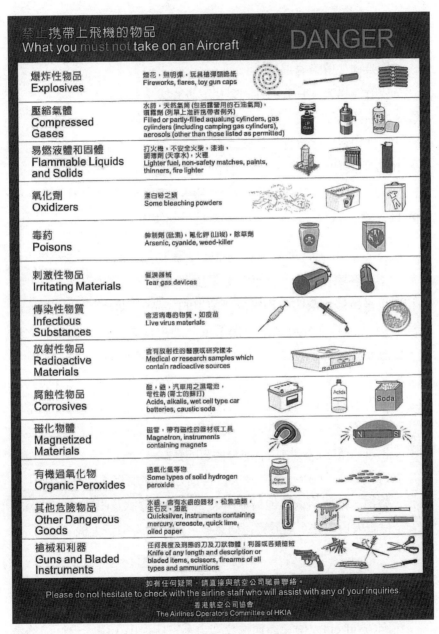

圖7-3　禁止攜帶上飛機物品

資料來源：本圖取自香港航空網站，www.hongkongairlines.com。

4.氧化物（漂白粉、有機過氧化物、某些類型的固體氧化物）。

5.化學有毒物質（砷、氧化物、除草劑）。

6.傳染物（傳染病毒材料）。

7.放射性物質（有放射性的醫學或研究樣品）。

8.腐蝕性物質（酸、鹼、濕型汽車電池、氫氧化物）。

9.磁性物質（磁拉管、帶磁性的儀錶）。

10.其他的危險物質（水銀和有水銀的儀錶、雜酚油、生石灰、油紙、有引爆裝置的保險箱和有報警裝置的保險箱）。

11.丁烷卷髮液（禁止在機上隨身攜帶和使用）。

　　航空器使用人的政策應避免載運危險物品。有害的物質禁止放置於行李或客艙行李內。然而，若是屬個人保養、醫療需要、某些運動和用以維持殘病乘客生理需求所使用的物品，則屬例外④。配合國際民航組織對於旅客及組員可攜帶或託運上機之危險物品項目之調整，民航局於2015年3月修正「旅客及組員可攜帶或託運上機之危險物品」，包括：行動電源必須手提或隨身攜帶；具備可防止意外啟動之預混式燃燒型打火機（例如一般俗稱之藍焰打火機）全面禁止攜帶；並建議電子煙應以手提或隨身方式攜帶上機。並摘錄「旅客及組員可攜帶或託運上機之危險物品」部分內容如**表7-2**。

　　旅客攜帶旅行中所必要但未符合前述限量規定之嬰兒牛奶（食品）、藥物、糖尿病或其他醫療所需之液體、膠狀及噴霧類物品，經向安全檢查人員申報，並於獲得同意後，始得隨身攜帶上機。

二、個人隨身電子設備火災處理

　　英國Cranfield大學交通運輸及安全系主任提出，儘管飛行仍然是目前最安全的旅行交通工具，但隨著科技的發展，未來航空安全的兩

表7-2　禁止手提必須託運之物品

1.刀類、工具棍棒等類	雪茄剪、修眉刀、刀型小吊飾、鼻毛剪刀、水果刀、剪刀、瑞士刀、弓箭、飛鏢、棍棒、棒球棒、鎚子、青春棒、鑷子、圓規、螺絲起子、厚度超過0.5毫米之金屬尺、大型腳架、自拍棒（超過25公分）、高爾夫球桿、雙節棍、玩具槍等物品。
2.酒精類飲料	在完整包裝（未開封）狀況下，酒精度（%VOL.）不超過70%者，得攜帶總量5公升以內上機，超過5公升或酒精度超過70%者必須託運。
3.其他類：其他經人為操作可能影響飛航安全之物品。	
4.進出或過境香港及澳門，請勿攜帶或於隨身行李、託運行李放置電擊棒、伸縮警棍及瓦斯噴霧器等違禁品。	
5.備用鋰電池（lithium batteries）僅能放在手提行李中，且須符合100瓦小時以下的規格限制。各式鉛酸電池不得隨身攜帶或手提或託運。	
6.每名旅客限隨身攜帶1個香菸打火機或1盒安全火柴，防風或藍焰打火機及非安全火柴，不得隨身攜帶或置於手提行李或託運。	
7.液狀、膠狀及噴霧物品類	搭機旅客手提行李或隨身攜帶上機之液體、膠狀及噴霧類物品容器，不得超過100毫升，並應裝於1個不超過1公升（20×20公分）大小且可重複密封之透明塑膠夾鏈袋內。於通過安檢時須放置於置物籃內，通過檢查人員目視及單獨通過X光機檢查。 旅客攜帶旅行中所必要但未符合前述限量規定之嬰兒牛奶（食品）、藥物、糖尿病或其他醫療所需之液體、膠狀及噴霧類物品，經向安全檢查人員申報，並於獲得同意後，始得隨身攜帶上機。

個最大威脅除人為錯誤外，另外則來自於不安全的空運貨物（如貨物內藏有鋰電池）⑯。IATA及ICAO要求鋰電池與其他危險品一樣，在運送時必須運用檢查表，確認文件及標籤都符合運送規範，同時要求航空公司防止鋰電池在運送途中受損⑰。因此手機、相機的鋰電池應妥善保護放在手提行李內才能上機，雖然航空公司都會特別提醒乘客，然而，手機、相機、筆電的鋰電池在機艙中自燃的情況仍有所聞。雖然有這麼多的管制，問題依然持續不斷發生。顯然有一些人故意不理會這些規範，甚至完全漠視鋰電池在空運貨物及郵袋運送時的規定。

很多乘客同樣的對於鋰電池潛在危害漠不關心，導致鋰電池在行李中、貨物及郵袋內造成安全問題⑰。

最新研究顯示，鋰電池在飛機上爆炸、起火所造成的破壞比過去想像還要嚴重，飛機上使用、運送鋰電池的安全性也因而受到質疑。由於許多航空公司都已用筆記型電腦、平板電腦取代傳統的紙製報表，因此鋰電池是否安全也受到FAA的檢視。測試結果發現，當鋰電池在飛機上起火後，濃煙會覆蓋整個座艙，能將視線與指示燈足足遮蔽5分鐘之久。

「航空器飛航作業管理規則」第190條中亦明定：「航空器使用人應每二十四個月執行客艙組員危險物品複訓，以確保客艙組員能分辨可能攜入客艙內之各類危險品，並依相關規定為必要之處理。」適當的空服員訓練將有力減緩鋰電池意外發生機率。特別是下列兩項訓練：(1)預防性訓練：集中在如何發現鋰電池已經受損或不符合標準規格；(2)反應式訓練：著重對於鋰電池產生的煙霧、火警或毒氣如何處理⑰。

專家建議滅火後，用水澆熄過熱電池，並避免撿起或移動電池。同時絕不可用冰來冷卻燃燒或悶燒中的電池，這會有絕緣作用和增加爆發的可能性⑱。FAA於2014年12月發布之建議通告中（Advisory Circular），即建議航空公司針對鋰電池滅火可用水（water）或水沫式（aqueous based）滅火器⑪。另外，針對日益升高的鋰電池帶來的風險，IATA在2015年發布《客艙作業安全──最佳實務指導》中針對降低鋰電池風險及鋰電池產生煙霧火災處理作業，供航空公司參考。以下摘錄該手冊中有關鋰電池及個人電子用品（PED）引起火災的客艙組員檢查清單，如**表7-3**⑲。

表7-3　鋰電池及個人電子用品滅火程序

步驟	客艙組員行動
步驟一	確認冒煙／失火來源（物品）。
步驟二	進行滅火。 1.取用適當滅火器及防火裝備 2.若有必要先將該區域乘客換位移開
步驟三	移除電源。 1.將電子設備的插頭拔掉 2.如有座位供電系統亦先關掉 注意：勿試圖將電池由電子設備中取出
步驟四	續用水撲滅。 注意：當熱電池接觸到水（液體）時會產生蒸氣
步驟五	靜置該電子裝備並持續監控避免復燃。 　（若仍有煙／火冒出，重複上述步驟二到步驟四） 注意： 1.勿拿取或移動該電子設備。 2.勿遮（覆）蓋該電子設備。 3.勿用乾冰或冰塊試圖冷卻該電子設備。
步驟六	當該電子設備冷卻後（需約靜置10～15分鐘），取一裝滿水的容器將該電子設備浸入。
步驟七	飛行中持續監控該設備。
步驟八	落地後依照航空公司事件後續程序處理。

資料來源：本表整理自IATA: Cabin crew checklist and amplified checklist for fires involving batteries and portable electronic devices.

　　有些航空公司（如國泰航空、長榮航空）已在飛機上增設最新鋰電池滅火裝備，以對此新興威脅能迅速採取行動。如名為Life Kit的Firebane滅火用品，其能有效撲滅如燃燒金屬的D類火災，且比水更有效地冷卻因過熱危險（熱失控反應）的鋰電池組。以及稱為Fire Sock的防火袋，裝備包含防熱手套及一個防火密封袋，可放入已滅火降溫的電子用品。

　　鋰電池絕不能置於託運行李中！

案例1

2010年12月一架從美國亞特蘭大飛往巴黎的法國航空（Air France）B777飛機在38,000呎高空時商務艙發生一起火警，起因為一顆手機鋰電池卡進座椅後被壓碎，並起火燃燒[18]。空服員聞到燒焦味，並關掉機上娛樂系統，以減少危害。當空服員拿起座椅坐墊時，看到起火，隨後空服員用水將火撲滅。之後飛機安全降落[20]。

案例2

2015年3月15日一架載有321名旅客的荷蘭航空（KLM）班機從阿姆斯特丹飛往曼谷，但於抵達曼谷前，因有乘客在手提行李內的鋰電池引發火警，致上方行李廂突然冒出火苗，幸當時空服員拿出滅火器緊急將行李取出滅火，應變得宜[21]。

第六節　客艙失火／冒煙案例

案例1

2008年2月3日長榮航空BR67航班由桃園至泰國曼谷。班機於曼谷機場乘客下機時，發現客艙後排通氣崁板地板冒煙，機組員請乘客快速下機，經切斷電源並於客艙使用機上滅火瓶由網狀通氣崁板向下噴灑，熄滅煙霧。滅火後狀況解除，人員均安。然因當時客艙後段冒出煙霧逐漸變黑變濃，且因為艙等區間隔簾關閉致能見度降低，故乘客恐慌自行開啟左側4號門及右側5號門[22]。

案例2

2009年6月6日一架日本航空（Japan Airlines）JAL653航班由日本大阪至台北。班機於桃園機場進場階段，空服員發現客艙後段有燒焦味，遂離座查看，發現乘客座椅冒煙起火，經空服員以滅火器撲滅火源，同時實施機內廣播告知乘客發生火災及正在滅火[23]。經調查該機在47C座椅俯仰致動機構處，發現一只藍焰型式打火機，可能於航機下降前，該座位乘客將椅背豎直時，打火機點火裝置遭座椅俯仰致動機構擠壓並持續壓住，使該打火機點火，其藍色火焰向後噴發，由內向外燒穿座椅椅套布面，部分火焰受椅套阻擋回燒打火機本身，致打火機塑膠材質部分燒熔，造成打火機剩餘燃劑一次被引燃，火焰高度一度達約1.5公尺後消失[22]。

案例3

2014年4月11日中華航空CI7916航班，由仰光至台北。於巡航高度37,000呎，客艙組員發現於左側一號門旁之天花板上有疑似電器燒焦味，並發現有火花及煙霧，隨即啟動滅火程序。空服員告知事務長其碰觸面板時有觸電感，事務長立即關閉對應之廚房設備電源，並使用滅火斧鑿開天花板，過程中裂縫射出約30公分電弧，後噴注滅火劑入裂縫內，不久電弧停止發生。該班機之後安全轉降至曼谷機場[24]。

參考文獻

①Forrest, S. (2015). Should We Stay or Should We Go? Flight crews must consider many factors in deciding whether to order an evacuation. *Aero Safety World, Vol. 10*(1).

②交通部民用航空局民航通告AC120-34（2005）。「航務」與「客艙安全」人為因素發展原則與執行方式。

③Waldock, W. D. (1999). Uniform materials affect flight attendant safety and ability to help passengers evacuate burning aircraft. Flight Safety Foundation. *Cabin Crew Safety, 33*(2), March-April, 1-8.

④《客艙安全檢查員手冊》。〈客艙安全工作輔助　第二節〉。

⑤維基百科：加拿大航空797號班機空難。https://zh.wikipedia.org/wiki/加拿大航空797號班機空難

⑥Albright, J. (2014). Cabin fire battle plan. *Business & Commercial Aviation, 39*.

⑦CAA Paper (2009). Cabin Crew Fire Training: Training Needs Analysis.

⑧中華民國飛行安全基金會網站新聞，FAA提醒航機上沖咖啡存在安全隱憂。http://www.flightsafety.org.tw/web/modules/tadnews/pda.php?nsn=216

⑨ "FAA Warns Flight attendants about exploding coffee filters". http://edition.cnn.com/2013/01/09/travel/volatile-airline-coffee-filters/

⑩交通部民用航空局民航通告AC120-29（2004）。飛行中火警。

⑪FAA-Advisory Circular No. 120-80A (2014). In-Flight Fires.

⑫IATA-Airline Cabin Crew Training Course Textbook.

⑬行政院飛行安全委員會（2011年9月）。《飛安自願報告系統簡訊》，第23期。

⑭劉天健（2015）。〈飛航安全與航空保安〉。《飛行安全夏季刊》，第81期。台北：中華民國台灣飛行安全基金會。

⑮FSF Editorial Staff (2005). Generic checklists focus response to in-flight dangerous-goods incidents. *Cabin Crew Safety, 40*(1).

⑯〈人為過失 未來威脅飛行安全兩大因素之一〉（2015年10月21日）。《大紀元時報》。http://www.epochtimes.com/b5/15/10/21/n4554726.htm

⑰劉亮（2015）。〈最新鋰電池安全運送指導綱要介紹〉。《飛行安全夏季刊》，第81期。中華民國台灣飛行安全基金會。

⑱歐文譯（2014）。〈飛行中電池起火引發飛安疑慮〉。《飛行安全秋季刊》，第78期。台北：中華民國台灣飛行安全基金會。

⑲IATA. http://www.iata.org/publications/Documents/cabin-operations-safety-bp-guide-2015.pdf

⑳Kirby, M. (2014). PED battery fires on 777s prompt call for action. http://www.runwaygirlnetwork.com/2014/02/27/ped-battery-fires-on-777s-prompt-call-for-action/

㉑Kitching, C. (2015). Dramatic moment KLM flight attendant extinguished fire 'caused by lithium ion battery in passenger's hand luggage' on flight from Amsterdam to Bangkok. http://www.dailymail.co.uk/travel/travel_news/article-2995699/Small-fire-breaks- KLM-flight-Amsterdam-Bangkok.html (2015/03/15)

㉒行政院飛行安全委員會（2011年6月）。《飛安自願報告系統簡訊》，第22期。

㉓行政院飛航安全委員會（2010）。「日本航空公司JAL 653班機桃園國際機場進場階段客艙冒煙起火飛航事故調查報告」（ASC-AOR-10-20-001）。台北：行政院飛航安全委員會。

㉔行政院飛航安全委員會（2014）。「中華航空CI 7916飛航事故調查報告」（ASC-AOR-15-03-001）。台北：行政院飛航安全委員會。

第八章

航機迫降前的客艙準備

- 撤離和緊急應變程序
- 客艙準備
- 大眾客艙安全宣導

前　言

　　儘管飛機是世界上最安全的交通工具，事實上發生航空事故比率並不高，但是客艙組員必須隨時做好緊急情況的因應，當遇緊急情況方能快速正確反應，因為有時可能是生與死之間的差異①。故飛航組員和客艙組員都經過了嚴格訓練，且每年都會定期複訓演練，以確保緊急情況或需緊急撤離時能勝任職責與工作。

　　數據顯示，有20％的事故發生在航機起飛和初始爬升階段；有51％在最後進場和著陸時發生①。若依照緊急狀況分為無預期／或無法準備的緊急情況（unplanned or unprepared emergencies），以及可預期／或可準備的緊急情況（planned or prepared emergencies）兩類。有鑑於許多緊急事件發生於飛機起飛或降落時，且無事先預警，空服員或無時間與機長協調行動方針且必須自行因應處理。因此，空服員必須遵照訓練的緊急應變程序，和有良好的判斷力。若為可預期的緊急迫降，機長將儘快通知座艙長緊急情況。座艙長將取得必要資訊，以作為客艙組員間和客艙的準備。當客艙組員準備緊急迫降時，預期的緊急迫降能預先注意發生的原因，因為它或許可能不需要實施緊急撤離②。航機遇特殊狀況，如失火、客艙失壓、機械故障等必須使航機採取緊急迫降時，無論是在陸地上還是在水上，無論有無時間預做準備，客艙組員當隨時做好準備，以期減少乘員受傷並降低災害損失。

　　本章針對航機預期的緊急迫降（planned emergencies），說明客艙組員在有限時間內，與駕駛艙保持雙向溝通，隨時掌握突發狀況，做好各項客艙準備並指導乘客做好防範保護措施，以減低或避免乘客在非正常下降過程中的傷亡。

第一節　撤離和緊急應變程序

一、無預期／或無法準備的緊急情況

　　所謂「無預期／或無法準備的緊急情況」係指緊急事件／事故於飛機滑行、起飛和著陸時毫無預警發生。在此狀況下，客艙組員並沒有時間與飛航組員溝通協調。或許，空服員只聽到飛行員廣播做「防撞姿勢準備」（brace for impact），甚至可能完全沒有收到任何通知或廣播。此亦突顯爲何飛機起降的重要時刻，空服員應當坐在組員座位（jump seat）並隨時做好準備。

　　既然緊急情況多發生在起飛和降落時，且無事先預警，有時只有極少時間可做反應。航空公司會制定緊急逃生及緊急撤離的程序，並對空勤組員施以訓練，以確保任何時候，當飛機起飛或降落時出現明顯力道、聲響、姿態異常等狀況，須判斷是否需要乘客準備可能的撞擊，如果需要的話，連續對乘客喊出保護措施的指令，例如：「彎腰」（bend over）、「低頭」（head down），並能快速反應，開啓緊急出口執行疏散。

二、可預期／或可準備的緊急情況

　　「可預期／或可準備的緊急情況」係指緊急事件尙有時間及事先的資訊能預做準備。通常能事先知道飛機落地後並須立刻進行緊急撤離。在此緊急情況下，飛航組員將盡可能提供資訊並指示空服員預做準備方向，同時所有的乘員當按照機長的指示。飛航組員會提供迫降

前尚有多少時間、航機緊急情況的原因及預期緊急降落後的狀況，以及讓空服員知悉迫降前駕駛艙組員將會給的信號，以及其他可能會影響緊急撤離的特殊指示。

另有「預防性緊急降落」（precautionary emergency landings）係指預期飛機可以正常落地，並不需要進行緊急撤離，然飛行員為慎重起見，預先就緊急狀況通知客艙組員準備。例如，飛航組員從駕駛艙儀表板顯示起落架錯誤訊息，然而已可確認起落架能夠放下且繼續進行著陸，但為預防措施，飛行員通知消防車於機邊待命，同時做好起落架故障的可能因應①。

第二節　客艙準備

若緊急情況為可準備（planned）緊急撤離，則有緊急程序的檢查清單（checklists）或手冊，內容包含客艙緊急撤離時應有的準備步驟，並列出必須依照優先順序完成的步驟。在時間及狀況允許下，客艙組員必須執行客艙準備程序，以期使災害降至最低。客艙準備依照先後順序執行每一步驟，但座艙長可視情況，自行就當時情況彈性採取有效之步驟。倘若時間不足，無法完成所有的客艙準備步驟時，必須確實執行最後檢查（final check）。

一、空服員準備

(一)飛航組員告知客艙組員

飛航組員應以清楚、準確及簡明的方式告知座艙長有關下列資訊：

　　1.航機緊急迫降的原因。

　　2.迫降的環境（陸上或水上）。

　　3.有多少時間可進行撤離的客艙準備。

　　4.告知執行防撞姿勢的信號。

　　5.告知降落後乘員留在座位的信號（倘若不需要緊急撤離）。

　　6.其他特殊的指示。

　　7.決定由飛行員或座艙長廣播告知乘客。

(二)客艙組員告知乘客

　　基於心理因素，一開始通知航機準備緊急迫降的廣播建議應由飛航組員進行。然而，在緊急情況下駕駛艙工作負荷量高，座艙長可能需要做廣播（廣播內容如下所示）告知乘客。座艙長必須告知乘客有關：

　　1.航機緊急狀況。

　　2.乘客客艙準備因應。

　　3.需要乘客依照空服員的指示。

　　「各位旅客請注意：根據機長的指示，由於＿＿＿＿＿，必須＿＿＿＿＿在＿＿＿＿＿分鐘內降落。我們的空服人員經過嚴格的訓練，請按照他們的指示去做並保持冷靜。現在請您鬆開衣領、領帶或圍巾，脫掉高跟鞋，除去假牙、筆和所有的尖銳物品，並放在座椅口袋內。」

二、客艙準備內容

　　座艙長使用廣播系統進行客艙準備指揮，各空服員依照手冊中緊急撤離的職責分工，於指定客艙位置進行下列準備步驟。另外於緊急示範開始前，空服員必須先確定客艙間隔簾已打開、客艙燈光明亮、

耳機收妥與視聽娛樂系統關閉。且為使解說清楚有效，於座艙長廣播說明時空服員勿於客艙內走動及交談，以免分散乘客注意力，另空服員示範動作應與廣播內容一致，並確認乘客遵守。

(一)客艙準備步驟——可預期的水上迫降

若航機預期水上迫降時，客艙組員以廣播通知乘客相關之水上迫降程序。同時空服員須示範救生衣穿著方法，且確定乘客已正確穿著救生衣（含嬰兒救生衣），並瞭解如何充氣。特別注意，客艙組員務須提醒乘客救生衣只可在離開飛機時（於緊急出口旁）才可充氣，千萬不能在座位上充氣，以免妨礙自己與他人逃生。同時根據迫降環境準備好物品，如衣物、食物和飲水等。

(二)客艙準備步驟——防撞姿勢

第一，個人所採行最佳的防撞姿勢，與身形大小、空間限制、座位配置、緊急狀況類別及其他因素有關。降落前乘員採防撞姿勢最主要的兩個原因③：一為增加撞擊時身體的緩衝；另一為減少再次撞擊之力道②。在預期之緊急情況下，當駕駛艙廣播指令（如Brace, Brace, Brace或Brace for impact）時，空服員須對乘客下達採取彎腰姿勢的指令。然而，在不可預期之緊急情況下，可能駕駛艙組員未廣播指令，則客艙組員須隨時準備對乘客發出指令（如「低頭，彎腰」）。所有的防撞姿勢都應維持至飛機完全停妥為止。資料顯示，企圖採取某種防撞姿勢的乘客，其所受到的傷害較那些毫未採取任何行為者所受到的傷害較小④。

第二，現行客艙內可能有不同座椅空間安排，如座椅和座椅的間距很小，或有不同的艙等配置（頭等艙和經濟艙），考量實施防撞姿勢除了與座椅空間有關外，另有成人攜帶嬰兒（有或無攜帶嬰兒座椅）及孕婦等防撞姿勢。而客艙組員座椅除了配有安全帶外，另有肩

式安全帶（shoulder harness belt），且空服員的座位有面朝前方（機頭）（forward facing）及面朝後方（機尾）（rear facing）的座位之分，其防撞姿勢亦不同。**表8-1**內圖示和說明之防撞姿勢，乃根據加拿大運輸部⑤及FAA③所建議。

表8-1　乘員不同的防撞姿勢說明與圖示

防撞姿勢	說明	圖示
安全帶	安全帶位置放低並繫緊	
雙腳	雙腳平放地板上	
1.乘客防撞姿勢 ——乘客座椅間距較大（低密度的座位配置） ——面朝前方 ——有座椅安全帶	乘客將頭和胸靠近自己的腿。身體前彎，雙手抓住腳踝或腿（**圖8-1**或**圖8-2**所示）；若無法做到，則可以手臂環抱於大腿下方（**圖8-3**）。	圖8-1 圖8-2 圖8-3

客艙安全與 健康管理

（續）表8-1　乘員不同的防撞姿勢說明與圖示

防撞姿勢	說明	圖示
2.乘客防撞姿勢 ——乘客座椅間距較小（高密度的座位配置） ——面朝前方 ——有座椅安全帶	由於空間受限，或乘客受身體限制無法採取上述將頭靠在腿部時，可採雙手交叉放於前排椅背上，並將頭貼放於手背上（**圖8-4**、**圖8-5**）；若前方為座艙隔板則將雙手放置於隔板上（**圖8-6**）。	圖8-4 圖8-5 圖8-6
3.攜帶嬰兒的防撞姿勢	1.攜帶經核准之嬰兒／幼童固定系統（Child Restraint System, CRS）旅行的嬰兒，應置於核准的嬰兒／幼童固定系統／器具內。 2.未攜帶經核准之CRS旅行的嬰兒，陪伴的成人應確認：自己的安全帶放低和繫緊。	圖8-7

158

（續）表8-1　乘員不同的防撞姿勢說明與圖示

防撞姿勢	說明	圖示
	3.雙腳平放地板上。 4.成人上身前傾，一隻手臂支撐嬰兒的頭部與背部；另一隻手靠在前方椅背並將頭部貼放於手背上（**圖8-7**）。	
4.孕婦或行動不便乘客的防撞姿勢	孕婦或行動不便的乘客在採行防撞姿勢時，可能需要他人的協助，但基本上採行的防撞姿勢與一般人相同。若孕婦無法下彎，可採取如同高密度座位空間的姿勢（**圖8-8**），另外孕婦的安全帶應扣於腹部的下方。	圖8-8
5.客艙組員防撞姿勢	面向前方的組員座椅： 1.安全帶與肩帶牢牢繫緊，扣具置於膝部中央，並盡可能放低。 2.雙腳微張／平放地板上以穩定。 3.收下顎，低頭。雙手可置臀部下，掌心向上或雙臂交叉環抱（不可握住肩帶）（**圖8-9**）。	圖8-9
	面向後方的組員座椅： 1.安全帶與肩帶牢牢繫緊，扣具置於膝部中央，並盡可能放低。 2.雙腳微張／平放地板上以穩定。 3.頭部緊貼頭靠，雙手可置臀部下，掌心向上或雙臂交叉環抱（不可握住肩帶）（**圖8-10**）。	圖8-10

資料來源：本表內圖引用自加拿大運輸部（Department of Transport, Canada）網站。

客艙安全 與 健康管理

英國民航局建議防撞姿勢

　　有關面朝前乘客防撞姿勢，在英國民航局所建議採取的姿勢則略有不同（上述防撞姿勢建議將雙手放椅背頭靠著手），而英國則是將頭靠在前方椅背，雙手抱頭（但手指不可交叉）。且雙腳位置向後（膝蓋後面），如圖**8-11**所示⑥。

圖8-11　英國航空建議防撞姿勢

資料來源：圖片擷取自YouTube英國航空B777安全示範影片。

　　第三，執行時先由空服員示範防撞姿勢，個別指導特殊乘客（如小孩、孕婦等）做防撞姿勢，並確認乘客執行防撞姿勢正確性，同時說明飛機著陸時可能會出現多次撞擊，因此應保持防撞姿勢直至飛機完全停妥，另要告知乘客何時開始採此姿勢。對乘客說明內容如下：「當你聽到空服員喊『彎下身，抱大腿或抱住頭』時，請立刻做防撞姿勢，直到飛機完全停止。」

　　第四，新型客艙座椅防撞姿勢。

◆反向座椅（面朝後方）的防撞姿勢

　　客艙內空服員座位大部分為面朝後方（為能觀察客艙情況），至於乘客座椅幾乎都是朝向正前方（機頭）。然有些航空公司於商務艙座位設計非傳統平向朝前，而採交錯配置——部分座椅朝向後方（機尾），如英國航空（British Airways）與聯合航空（United Airline），故針對此類座椅（面朝後方），加拿大運輸部建議防撞姿勢為——坐直、頭靠頭墊，雙手可握住座椅扶手；若無扶手可握則將雙手置於腿上（**圖8-12**）。另外，英國航空則於機上安全示範錄影帶中介紹面朝後方防撞姿勢——雙手交叉放胸前（**圖8-13**）。

◆斜向座椅（魚骨或反魚骨式）的防撞姿勢

　　此外愈來愈多航空公司豪華商務艙（business premier）使用斜向可平躺具包覆式的座椅，然針對這類斜向座椅（oblique-faced seat）因現行FAR規定對於側向座椅受到撞擊時，所導致乘客的頸部、肋骨變

圖8-12　面朝後方乘客之防撞姿勢

資料來源：圖片引用自加拿大運輸部（Department of Transport, Canada）網站。

圖8-13　面朝後方乘客之防撞姿勢

資料來源：圖片擷取自YouTube英國航空B777安全示範影片。

形及膝部旋轉傷害並無著墨。因此FAA未來可能會導入新的傷害評估指數——胸部傷害指數（Thoracic Trauma Index, TTI）⑦。

且目前斜向（魚骨或反魚骨式）座椅，各航空公司對此合適的防撞姿勢亦不相同，多數航空並未對此座椅的安全示範特別說明。但有些航空公司則另有規範，如紐西蘭航空（Air New Zealand）於安全示範影帶中，對斜向座椅的防撞姿勢提示為——坐直、雙膝併攏靠側邊放（圖8-14）。

◆配置三點式座椅安全帶（three-point seat belts）的防撞姿勢

除了一般繫於腹部的座椅安全帶外，近來有些航空公司如阿聯酋航空、韓亞航空、泰國航空及國泰航空等於豪華商務艙以上艙等，配置類似汽車座椅安全帶（包含肩部）的三點式座椅安全帶，其防撞姿勢自然也不同。如澳洲航空（Qantas Airways）針對起降時繫三點式安全帶的防撞姿勢為——雙手放膝上，下巴向下靠近胸前（圖8-15）。

◆座椅安全帶加裝氣囊（seat-belt air bag）

據美國NTSB資料，安全帶氣囊是2003年首度引入使用在民航客機的駕駛艙座位，後因FAA規定2009年10月起生產的客機座椅，須能承受16倍重力（16G）衝擊，很多航空公司因此在客機座椅安全帶加裝氣囊（圖8-16）。專家認為，安全帶加上氣囊可讓撞擊死亡率降低11%。飛機安全帶氣囊的原理是，在飛機座椅下方設置電子偵測感應器和空氣罐，一旦偵測到飛機突然減速或向前衝擊，就會啟動開關，氣囊可在0.07秒內充氣完成，填滿乘客前方空間降低撞擊。故可預見未來航機座椅安全帶加裝氣囊會日趨普遍⑧。

由於波音B777商務艙和豪華經濟艙的座椅因應平躺設計為側座，距前方座椅過近，依FAA規範，安全帶設安全氣囊為必要配備。目前國內僅長榮航空與中華航空部分新機型的商務艙或豪華經濟艙，配有座椅安全帶氣囊。然而針對此項愈來愈普的新科技，對於客艙環境的

圖8-14　紐西蘭航空斜向座椅乘客防撞姿勢──坐直、雙膝併攏靠邊

資料來源：圖片擷取自YouTube紐西蘭航空B777-300安全示範影片。

圖8-15　澳洲航空三等式座椅安全帶乘客防撞姿勢──手放膝上、下巴向下靠近胸前

資料來源：圖片擷取自YouTube澳洲航空A380安全示範影片。

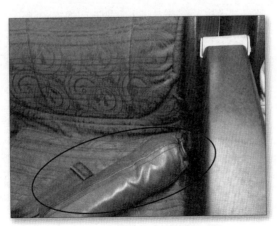

圖8-16　客機座椅加裝安全氣囊

影響與改變值得進一步去探究，如是否會影響現有的一般與緊急程序
（如防撞姿勢等）⑧。

(三)客艙準備步驟——指出緊急出口

空服員要告知乘客機艙內距離他們最近的緊急出口的位置，並
指出地面緊急逃生指示燈。研究指出，在驚慌時人們會傾向往前方出
口離開，即使緊急出口位置就在乘客的正後方。除了上方的緊急出口
（exit）標示與緊急燈光外（**圖8-17**），客艙下方亦設有地上緊急導引
燈光——分別有floor level或seat level（有的指示燈在地板上如**圖8-18**；

圖8-17　天花板上緊急導引燈光

圖8-18　地板上緊急導引燈光

資料來源：圖片攝於北歐航空SAS 737-500安全須知卡。

有的是在靠近走道旁的座椅外側上如**圖8-19**）。當客艙內因煙霧或黑暗視線不良難以辨識緊急出口時，乘員可採蹲低姿勢前進。地上緊急逃生燈是白色但靠近出口處時會呈現紅燈，藉可辨識緊急艙門位置。

(四)客艙準備步驟——收妥客艙內散置行李物品

客艙內所有散置的行李物品（包含隨身行李、手提包、筆記型電腦、公事包等）皆須收起固定，放於上方行李廂、衣櫃或是座椅下方。否則迫降過程中會拋出砸傷人或可能阻礙逃生。此外，逃生準備時客艙內不應該使用枕頭或毛毯，或是將枕頭或毛毯置於座椅間。由於枕頭或毛毯不但沒有吸收撞擊力道的功用，反而會造成客艙內逃生的阻礙，除非是用於幫助兒童施作防撞姿勢（因孩童個子小，可利用枕頭或毛毯置於其安全帶空隙內，強化安全帶繫緊效果）③⑤。

空服員及乘客必須除去身上尖銳的物品（如髮夾、鋼筆、眼鏡、別針、徽章等），因為這些物品可能在緊急疏散時損害逃生充氣滑梯。這些體積小的尖銳物品可收妥在座椅口袋內。加拿大運輸部建

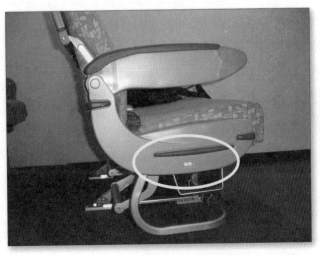

圖8-19　座椅旁緊急導引燈光

議，逃生時務必要穿鞋（除非是非常尖且高的高跟鞋，有可能會刺穿逃生滑梯才需要脫掉）。穿鞋能提供乘員必要的保護，並防止尖銳物品或是熔融金屬、燃料、破碎樹木及雜物等傷害，同時鞋子對於雪、冰及熱等有隔離作用，並可加速遠離飛機。另外若確有必要需脫掉非常尖／高的高跟鞋，則應將鞋子妥善存放（如上方行李廂內），不可置於前方座椅口袋內，以免掉出傷人。

(五)客艙準備步驟——徵求協助者（ABPs）幫忙

　　ICAO定義ABPs（Able Bodied Passengers）為：「空勤組員視需要挑選乘客以協助處理緊急狀況」。另ICAO指出空服員安全訓練中應當強調挑選協助者及對協助者提示內容的重要性，包含分派協助者照顧需要特別幫忙的乘客、降落後開啟緊急出口時要先擋住乘客預防衝撞、跳下滑梯後先在地面協助其他乘客，以及當風大時在地面協助穩住充氣滑梯等[9]。

　　全球航空資訊網路（Global Aviation Information Network, GAIN）建議從乘客中可優先挑選航空公司休假組員、軍、警、消人員，醫護人員及其他有意願且有能力協助者[9]。在挑選協助乘客（ABPs）時，空服員最好挑選獨自旅行者，而不要選擇有家人同行者，因為他們恐會優先協助其家庭成員逃生。

　　理想狀況下，每一個緊急出口空服員應當挑選三位協助者，並向他們說明以下事情：

1. 當空服員失能，無法執行其工作時，指定一位協助者（ABP）代替執行。但是空服員必須向協助者（ABP）強調，代替執行空服員工作只限空服員失能情況下。
2. 該如何評估機艙外狀況。例如，判斷該緊急出口是否可用。
3. 如何開啟逃生出口。

4. 告知協助者（ABPs）在乘客們蜂擁推擠上前時，應該立於緊急出口何處（艙門前有一矩形空間供客艙組員直立占用，以便能立於該處有效的協助乘員撤離⑩），並提醒緊握住門旁把手以保護自身安全。

5. 逃生撤離時的指令，如「跳著滑下去」（jump and slide）。

6. 倘若空服員失能時，該如何解開空服員的安全帶（由於空服員座椅與乘客不同，除有腰部安全帶外，另有肩式安全帶），以免失能空服員阻礙客艙逃生。

除了上述空服員失能時替代執行空服員工作外，空服員當告知另外兩位協助者（ABPs）以下事情：

1. 當開啟逃生門時及滑梯正充氣期間，協助先圍擋乘客，避免乘客直接衝撞至未完成確認可用的緊急出口（滑梯／救生筏）。

2. 兩位協助者（ABPs）離開飛機後即刻在滑梯兩邊協助——拉起滑下逃生梯的乘客。

3. 空服員可利用安全須知卡為輔助，向協助者（ABPs）解釋逃生滑梯及救生筏，另外說明時避免使用專業術語，可用反問或請協助者（ABPs）覆誦等方法確認其瞭解。

空服員對於坐在機翼旁緊急出口的旅客說明以下事情：

1. 如何評估機艙外狀況。

2. 如何開啟逃生出口。

3. 逃生撤離時的指令，如「到這邊」（come this way）、「加快腳步」（step out）、「順著箭頭」（follow the arrows）。

4. 若該出口無法使用時，指引乘客到其他出口。

空服員亦可分派特殊需要幫忙的乘客給協助者（ABPs），例如：

行動不便者、老人、獨自旅行的兒童、單自一人帶著兩個（含）以上孩童者。

(六)客艙準備步驟——客艙安全確認

當前述對乘客的說明指導完成後，空服員則須執行客艙安全檢查，以確保：

1.旅客安全帶繫緊。

2.座椅椅背豎直。

3.座椅桌板收妥。

4.座椅扶手收起。

5.窗戶遮陽板打開。

6.隨身行李收妥。

7.上方行李廂關妥。

8.出口和走道須淨空沒有阻礙物。

9.服務用品收妥。

10.客艙間隔板（簾子）打開。

11.廁所淨空無人並鎖好。

12.廚房設備應收妥固定：

  (1)廚房內所有的箱櫃關妥。

  (2)確認餐車存放定位及穩固。

  (3)關掉廚房內所有電源，並拉斷電器（circuit breaker）。

當完成手冊上緊急撤離準備程序後，座艙長將通知飛航組員客艙準備完成，並詢問瞭解航機最新狀況，以及剩餘時間。此時客艙組員當準備就座，若夜間飛行則應將客艙燈光調暗，繫緊安全帶並執行靜默複習，隨時準備待飛航組員下達指令立刻進行客艙乘員防撞姿勢[11]。

第三節　大眾客艙安全宣導

　　雖說要完全避免非預期性的緊急疏散是不可能的，然而，若發生航機緊急疏散，預防措施做好將有助於達到有效疏散⑪。除上述說明遭遇緊急迫降時空勤組員除了依照手冊分工外，航機內每位乘客亦扮演重要的角色，客艙安全提升若沒有搭機乘客的配合，很難收其成效。專家認為「將乘客納入團隊」（put the passengers on the team），因為增進飛航安全除了專注於不同團體的人為因素、技術提升與溝通外，亦應將乘客納入考量⑫。甚至提出可將機上播放的安全提示置於商業電視節目播出，或在航空公司網站上以電腦遊戲及互動式介面呈現；包含如艙門開啟等亦可置入，同時結合累積哩程等獎勵，鼓勵大眾參與⑬，以達教育宣導之功。在飛機上空服員安全示範時說明應清晰且速度適中，並藉由眼神的接觸盡可能吸引乘客注意觀看⑭。同時航空公司應加強乘客對椅袋內安全須知卡的關注，並強調安全提示卡內含許多安全訊息，乘客觀看安全須知卡的重要性⑪。

　　為加強旅客對於飛安的瞭解，各航空公司訓練中心或學校機關，亦可仿效英國航空，其針對一般民眾開辦付費的「飛行安全意識課程」（flight safety awareness course）⑮，其利用B737模擬客艙，學習如何開啟機艙門操作、瞭解客艙失壓狀況及如何做防撞保護姿勢，和如何在煙霧瀰漫的客艙中逃生，並跳滑逃生滑梯撤離飛機等實際演練。英航自2003年起開辦系列課程，請專業教練，指導乘客在緊急狀況發生時，能夠自我保護加強應變，並達大眾安全宣導之效。

參考文獻

①IATA-Airline Cabin Crew Training Course Textbook.

②《客艙安全檢查員手冊》。〈客艙安全工作輔助　第二節〉。

③FAA-AIR Carrier Operations Bulletin No. 1-94-17. Brace for Impact Position.

④交通部民用航空局民航通告AC120-34（2005）。乘客安全提示及提示卡。

⑤Transport Canada. Advisory Circulars: Passenger and flight attendant brace positions: General brace position instructions for passengers and flight attendants. https://www.tc.gc.ca/eng/civilaviation/standards/commerce-circulars-ac0155_att-276.htm

⑥Koenig, R. L. (1995). UK studies find that "legs-back" brace position is optimal for forward-facing passengers. *Cabin Crew Safety, 30*, 1-4.

⑦林日新（2014）。新加坡民航學院（SAA）與美國FAA合辦「客艙安全　抗撞適航」訓練出國報告。台北：交通部民用航空局。

⑧Civil Aviation Authority Australia. A Belt with a Bang. Flight Safety Australia. Issue 89 Nov-Dec (2012). http://www.flightsafetyaustralia.aero/#folio=8

⑨FSF Editorial Staff (2003). Able-bodied passengers extend capabilities during in-flight emergencies. Flight Safety Foundation. *Cabin Crew Safety, 38*(1), 1-4.

⑩陳力敏、陳怡如（2008）。「西雅圖客艙安全研討會出國報告書」。中華民國交通部民用航空局。

⑪Airbus Flight Operations Briefing Notes-Cabin Operations Planned Ground Evacuation. http://www.airbus.com/fileadmin/media_gallery/files/safety_library_items/AirbusSafety

⑫Wood, R. H. (2005). Put the passengers on the team. Proceedings of the 22nd Annual International Aircraft Cabin Safety Symposium.

⑬Chandler, J. G. (2005). Staying alive. *Air Transport World, 42*(12), 36-38.

⑭FSF Editorial Staff (2004). Crew efforts help passengers comprehend safety information. *Cabin Crew Safety, 39* (6), 1-4.

⑮http://www.britishairways.com/en-us/baft/flight-safety-awareness/flight-safety-awareness

第九章

陸上緊急降落及
逃生要領

- 緊急撤離乘客反應
- 陸上緊急迫降逃生程序
- 影響緊急撤離成效因素
- 如何增加乘員生還機率

前　言

　　飛機發生撤離的狀況，如發動機火警（眞實或可疑）、客／貨艙冒煙或失火的指示信號、飛機衝出跑道及起落架故障等。而航空法規要求航空器須經驗證，展示其乘客能於90秒內撤離，其主要原因爲減低火及煙對乘客的危害，如同我國民用航空法，「航空器飛航作業管理規則」第191條明定「緊急撤離演練應符合下列規定：一、載客座位數超過四十四座之航空器，應在九十秒鐘內完成。二、航空器使用人於首次使用之機型載客座位數超過四十四座，於營運前或航空器經相關修改後，應以實機作乘客緊急撤離演練一次。……」，然而90秒撤離的需求並不保證所有乘客在火或煙蔓延前都能逃出客艙。當煙一旦侵入客艙，90秒撤離的標準即不適用，因爲煙及有毒氣體會造成乘客呼吸困難、喪失視力，甚至包含恐慌與撤離時的失序行爲皆會影響撤離。而有秩序的撤離是可縮短撤離的時間[1]。加上大多數緊急情況發生於起飛或降落且無預警，空勤組員除了透過訓練強化應變能力，亦應瞭解緊急撤離時乘客反應行爲及如何指引乘客迅速離機，以降低傷害，增加生還機率。

第一節　緊急撤離乘客反應

　　乘客行爲會影響實際撤離時被適當而有序的引導至出口，故客艙組員必須瞭解緊急逃生時乘客可能出現的行爲，以及如何影響撤離有效性[1]。以下爲緊急撤離時乘客可能有的反應及行爲：

一、恐慌

由於緊急狀況是非預期的，且可能對生命構成威脅。驚慌與恐懼會使乘客與組員緊張，雖適度的壓力能增進表現和注意力，但是處於高度壓力下，則會使表現和注意力惡化而產生負面的影響，如心理包含感官知覺、理解及決策等能力可能會被減弱。當面臨非預期且可能對生命構成威脅的情況時，乘客典型的反應會有過度恐慌，如尖叫、哭喊、歇斯底里、具侵略性等；或是消極恐慌，如無作為、僵住等。

二、易發生行為

報告顯示，乘客會產生如推擠、爬越座椅及爭執等爭先恐後的行為。包含：

1. 儘管客艙組員指示不得攜帶手提行李，但乘客仍會攜帶手提行李離機。
2. 乘客經常堅持由其登機時使用的艙門離機。
3. 乘客特別中意於某些逃生出口，而不嘗試選擇更適當的逃生路線。
4. 乘客爬越座椅以繞過他人。

三、乘客在降落階段反應較差

飛機降落階段因緊急情況導致的撤離，較其他飛航階段為多。然而，乘客對於降落階段發生緊急撤離準備卻是最少的，可能影響之因素如下：

1.此階段乘客處於反應遲鈍的狀況（例如長時間飛行後的疲勞、想睡或感覺厭煩）。

2.恐懼飛行的乘客以為飛行即將結束而放鬆，結果造成反應遲緩。

3.忘記起飛前所接收的安全提示。乘客在撤離時恐因上述原因不能適當的執行某些相關作業或無法想起他們最近的、替代的緊急出口位置或開啟方法時，他們可能無法成功地撤離航空器、阻礙或延誤其他乘客的撤離①。

四、特殊需求及年長乘客的反應

緊急時，由於火、煙等有毒氣體會影響能見度、使聯絡受限、降低身心能力及影響乘客行為，故遇航機緊急情況時，應考量有特殊需要者、年長者及不聽指揮的乘客等這類乘客的行為需要，並以適當的方式處理。

第二節　陸上緊急迫降逃生程序

緊急情況常是突發且無法預期的，只有極少時間可做反應。故每一次起飛及降落前，客艙組員應對緊急撤離之職責完成「靜默複習」，一旦航機發生緊急情況，空服員須隨時準備撤離。平時亦須警覺於可能引發緊急情況之線索，如火花、火焰、煙、不正常的聲音、衝撞的力道和飛機異常的姿態等②。空服員須判斷是否需要乘客準備可能的撞擊，如果需要的話，連續對乘客喊出保護措施——防撞姿勢的指令，例如：彎腰（bend over）、低頭（head down）。

因此，當情況緊急時，空服員沒有時間進行客艙準備，也無法尋

找ABPs協助及事先提示。此時可立刻找最近的乘客並向他說明：「滑下充氣滑梯時你站在旁邊按住滑梯底部」③。待飛機停妥後，準備開啟緊急出口執行疏散，飛機尚未完全停止前，千萬不可發動緊急撤離。一旦接獲駕駛艙組員的撤離信號後，客艙組員須立即開始緊急撤離。然而，若遇有嚴重結構毀損、生命遭受威脅的情況（火焰、煙、撞擊力道、水上迫降）或飛機異常狀態且駕駛艙組員無反應時，客艙組員須獨自判斷是否發動緊急撤離。

空服員的職責

在飛航組員下達逃生指令後，開啟逃生門，指引乘客迅速離機，確定所有乘客離開後，迅速離機並帶領乘客向上風處安全區域逃生。

(一)開始緊急撤離——空服員的指令

空服員一聽到緊急撤離的信號立即行動。空服員自信表現會直接影響逃生的速度以及乘客離開客艙和滑下逃生滑梯。空服員指令是疏散過程的一個重要部分。向乘客下達指令應該簡潔有自信，並且使用直接的命令句，聲音洪亮、發音清楚、速度放慢。空服員指引乘客疏散過程中常使用到的命令，如「解開安全帶」、「不要帶行李」、「到這邊」、「快、快！」、「跳、滑下去」、「兩個兩個一起」（雙道滑梯）、「一次一個」（單道滑梯）等。

緊急撤離時客艙混亂，除口令外，如何正確傳達逃生指令讓乘客清楚聽到亦十分重要。根據我國飛安會研究報告，從案例顯示，客艙進行緊急撤離時多數乘客聽不清楚空服員之指示，有可能是因為乘客或空服員在緊張狀況下，感受不到緊急撤離之指揮作為。且調查顯示，我國籍航空之客艙組員於執行緊急撤離時，甚少應用擴音器或客艙廣播強化指揮效果④。

在緊急撤離時，空服員必須監控客艙疏散流量，並注意客艙中是否有擁塞以及滑梯底部狀況。隨時留意疏散過程的變化，例如逃生滑梯損壞或發生火災導致出口無法使用，要能迅速引導乘客從其他出口離開。

(二)撤離後

大多數緊急撤離發生在機場（或接近機場附近）。機場對航空器飛航安全相關事件皆有緊急應變計畫。這個計畫包括協調聯繫相關搶救措施，如機場救援消防、救護車、警方與醫療單位等。逃生後，直到有緊急救援服務接手前，空勤組員仍然對乘客負責。他們必須執行以下操作，以確保乘客的安全：

1. 協助乘客離開逃生滑梯。
2. 若乘客全部疏散後，空服員依照個人所負責的區域巡視，確認無人後回報予座艙長並攜帶指定的緊急裝備（如擴音器、氧氣瓶及急救箱等），即刻撤離。座艙長巡視客艙後離機，機長為最後一位撤離飛機。
3. 指引乘客避開燃料、起火／失火處及和車輛。
4. 帶領乘客向上風處跑，遠離飛機。
5. 聚集乘客同時清點人數。
6. 若有乘客受傷給予急救。
7. 強制禁菸政策。

第三節　影響緊急撤離成效因素

　　許多乘客與組員傷亡人數增加的原因與客艙組員行動有直接關係，而他們的行動直接受到訓練制度的影響。調查發現意外事件中常見的因素依航空公司類型、航空器的登記國及組員文化等而不同，這些因素如下①：

1.能力的訓練：個人在緊急情況時的表現與能力有直接關係，自動的行為是基於能力訓練的結果。
2.多種不同型別航空器內工作：在多種不同型別航空器內工作的組員，可能成為緊急情況時的混亂根源。
3.情境壓力：情境壓力會衝擊到工作的完成、改變決策、導致不協調的行動。
4.組員訓練不良：火災、煙及有毒氣體造成致命的結果，乘客不當行為造成的阻塞，群眾管理等影響工作的狀況等。
5.溝通不協調：飛航組員與客艙組員間，或客艙組員之間的溝通不協調，或是因為部分客艙受損、壓力等常造成不良的溝通。

此外，經確認會危害撤離與逃生的事項如下：

1.乘客不當行為：乘客不當行為造成阻塞，如乘客取回手提行李並企圖攜帶它們離機。
2.通道阻塞：往主要出口之通道被手提行李阻擋。
3.逃生滑梯：由於風勢造成無法使用、局部充氣不全，逃生滑梯／筏之覆蓋異常而阻擋逃生出口。
4.組員協調：緊急情況時，客艙組員與飛航組員間缺乏協調；組

員未參加緊急程序的聯合訓練。

5.聯繫溝通：未使用機內對講系統適時的傳達關鍵性安全資訊。

6.訓練：客艙組員緊急程序訓練未涵蓋航空器內緊急裝備的使用。

7.手冊：記載於航務手冊（Flight Operations Manual）與客艙組員手冊中緊急程序之缺失。

8.撤離後之求生：嚴苛天候下求生，乘客不當之穿著；撤離後未控管乘客。

第四節　如何增加乘員生還機率

按過去可生還的飛航事故調查發現，從航空器設計、飛行前乘客安全宣導及全體組員之緊急應變等之改善，均可減少乘員傷亡而增加生還率⑤。且事故發生，關係著多重原因。因此乘客能否倖存下來，除視飛機著陸後的情況，乘客是否具有處變不驚和迅速離開出事飛機的能力及乘客知識也是關鍵因素⑥。

故乘客教育在人員存活率中扮演相當重要之角色。一般飛行前客艙組員均對乘客介紹航機逃生系統及提供安全提示卡，但乘客往往忽略飛行前安全提示重要性，致使在發生事故時不知如何以最佳的方式逃生。乘客若重視遭遇飛航事故時之緊急應變，將可促使其注意逃生路線及重視緊急逃生之提示⑤。根據美國NTSB調查1962年至1984年間發生的21件事故，研究發現若乘客重視空服員口頭安全提示和安全示範，同時閱讀安全須知卡並熟悉所處位置和安全裝備的操作，以及在緊急情況下做好準備以採取行動，則可降低事故發生時傷亡的風險⑦。

因此，美國FAA特發布《乘客飛航指南》手冊，強調乘客瞭解遭遇飛航事故時因應之道的重要性。乘客除應瞭解客艙逃生之方法，

當飛機發生火警、衝出跑道、起落架故障或爆裂物威脅等其他緊急情況，尚需懂得配合駕駛員與客艙組員發出撤離指令而採取行動⑤。

　　茲以FAA提供安全資訊（safety information）說明遇緊急撤離時乘客須知⑧：

　　1.緊急撤離時：

　　　(1)不要帶行李。

　　　(2)逃生時降低姿勢。

　　　(3)從客艙最近出口離開（數一數自己座位和出口距離）。

　　　(4)依循地板指示燈找到緊急出口。

　　　(5)跳下滑梯（勿坐著滑下去）；採雙手交叉置於胸前；脫掉高
　　　　　跟鞋。

　　　(6)離開飛機。

　　　(7)留意消防、救護車輛。

　　　(8)絕對不要回到已燃燒的飛機。

　　2.乘客安全資訊：

　　　(1)起飛降落前閱讀安全須知卡。

　　　(2)仔細聆聽起飛前安全提示。

　　　(3)清楚知道離自己最近出口是在前面或後方。

　　　(4)知道浮水設備位置。

　　　(5)心中預想發生緊急狀況時行動計畫。

　　飛機事故多屬突發事件，只要乘客提高安全意識，掌握緊急逃生方法，在一定程度上可以減少傷害的產生。「起飛」和「降落」占總飛行時間的6%，一般不超過10分鐘，但事故機率卻高達68.3%，所以有「黑色10分鐘」之說。事故一旦發生，機上乘客的逃生時間極短，失事後一分半鐘內被認為是逃生的「黃金」時間，而這期間無論是一個錯誤的常識或是設備使用的不熟練都可能致命⑨。以下為航機緊急

撤離時如何提升個人安全的建議：

一、搭機穿著合適服裝[1]

乘客搭機時應選擇長褲、長袖衣物和堅固舒適的綁帶鞋。勿穿著涼鞋、夾腳拖鞋、高跟鞋等不利於在飛機失事後快速逃生。逃生時穿高跟鞋容易扭傷，且高跟鞋可能會破壞充氣滑梯；而光腳或只穿涼鞋有可能會被玻璃劃傷，或沾上易燃液體。合適的服裝可以增加自我保護力。

二、留意自己座位與最近緊急出口相差幾排

研究指出，逃生時乘客慣性從前面登機門離開，而逃生時分秒必爭，愈快離開飛機生存機率愈大。如前述FAA建議，乘客登機後要觀察一下自己的座位，看看與自己的座位相鄰的登機門或者逃生門在哪裡，數一數自己離緊急出口差幾排，有時緊急出口就在身旁（身後）。例如澳洲航空即於機上安全提示影片中，提醒乘客——數自己座位與出口相距的排數（**圖9-1**），即使客艙內視線不佳，亦能靠摸索找到最近出口。同時記住緊急出口開啓方法（機上安全提示影片及座位袋內安全提示卡上會有說明），飛機萬一失事，可能要在濃煙中找尋出口，把艙門打開。

三、閱讀安全滇知卡

別假設你已經知道所有的安全事項。不同類型的飛機有不同的安全指導。如果你坐在出口第一排，要仔細研究艙門，知道如何開門，

---

[1]乘員搭機服裝建議，詳見本書第十六章〈空服員制服及乘客搭機服裝建議〉。

圖9-1　澳洲航空安全提示中提醒乘客座位與出口相距排數

資料來源：圖片擷取自YouTube網站澳洲航空安全錄影帶。

以備不時之需。正常情況下空服員會開啓緊急逃生門，但如果空服員失能，乘客必須自行開門。開啓緊急逃生出口前，應先檢視門外沒有煙、沒有火、沒有障礙物（**圖9-2**）；若水上迫降則艙門門檻應在水面上。

案例

　　1974年1月泛美航空一架波音707客機在美屬薩摩亞的Pago Pago國際機場發生事故，機上101名乘客中只有5人從燃燒的機艙中逃離。這5位生還乘客表示他們有特別注意起飛前的安全示範，並且閱讀安全提示卡，且留意到他們座位旁有緊急出口。另外有2位乘客是從機翼上出口逃出，而非像大多數的乘客由前方主要艙門逃⑩。

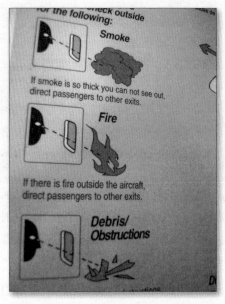

圖9-2　安全提示卡中提醒開門前應先檢視門外狀況

資料來源：本圖攝於聯合航空B737安全須知卡。

四、繫緊安全帶

　　在任何情況下，都要確保飛機衝擊地面時將安全帶繫緊。另外，還要將安全帶繫在盆骨以下，因為盆骨結構更易受力。如果安全帶滑到肚子上，內臟受傷的機率會大增。另外乘客必須知悉解開安全帶方式—將金屬扣環向上一撥即可鬆開（**圖9-3**）。除了一般繫於腹部的座椅安全帶外，有些航空公司配置包含肩部的三點式座椅安全帶（**9-4**），乘客於起飛降落時應扣上此三點式安全帶。

圖9-3　乘客座椅解開安全帶方法──扣環向上撥開

圖9-4　韓亞航空A380商務艙配備有三點式座椅安全帶

五、除去個人尖銳物品避免傷害

脫下眼鏡、假牙、絲襪和高跟鞋。身上的別針、胸針，口袋裡的尖銳物件，例如鉛筆、鋼筆等，也應該取出。

六、落地前採保護自身的防撞姿勢

遇到強烈衝擊時，必須做好防劇烈衝撞的姿勢。專家指稱所謂的最佳防撞姿勢取決於許多因素，如飛機撞擊時的強度、方向和撞擊順序，飛機的內部座椅配置結構、乘員所使用座椅固定裝備以及個人身形與限制等。因此難僅以一種防撞姿勢[2]適用在所有情況⑪。我們從以下三個實例，能看出航機迫降前採行防撞姿勢對生死瞬間的影響。

案例1

1976年12月12日於美國紐澤西州，一架大西洋城航空公司載有8名乘客和2名機組人員飛機於機場墜毀，航機失事前沒有任何預警。一名19歲的乘客，座位在第二排，由於暈機故一直低著頭（頭置於兩腿之間）。相較於坐他旁邊以及前排受重傷（致命的頭部和胸部受傷）的乘客，他僅受到輕傷。

案例2

1978年12月4日一架載著20名乘客和2名機組人員的飛機，撞向美國科羅拉多州一個白雪覆蓋的山脈，機上1名乘客和1名機組人員死亡，另

---

[2]有關各式防撞姿勢建議，詳見本書第八章〈航機迫降前的客艙準備〉。

有其他14位乘客因嚴重撞擊受傷。航機失事前沒有任何預警，一位26歲嚇壞的乘客坐於機艙內中央，做防撞姿勢。相較於幾名坐他旁邊的乘客傷勢嚴重，他僅受到輕傷。

案例3

1979年5月30日，一架載有16名乘客和2名機組人員的飛機於緬因州某一機場進場時墜毀。航機失事前依然沒有任何預警。一個16歲的男孩坐在靠近機尾處，當他向窗外望去，眼見飛機將要撞上樹叢時，立刻低下頭，並採取了防撞姿勢。因飛機撞擊使他的座椅和大多數其他座位從地板鬆脫，但他只有手腕骨折、腿部和頭皮受傷，其餘機組員乘客無人生還。

七、儘快找到出口離開飛機

緊急逃生時客艙燈光可能昏暗，應沿著緊急照明燈和路線逃離或者向有外界光亮的地方逃生。航機失事失去電力，加上失火冒濃煙或遇夜間、天候不良的情況，辨識出口更為困難。除留意客艙天花板上緊急逃生燈及出口標示（exit）外，亦可依循客艙地面緊急燈光（emergency light），找到緊急出口位置。

八、正確使用逃生滑梯

離開飛機時應聽從空服員指令，可採雙手握拳往前伸直（圖9-5），或雙手交叉抱胸（圖9-6）姿勢，但切勿用手觸及滑梯任何部位，否則可能因下滑速度過快傷及手掌或失去重心而自滑梯上跌落受傷。並採跳滑姿勢，到梯底後站立跑開。

圖9-5　乘員離開滑梯的姿勢──雙手握拳往前伸直

資料來源：圖片擷取自YouTube日本航空JAL安全示範影片。

圖9-6　乘員離開滑梯的姿勢──雙手交叉抱胸

資料來源：本圖攝於港龍航空A330安全須知卡。

九、保持冷靜，勿推擠

要保持冷靜，才能有更大的逃生機率。當記住，即使在最糟糕的事故中，也會有一線生機，冷靜、有步驟地思考方能擴大自己的生存機率。

十、搭乘飛機勿服用安眠藥

長時間飛行，若服用安眠藥而不活動，會導致血液流動速度減慢，且客艙乾燥的環境、乘客飲水不足等，可能會引起脫水和凝血功能改變，復加上高空中含氧量較低等因素，可能造成深度靜脈血栓[3]。故若遇到緊急狀況時便會影響自身逃生撤離能力。

案例

2007年8月20日中華航空一架波音737客機班機由桃園國際機場飛往日本那霸機場。順利降落機場後，於停機坪等待接駁車時，飛機右翼的二號引擎突然起火，千鈞一髮之際機上157名乘客與8名機組員緊急疏散逃生，幾秒後飛機旋即發生爆炸並引發大火（正、副機長則於爆炸瞬間跳機逃生）。所幸並無人員傷亡，一般認為機組員於此次緊急事件中臨危不亂，協助乘客由艙門滑梯順利逃出，是不幸中的大幸⑫。

---

[3]有關深度靜脈血栓，詳見本書第十二章〈客艙環境對乘員影響〉。

命永遠比錢重要──逃生時千萬勿帶行李!

　　2015年9月8日英國航空(British Airways)一架原由美國拉斯維加斯飛往倫敦蓋特威克機場的客機,準備起飛之際,引擎突然起火,飛航組員緊急將飛機煞停,157名乘客及13名機組人員立即經逃生滑梯疏散,消防人員趕抵後不久將大火救熄,事件中有14人受傷。

　　從現場照片(**圖9-7**)看到許多乘客攜帶隨身手提行李逃離正燃燒的飛機。該班機飛行員受訪時表示乘客攜帶行李逃生具有潛在危險。當空服員站在門邊要迅速疏散乘客逃離飛機時,若發現乘客攜帶行李,還必須花時間攔阻乘客的手提行李,這些都浪費寶貴的逃命時間[13]。

　　如果乘客攜帶個人物品,他們恐無法專心於空勤組員後續的指示,且此舉會讓他們失去對危險環境的覺察能力,也易造成傷害[14]。況且乘客為了拿行李開啟上方置物櫃,掉落的物品也會影響機艙內其他人的逃生,故攜帶行李不僅延緩人們逃生的速度甚至嚴重的阻礙出口通道。實際上,航機逃生滑梯有些遠比電視上看來更陡更高,且滑梯設計目的是

圖9-7　英國航空於美國拉斯維加斯機場起飛前失火

資料來源:圖片取自www.nbcnews.com。

讓乘客（沒有攜帶行李狀況下）盡可能快速離開飛機逃出去⑧。更遑論逃生時分秒必爭，空勤組員的首要目標乃是讓乘客能儘快離開機艙，須謹慎小心地爭取這幾秒鐘，因為這幾秒可能意味生與死的差別⑮。

　　有鑑於愈來愈多乘客於緊急撤離飛機時攜帶手提行李造成的影響。英國民航局（CAA）於2015年對航空公司發布安全通告（Safety Notice）——逃生時乘客行李管理。旨在針對航空公司應於程序作業與內容（如將逃生時切勿攜帶行李觀念，納入起飛前安全提示及安全須知卡中）以強化乘客安全意識，此外，在空服員訓練疏散過程中，必須包括空服員口頭指示乘客勿攜帶手提行李逃生，且必要時空服員應該採取行動，管理乘客手提行李，以確保逃生出口不受阻礙⑯。

參考文獻

①交通部民用航空局民航通告AC120-34（2005）。「航務」與「客艙安全」人為因素發展原則與執行方式。

②《客艙安全檢查員手冊》。〈客艙安全工作輔助　第一節〉。

③FSF Editorial Staff (2003). Able-bodied passengers extend capabilities during in-flight emergencies. Flight Safety Foundation. *Cabin Crew Safety, 38*(1), 1-4.

④林沛達、劉震苑、李延年（2014）。〈我國飛安調查的過去現在與未來展望〉。《航空安全及管理季刊》，1(1)，1-27。

⑤行政院飛航安全委員會（2006）。《飛得更安全》。台北：行政院飛航安全委員會。

⑥Christensen, J. (2005). Report recommends new efforts to educate airplane passengers about evacuations with infants or young children. *Cabin Crew Safety, 40*(5), 1-6.

⑦Muir, H., & Thomas, L. (2004, November). Passenger education: Past and future. In Proceedings of the 4th Triennial International Aircraft Fire and Cabin Safety Research Conference.

⑧U. S. Federal Aviation Administration (FAA) -Safety Information https://www.faa.gov/passengers/fly_safe/information/

⑨Sharkey, J. (July 8, 2013). Lesson in Air Safety: 90 Seconds to Get Out. *The New York Times*. http://www.nytimes.com/2013/07/09/business/a-LESSON-in-AIR-SAFETY-OUT-in-90-SECONDS.html

⑩*Cabin Safety Update, Vol. 9*, n. 1, 2003, The Importance of Passenger Briefing, published by the Write Partnership.

⑪FSF Editorial Staff (1998). Positions brace passengers for impact to reduce injuries and fatalities. *Cabin Crew Safety, 23*(1), 1-6.

⑫維基百科：中華航空120號班機事故。https://zh.wikipedia.org/wiki/中華航

空120號班機事故
⑬Joshi, P. (Sep. 18, 2015). BA hero pilot Chris Henkey criticises passengers for retrieving luggage during blaze. *International Business Times.* http://www.ibtimes.co.uk/ba-hero-pilot-chris-henkey-criticises-passengers-retrieving-luggage-during-blaze-1520325

⑭FSF Editorial Staff (2004). Attempts to retrieve carry-on baggage increase risks during evacuaiton. *Cabin Crew Safety, 39*(3), 1-4.

⑮Smith, P. (2015). What NOT to do in an Aircraft Evacuation. http://www.askthepilot.com/emergency-etiquette/

⑯Civil Aviation Safety (2015). Management of Cabin Baggage in the Event of an Aircraft Evacuation. Civil Aviation Safety Notice. Number SN-2015/006.

第十章

水上緊急降落及
逃生要領

- 救生艇（筏）及浮水裝備
- 水上緊急迫降逃生程序
- 水上求生須知

前 言

航機水上迫降的機率雖然小，但確實存在，且地球表面70%是水，其危險性遠比想像中嚴重①。造成水上迫降，油料耗盡是主因，其他的因素，像是嚴重的機械故障、空中起火、劫機，以及在水域附近起降錯誤造成。如1993年11月4日中華航空一架飛機於香港啓德機場著陸時衝出跑道落海；1996年一架衣索匹亞航空（Ethiopian Airlines）767客機因被劫機後燃油耗盡，飛機在柯摩島（Comoros Island）外海迫降；又如2009年1月15日，全美航空（US Airways）一架客機，起飛後因遭到鳥擊致兩具引擎故障而迫降於紐約哈德遜河，機上150乘客和5名機組員在27分鐘內成功地緊急撤離。從上述這些實例說明水上迫降的狀況會毫無預警地發生，而良好的求生訓練與裝備與生還機率攸關。

本章在說明航機水上迫降及各類水上求生設備；另有關於航機水上逃生時的注意事項與撤離準備，並介紹海上求生的技巧。對於客艙組員及乘員能在發生緊急情況預做準備，以確保乘員安全。

第一節 救生艇（筏）及浮水裝備

於「航空器飛航作業管理規則」第118條中明定：「長程越水飛航之飛機，應備有下列救生及求生裝備：一、適當數量之救生艇供機上全部人員使用，置於緊急時便於取用之處。艇上並應備有適合所飛航地區，足以求生之維持生命物品及符合國際民用航空公約第二號附約附錄一規定之煙火信號產生器。二、每一提供使用之座椅或臥鋪應備有附電力發光裝置之救生背心或個人浮水器具，並置於該座椅或臥鋪使用人之周邊便於取用之處。」

有關航空器內救生裝備包含下列：

一、個人浮水裝備

(一)組員／乘客救生背心、備份救生背心、嬰童用救生背心、嬰兒用救生船、乘客椅墊等

◆成人／兒童用救生背心（adult/child life vest）

　　救生背心乃飛機在水面迫降後所使用的浮水救生器具。一般的救生背心為成人及兒童共用，用於兒童時將救生衣繩子從兒童的兩腿間交叉穿入前面的扣環中繫好（圖10-1）；無論是成人或兒童，扣好後應調整繫於腰部繩子的鬆緊，勿太緊或太鬆（救生衣與身體間約為一個拳頭的距離）。

圖10-1　兒童救生衣穿法

資料來源：圖片攝於維珍澳洲航空Virgin Blue B737-700安全須知卡。

　　救生背心採用防水尼龍材料製成的（**圖10-2**），救生背心內附有鋼瓶（**圖10-2-1**），只要拉下兩邊的紅色拉柄，即可在2秒鐘內自動充氣；無法自動充氣時也可由兩邊的吹管充氣。救生衣上有指示燈（locator light），如夜航或天候惡劣時將救生衣電池上 "pull to light" 標籤拉下則可啟動（**圖10-2-2**），指示燈的電池浸泡海水後會自動發光，供電時間約可持續8～10個小時，在夜晚較易被發現。空勤組員的救生背心是紅色，一般乘客救生背心為黃色，除了顏色不同外，功能皆同。不同型式救生背心，則可能另配有如哨子、反射鏡或海水染色劑等求生物品。為避免阻礙出口，必須在出口處方能將救生背心充氣！

圖10-2-1　救生衣內鋼瓶

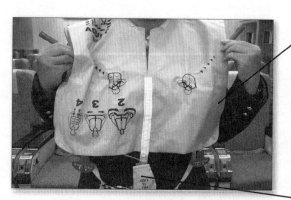

圖10-2　成人／兒童用救生背心

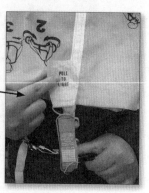

圖10-2-2　救生衣電池上 "pull to light" 標籤

◆嬰兒用救生衣（infant life vest）

　　供2歲以下的嬰兒穿著的救生衣（**圖10-3**）。嬰兒用救生背心上附有繩子，可將繩繫於照顧者救生衣上，避免落水後分離，另外嬰兒用救生背心可於飛機停妥時由照顧者幫忙先充氣。

◆嬰兒用救生床（baby cot）

　　有些班機另配置有嬰童用救生背心或嬰兒救生床（**圖10-4**）。

圖10-3　嬰兒用救生衣

資料來源：圖片攝於JAA B767-300安全須知卡。

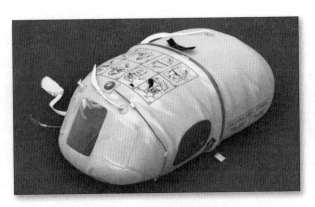

圖10-4　嬰兒用救生床

資料來源：圖片攝於YouTube國泰航空安全示範影片。

◆椅墊（seat cushion）

乘員可將座椅椅墊拆下拔起當成漂浮工具。使用時，將雙手伸入椅墊附繩並將椅墊環抱於胸前（**圖10-5**）。

(二)救生艇、緊急求生裝備及緊急定位發報器（ELT）等

空服員訓練內容包含救生艇（life raft）操作演練，如何將逃生繩拉出掛於機翼上扣妥、將置於艙頂或上方行李廂內（**圖10-6**）的輕便型救生艇繫綁於機身並啓動救生艇充氣（**圖10-7**）、把繫泊纜繩（mooring line）脫離機身或利用救生艇前端所附的小刀將與機身相連的繩子割斷、成員登艇後拋下海錨（sea anchor）並使用引纜繩（heaving line）救起落入水中乘員，以及如何利用艇邊的登艇踏（boarding station）、求生繩（life line）、如何架設遮篷（canopy），以及使用打氣幫浦（hand pump）等。且須熟悉使用相關求生裝備（survival kit），如緊急定位發報器（ELT或Radio Beacon）、信號裝置等。

圖10-5　椅墊作為浮水用具

資料來源：圖片攝於阿拉斯加航空B737-400安全須知卡。

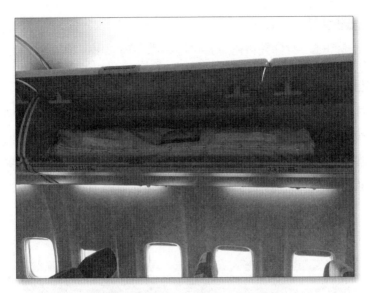

圖10-6　置於上方行李廂內之救生艇

圖10-7　組員操作輕便型救生艇

資料來源：圖片攝於維珍澳洲航空Virgin Blue B737-700安全須知卡。

◆充氣逃生滑梯（escape slide）

　　充氣的逃生滑梯翻轉過來亦可作為漂浮物使用（**圖10-8**）。

◆緊急逃生繩（escape rope）

　　有些機型如B737系列，於兩側機翼上各有扣環一個（**圖10-9**），緊急逃生繩置於緊急逃生出口內側上方（**圖10-10**）。當機翼上緊急出口開啟後，將緊急出口內側的逃生繩拉出，並將逃生繩掛好機翼上，目的是讓乘客於跳進救生筏前，能夠暫時抓著繩索停留在機翼上增加安全。

圖10-8　逃生滑梯翻轉後作為浮水用具

資料來源：圖片攝於阿拉斯加航空B737-400安全須知卡。

圖10-9　機翼上逃生繩掛勾處──圓圈處

圖10-10　緊急逃生繩

◆緊急求生裝備

救生艇上附有緊急求生裝備，通常包含如下物品：

1.遮篷：顏色鮮豔的防水材質的遮篷能夠完全覆蓋救生艇，水上迫降時能遮風擋雨且避免乘員受到曝曬。遮篷顏色明亮容易被搜救人員看見。

2.水桶和海綿（bailing bucket and sponges）：可從救生艇中舀出積水，以保持救生艇內乾燥。

3.救生艇和生存手冊（life raft and survival manual）：兩本手冊，一為救生艇設備操作手冊；另一為生存求生技巧手冊。

4.急救包（first aid kit）：內容類似於在機上急救箱（如繃帶、藥膏等）。

5.救生艇修補器（raft repair kit）：可用於修補救生艇破裂或穿孔。

6.盛水容器（water storage containers）：可利用此容器收集雨水，也可用以盛裝海水並加入海水淡水錠（water purification tablets）淡化後成飲用水。

7.信號裝置（signaling devices）：如反射鏡（signaling mirror）、供白天與夜間兩用煙火信號產生器（flares）及哨子（whistle）等。

8.手電筒（flashlight）：裝入海水即可使用。此設備除可用於黑暗中，當救援（直升機或船）接近時，可利用它指出所在的確切位置。

9.海水染色劑（sea dye marker）：放下可溶於水中的染劑，能將救生艇周邊的水變為螢光綠色，約可持續三小時（然在波濤洶湧的大海則時間會更短），使救援目標明顯。

10.求救信號帶（see/rescue streamer）：一條可拉長展開（通常有

25呎及40呎）顏色鮮豔（橘色）的塑料帶。無論是在海上或陸上，日夜持續發出視覺求救訊息，使搜救者更易察覺。

第二節　水上緊急迫降逃生程序

　　水面不是柔軟的，航機迫降水面對機身造成重大損壞是可預期的。故水上緊急降落適用的基本規則與陸上逃生相同。空服員如有時間進行客艙準備，則應進行包含對乘客的安全提示、指導乘客防撞姿勢及如何穿救生衣或使用浮水裝備（如椅墊）、要求協助者（ABPs）幫忙，以及分派協助者照顧需要特別幫忙的乘客等作業。

　　航空公司訓練手冊中，亦有水上撤離建議的檢查表，一般而言，空服員水上緊急撤離的程序包含下列事項②：

1.指引乘客遠離無法使用的緊急出口。
2.確認所有乘客都已經離開飛機。
3.將救生艇和機身分離（解開或割斷繫泊纜繩）。
4.從飛機上拿取ELT置於救生艇上。
5.將緊急求生裝備拿回救生艇。
6.將ELT綁於救生艇旁使之作用。
7.指引第一位登艇乘員落坐於救生艇中間，保持救生艇平衡。
8.拋下引纜繩救起落水掙扎的乘員。
9.指引水中乘員由登艇踏進入並拉起乘員。
10.救生艇應避開布滿燃油區域並駐留於飛機附近（除非飛機開始下沉）。
11.照顧傷者。
12.檢視救生艇狀況（是否需要修補或救生艇有積水須排出）。

13.將兩艘（或更多）的救生艇集結在一起。

14.拋下海錨。

當接獲機長發出撤離指示，如同陸上緊急降落，空服員開門前確認艙門外狀況（門在水面上），並檢視艙門是否在待命狀況（armed position），開門後不論是使用艙門內附充氣的救生筏（slide/raft）或是需要另外拋下的輕便型救生艇，空服員立即在門邊先將自己的救生衣充氣，以免緊急時不慎落水。當確定救生艇充氣可用時，指引乘客在緊急出口邊將救生衣充氣並迅速離機。確定所有乘客離開後，儘速登艇。

登艇後空服員以小刀割斷連結救生艇與機身之繩索後，指導乘員用手划水方式，合力將救生艇快速離開。拋入海錨並以繩索相互連繫，將同一側的救生艇集結在一起，除可避免漂走並能擴大搜救目標。登艇後空服員應檢查有無傷患人員及特殊情況並清點艇上確實人數。同時取出緊急求生裝備，架設遮篷，必要時使用緊急定位發報器（ELT），展開水上求生行動。

千萬不要在機艙內將救生背心充氣！

本章一開始提及1996年衣索匹亞航空客機因遭劫機而於海上迫降事故。當時飛行員在迫降前，曾以廣播指示乘客穿上救生衣，並且不要充氣，但有好幾名乘客提前將身上救生衣充氣。當飛機墜海時，機艙隨即入水，那些救生衣充氣的乘客因被浮力卡在天花板上，使他們無法游到水下艙門逃生，而被困在艙內溺死③。

故救生設備可救人也可害人！空服員務必提醒乘客需在緊急出口處方可將救生背心充氣，千萬不可在機艙內先將救生背心充氣，以免影響自身行動能力及阻礙他人。由於救生衣充氣後膨脹，加上客艙裡空間狹小，容易造成堵塞，影響撤離時間。且充氣後救生衣容易被尖銳物品劃破、漏氣，失去原有功能。在飛機進水的情況下，救生衣還

會使乘客漂浮在客艙內，無法逃生④。倘若救生背心為綁帶式，則亦應繫活結而非打死結，如此若遇海面燃油起火，或是救生衣在機內因意外充氣致影響逃生時，方能在必要時放棄救生背心①。

案例

　　2009年1月15日，全美航空（US Airways）一架客機，起飛後因遭到鳥擊致兩具引擎故障而於紐約哈德遜河迫降，機上150乘客和5名機組員在27分鐘內成功地緊急撤離。在美國NTSB失事調查報告中，指出該航班能成功迫降的因素中，除天候外，機長明智的決定——在引擎全部故障的情形下選擇迫降而非降落鄰近機場，此外，空服員也發揮有效率的組員資源管理⑤。在緊急撤離過程中，空服員指引乘客離開飛機、以手動方式將逃生滑梯和救生筏充氣（自動充氣臨時發生故障），最後空服員檢查客艙，確定已無乘客後，方自左側一號（L1）逃生門離開，表現稱職。

第三節　水上求生須知

一、維持體溫，相互支持

　　失溫係指遇險人員身體暴露或浸泡於寒冷的海水中，使身體熱量散失而出現的低體溫現象。人體浸泡在水中，體溫流失的速度比起在空氣中要快上26倍，依生還指標，一個健康者可在17℃的水裡存活9小時，然在8℃海水裡只能存活45分鐘到2小時，若沒有救生衣只能在10℃的海裡存活9分鐘。體溫流失依序由頭部、腋下、鼠蹊部，最後為身體兩側。落入水中若為單人可採減少熱量散失姿勢（Heat Escape

Lessening Posture, HELP）靜待救援（**圖10-11**），人多時可採HUDDLE
姿勢（**圖10-12**），以六、七人為一組抱在一起，相互臉朝內圍成圓
圈，以防止海水留過身體核心，防止體溫流失，將傷者、感到冷的人
及不諳水性者進入中間，以手臂連結，雙手握在一起，與肩同高，使
手肘靠緊身體，以便遮住腋窩，保持體溫，將雙腳交叉以便達到同樣

圖10-11　HELP姿勢

資料來源：圖片取自美國輔助海岸防衛隊。⑥

圖10-12　HUDDLE姿勢

資料來源：圖片取自美國輔助海岸防衛隊。

效果。若以身體較大面積接觸水面，較快失去體溫；同時儘量少移動，落水後不應做不必要的游泳，因爲會減少存活的時間。

　　有關HELP姿勢說明如下，將雙腳交叉、膝部彎曲儘量收攏於小腹下，手臂夾緊貼緊身體，並將前臂及雙手盡可能覆蓋於腹部，此姿勢可減少熱量的流失及可保護身體的核心部位。兩臂交叉抱緊在救生衣胸前，僅有頭部露出水面。可最大限度地減少身體表面暴露在冷水中，減緩體熱散失速度；能使頭部、頸部儘量露出水面，以保持視野和避免傷害。

二、求生意志，等待救援

　　在求生過程中，最重要兩件事，第一是讓自己存活，直到有救援到達；第二是儘速、盡可能地吸引救援者的注意，保持奮鬥求生的意志存活。求生意志亦是決定最後能否獲救的重要因素。此外，保持頭腦清醒是獲救的重要關鍵。於等待救援期間，空勤組員除對飲用水及食物的分派管理外，可利用任務分工（如輪流守望、收集飲水、救生艇內舀出積水等），保持乘員求生意志。

　　從空中要找一艘明亮的救生筏，即使是在平靜的海面，也像是大海撈針，所以生存與否，須靠自身能否去吸引救援者的注意。一般爲搜救直升機，故幫助直升機駕駛員知道你確實的位置，並保留能夠定位及吸引注意的緊急裝備，如煙火信號產生器，需直到看到救援者，方啟動煙火，除可讓直升機駕駛知道風向，也避免太早啟動而浪費。

三、預防脫水，保持能量

　　不論海水溫度的高低，在海上等待救援時，如何預防脫水是件重要的事。如有可能落地前應儘量喝水，身體可儲存水分，以度過未來

缺水的環境，同時也可服用暈船藥，因為在空氣不流通的救生艇中，可能會因暈船而致反胃嘔吐發生，既不舒適且在水分無法補充的情況下，也會造成脫水現象。故應設法保持體內的水分不流失。若救生艇上的緊急求生裝備配有飲用水，對於救生物品的分配管理亦十分重要，勿飲用海水以免對身體造成損傷。海上水分取得不易，可透過救生艇設備收集雨水或露水，另使用求生包內的海水淡水錠淡化海水。且須採小口啜飲保持口腔濕潤，以減少脫水現象發生。此外，在救生艇內乘員可如同水中時，彼此環抱一起、少移動，以保持體溫，但可動動腳趾及手指，讓血液循環，以免凍傷。

四、正確及適當使用救生設備

落水後爬上救生艇比想像中困難，即使有人協助也很不容易進入救生艇，此外在汪洋大海中，有海浪、有亂流，特別是天候不佳有暴風雨時，登艇的困難度就更增加⑦。若航機係使用須另外拋入水中的輕便救生艇時，則應先使用繫泊纜繩將艇固定於艙門邊，待救生艇充氣完成。乘員落水後未登艇前可抓住繫艇纜繩並順著繩上救生艇。

遮篷是生還的關鍵。當所有人登艇，可搭起遮篷，以遮風避雨或減少日曬；然亦可善用遮篷本身的不透氣性，因為浸水後加上冷空氣將導致體溫流失更快，先利用遮篷將所有人包在裡面，使濕冷的身體得以保暖。因為事故災區為救援人員的第一搜救地區，故登艇後拋下海錨，以減緩流速，使救生艇保持在災區附近。另外每隔半小時記得打開遮篷，以排出囤積於艇內的二氧化碳。

救生衣不只是作為漂浮輔助物使用，救生衣鮮艷的顏色（紅色和黃色），可以讓救援人員在空曠的地帶更容易發現。故乘員的救生背心不可脫下，應至少部分充氣，除可避免救生艇翻覆時，保持背部向上。另外若遇低溫、強風和冰雪，救生衣還能有保暖作用④。

參考文獻

①〈海上求生〉（2001）。*Safety Magazine*，第38期。

②Cosper, D. K., & McLean, G. A. (1998). Analysis of ditching and water survival training programs of major airframe manufacturers and airlines (No. DOT/FAA/AM-98/19).

③維基百科：埃塞俄比亞航空961號班機。https://zh.wikipedia.org/wiki/埃塞俄比亞航空961號班機

④〈民航小常識：飛機上為什麼會有救生衣？〉（2014年7月17日）。《民航資源網》。http://news.carnoc.com/list/287/287984.html

⑤〈全美航空水上迫降的奇蹟〉（2010）。《中華民國航空醫學暨科學期刊》，24(2)，127-130。

⑥Shafer, R. Ditching & Water Survival and Why You May Need a New ELT. Presentation Transcript: USCG AUX Operations Department.

⑦飛行安全基金會（2005）。〈FAA訓練空服員如何在墜機時求生〉。《飛行安全夏季刊》，第42期。中華民國台灣飛行安全基金會。

第十一章

機上醫療設備與
急救處理

- 機上醫療設備與資源
- 空中醫療事件統計
- 飛航中緊急醫療行動計畫

前 言

　　空中旅行為現今全球長程旅行者偏好選擇的方式。隨空中交通的日趨便利與普及性，促使空中乘客數目的增加，全球一年約有27.5億人次搭乘民航客機①，其中年長者以及可能發生緊急健康風險之搭機人數也因此隨之增加；此外，長時間飛行也將提高飛航中緊急醫療狀況發生之頻率②。如國內飛安基金會統計資料顯示，國籍航空公司班機發生客艙異常事件中，即以旅客生病占最多數（占半數以上）③。

　　美國在1930年聘用第一位女性空服員艾倫·喬琪（Ellen Church）於波音空中運輸機上服務（Boeing Air Transport），艾倫原為一名護士，於接受航空訓練後開始在航機上服務，自此對於空服員具備的工作能力自然又增加醫護急救此項。向來國籍航空招募空服員時對具護理經驗者特別歡迎。雖說所有的客艙組員都接受過關於急救箱的使用以及執行急救和心肺復甦術（Cardiopulmonary Resuscitation, CPR）等訓練，他們的受訓內容也包含可識別常見急症的癥狀，並對這些狀況進行相應的處理④。然而對於乘客突然發病的情況，航空公司實難以

預測，只能視現場情況，由空勤組員採取最合適、安全的處置措施，甚至遇到乘客有危及生命的狀況，機長也會基於人道立場，讓航班轉降（diversion）至最近機場，儘快讓乘客就醫。

第一節　機上醫療設備與資源

　　我國民航局亦根據ICAO制定的標準，規定國籍航空必須按照飛機座位數多寡，設置1～4個醫療箱（Medical Kit A），內裝有簡易醫療器材與藥品；若是載客數在251人以上大飛機，則應更進一步設置器材更完善的醫療箱（Medical Kit B），包含重症器材與人工甦醒氣袋組（Resuscitation Kit），以備醫生或合格醫療人員於航程中緊急醫療時使用⑤。相關規範如**表11-1**所示。

一、急救箱（First Aid Kit）與醫療箱（Medical Kit）

　　飛機上備有簡單的急救用品以備不時之需。急救箱內的醫療用品有紗布敷料、膠布、三角繃帶、剪刀、鉗子，以及具鎮痛解熱的成藥、眼藥等。另外，航機上亦有設備齊全的醫療箱，內有醫療器材如血壓計、聽診器、注射器、靜脈導管與止血帶等，還有口服藥品等，以便緊急時使用。然醫療箱只有機上醫護人員指引下方可使用。

二、自動體外心臟電擊去顫器（AED）

　　心臟病發作和胸痛是讓飛機轉向的兩個最常見原因。一項數據顯示，英國航空平均每年有15、16件乘客在機上發生心臟停止事件⑥。AED可檢查病人的生命跡象，並提供治療建議。

表11-1 飛機上急救箱醫療設備相關規定

航空器飛航作業管理規則	
第98條	航空器應裝置急救箱、醫療箱及衛生防護箱，其裝置數量、器材及藥品依附件八辦理。
第190條	航空器使用人應訂定客艙組員訓練計畫，報請民航局核准後，據以實施。客艙組員經完成訓練，並經考驗合格後，始得執勤。其中包含各項緊急及求生裝備之使用與緊急程序，如救生背心、救生艇、緊急出口及滑梯、便攜式滅火器、氧氣裝備、急救箱、醫療箱及衛生防護箱等之使用方法。
附件八	急救箱、醫療箱及衛生防護箱裝置數量、器材及藥品
1.類型	1.1應配備以下醫藥用品：在所有飛機上配備急救箱，在所有需要有客艙組員之飛機上配備衛生防護箱，載運100名以上乘客及航程長度超過2小時之飛機，配備1個醫療箱。
	1.2航空器使用人應考慮營運之特殊需求，依據風險評估決定是否配備自動體外心臟電擊去顫器（AED）。
2.數量	2.1機上急救箱的數量需與載客量成正本，如載客數0～100需配備1個急救箱，101～200人時則需配備2個急救箱，201～300人需配備3個急救箱，301～400人需配備4個急救箱，401～500人需配備5個急救箱，超過500人則需配備6個急救箱。
	2.2至少須有一名客艙組員之航空器於營運時，應攜帶一個或二個衛生防護箱，遇有大眾健康風險增加之情況，例如爆發具有大流行可能性之嚴重傳染疾病期間，應提供更多個醫療箱。該醫療箱應可用來清理任何可能有傳染性質之體內物質，如血、尿、嘔吐物及排泄物，並對客艙組員在協助疑似患有傳染病之可能傳染病例時提供保護。
3.位置	3.1急救箱及衛生防護箱數量應盡可能均勻地配置在客艙中，使客艙組員易於取用。
	3.2若裝載衛生防護箱，則應將其存放在合適之安全地方。

　　若是心臟病發，它甚至能施行救命的電擊療法。AED測量病人心臟的電流活動並判斷問題所在，然唯有在診斷過病人的心律後，AED才會進行電擊恢復病人的心跳。但即使有新進的科技，空服員仍然不能取代醫護人員，在緊急事件中，他們需要專業協助，且速度要快。文獻亦指出，如果猝死後在一分鐘內給予電擊，急救成功的機會高達90%，故在飛機上急救猝死的病人，首要任務是把握第一時間電擊的優勢⑦。

　　FAA要求美國所有的國際航班攜帶AED，救治有心臟停止的乘客。我國衛生福利部於2013年公告，各航空公司座位數超過19人座且派遣客艙組員之客機應完成AED裝置。故符合上述要件之國籍航空已於機上配有AED。據中華航空資料顯示，自2014年客機配製AED共使用五次，其中四次經AED判定不需要電擊僅需CPR急救，另一次則幫助乘客恢復心跳。華航醫務部亦表示，飛機上有AED可使無醫療背景的空服員能安心鎮定處理⑧。

三、遠距緊急醫療諮詢服務

　　有許多主要的航空公司接受設在美國亞利桑那州鳳凰城的一家醫院提供醫療連線服務（Medlink），該公司有一醫生小組駐於該州最大一家醫院的急診部，為各地的搭機乘客提供全年無休的急救協助。機組人員可以與他們聯繫，尋求指導。據Medlink 2001年資料，接到機組人員打來的電話處理空中急診，最常見的兩種急症是昏厥和胃腸疾病⑨。統計顯示，有地面醫療協助後，因緊急醫療事件而轉降的次數減少70%，且因有地面醫療之協助，機組員與飛機上自願幫忙的醫師在處置上會更有信心⑩。目前國籍航空有長榮航空與中華航空與Medlink簽約提供醫療連線服務。

　　醫療連線的醫生必須在巨大的壓力下快速定奪，決定乘客病情是否嚴重到必須讓飛機緊急降落，如呼吸困難、胸部疼痛、腸胃不適、暈倒或是外傷（如燒燙傷、被頭上置物櫃掉落的東西砸傷等），然而下決定讓飛機轉向並不容易，對其他乘客而言，緊急降落造成許多不便，航空公司也需付出成本，故醫療中心必須小心權衡。況且這種方法依賴於地面上的醫生從飛機上獲得的資訊，如果沒有合適的醫藥箱，描述和監控病情的效果也受限。故儘管無線通訊已很發達，但對醫生而言，如何根據有限的資訊正確判斷飛機上的狀況，進而提出

醫療診斷,仍是很大的挑戰。特別是當資訊有限,機上沒有醫護人員時,或無法像在地面上一樣測量生命跡象,如血壓、脈搏等⑪。

四、無線醫療診斷設備(Tempus IC)

在Tempus此遠距醫療設備(**圖11-1**)未使用前,醫生只能根據空服員對機上患者的描述,瞭解機上的狀況。然Tempus無線醫療診斷設備是透過衛星系統在空中將病人的聲音與圖像和一些基本的生命徵象(例如血壓、溫度、血氧濃度、脈搏速度和呼吸等)即時傳輸到地面,供地面的醫生可以遠端診斷。藉由Tempus無線醫療診斷設備,地面上的醫生可以看到、聽到病人的病情,從而及時採取正確的處理。對空服員而言可更有自信提供資訊(雖然語音連線方便,但取得乘客完整的健康資料及測量得到的數據相當重要,更能有助於醫生判斷機上乘客的問題)。Tempus並附有靜態視訊攝影機能讓醫生看到乘客影像,連線醫生可以加上註解,例如標示部位,並傳回機上。亦可讓非

圖11-1　Tempus設備

資料來源:圖片取自RDT公司,http://www.rdtltd.us/。

醫療專家的工作人員，將乘客的血壓、血氧濃度、脈搏速度及體溫回傳地面，讓合格醫生分析病人的狀況。此外，若航機不允許轉降或者在某些地方飛機不允許降落的話，可藉由這套系統讓地面的醫生立刻瞭解病情，進而增進病患安全[11][12]。

目前國籍航空尚未裝設Tempus，在阿聯酋航空（Emirates）、阿提哈德航空（Etihad Airway）及英國維珍航空（Virgin Atlantic Airways）等班機上已使用此設備。

五、新科技應用

隨著科技進步發展，未來空服員只需要在航空公司平板電腦上打開APP，就可以監控乘客是否感到不適或是生病等狀態。也許爾後傳統空服員呼叫按鈕（call button）就會消失。荷蘭Delft科技大學正研究一款可監控乘客健康狀態的APP，空服員只需打開平板電腦就可以清晰地看出哪些乘客心情不佳或者不舒服（**圖11-2**）。此名為Flight Beat的APP平台利用安裝在飛機座椅上的心率感測器監控乘客的身體和心情狀態。

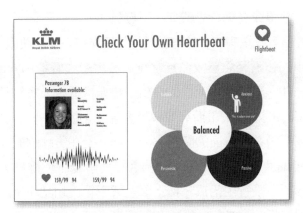

圖11-2　空服員可透過APP觀察乘客狀況

資料來源：圖片取自荷蘭Delft科技大學網站，http://www.tudelft.nl/。

感測器的資料係透過無線連接傳輸到空服設備上安裝的**APP**中，其圖示可以讓空服員立即得知哪個座位需要特別關注。此健康檢測**APP**還可用來提升乘客其他方面的體驗。例如，航空公司可運用收集而來的健康狀態資料，用以判斷機上娛樂設備在放鬆乘客情緒方面的有效性，辨識造成最大壓力和不適感的特定客艙區域，測量乘客最不舒服的航行階段，同時對比各航線上的資料。乘客還可將機上無線連接將個人的健康狀態資料發送到其他地方⑬⑭。

第二節　空中醫療事件統計

雖說乘客出現健康問題航空公司都有守則可循，然研究顯示，隨搭機人數日增，一些乘客抱病上機，在飛行途中感到不舒服，或在飛機上受傷，甚至死亡等醫療相關數字有上升趨勢。國內飛安基金會一項統計分析顯示，於2008年五家國籍航空公司發生客艙異常事件高達546件，以機上人員生病、旅客抽菸、違法使用行動電話等事件較多。飛安基金會進一步指出，客艙異常一半以上都是生病事件，大多是乘客搭機過於緊張或有飛行恐懼症，引發氣喘、呼吸困難或不順、過度換氣等呼吸器官系統病痛，於空服員提供氧氣後多能解決問題③。

飛行中的醫療緊急事故並不常見，發生率大概是10,000～14,000位乘客有一件。飛行途中死亡的發生率也非常低，大概約每一百萬名旅客中會有0.3例。較嚴重而導致轉降的急症大都是心臟、神經系統、食物中毒或呼吸系統方面的問題⑩。一項針對在美國的航空公司1996年至1997年間共發生空中醫療事件1,132件研究，依據病人的癥狀、飛行中的診斷、飛行中治療、機上緊急醫療箱內物品使用狀況、航班轉降的情況結果、事後的診斷與和醫療病史等，加以分類。按發生比例前五項依序如下：血管迷走神經（vasovagal）（22.4%）、心臟病

（cardiac）（19.5%）、神經性疾病（neurological）（11.8%）、呼吸道疾病（respiratory）（8.1%）及消化系統疾病（gastrointestinal）（7.7%）。雖然發生頻率最高為血管迷走神經問題，然空中醫療事件最嚴重的仍是心臟病引發。不過統計資料也指出，經過空中醫療診療救治，有六成的患者病情好轉⑯。

在國內一項針對五家國籍航空半年期間調查研究，發生103件飛行中緊急醫療事件其中以疾病最多，創傷占6.8%。排名前10名依序為：昏倒（13.59%）、腹痛／胃痛（9.7%）、發燒（8.74%）、呼吸困難（7.77%）、抽搐（5.83%）、腹瀉（5.83%）、頭痛（5.83%）、頭暈（5.83%）、嘔吐（4.85%）、胸悶／胸痛（4.85%）⑰。

另一項根據英國航空空中醫療事件統計數據顯示，平均約11萬人次中有一件空中醫療，且其中約有七成由空服員協助處理（航機上沒有專業醫護人員）。另外前十大發生原因分別為：胸痛、昏倒、氣喘、頭部損傷、精神問題、腹部問題、糖尿病、過敏反應、產科和婦科緊急情況⑰。

客艙組員在新進人員訓練時，必須有急救訓練，內容包含對機上醫療用品的認識（如急救箱、醫療箱及可攜式氧氣瓶等）、機上乘員常見疾病常識、外傷處理與包紮練習、CPR及AED操作等。此外，每年尚需接受急救年度複訓課程，並通過考核方可繼續服勤。

第三節　飛航中緊急醫療行動計畫

針對航空公司空中醫療急救處理，依循一套組織好的行動計畫是很有幫助的。此計畫須包括下列要點：組員及提供醫療者之角色和責任、血液含有病毒的預防、評估病患、緊急醫療的類型、飛機內醫事專業人員協助、地面醫療團隊的諮詢、使用相關醫療器材、飛行員失

能及處理機內死亡事件⑤，並說明如下。

一、空服員急救分工

航空公司空中緊急醫療程序，於航機上若有乘客身體不適或突發疾病，客艙組員會先評估是否需要尋求醫護人員協助，若情況緊急可以廣播尋求機上醫生協助，若航空公司有簽約之24小時地面遠距醫療團隊（如Medlink），則空服員以衛星電話諮詢醫生意見及取得支援。並依照Medlink或機上醫師指示進行。空服員並依照職責分工進行急救。以下茲參考英國航空其醫療行動計畫為例說明：

以空服員三人為基本組成（若航空公司機上空服員少於三人，則可將乘客納入醫療行動計畫）各依職責進行。

第一位組員為評估者（assessor）：負責個案管理、評估乘客、提供急救，陪伴乘客並召喚協助與醫療器材。

第二位組員為蒐集者（collector）：負責取得需要的醫療器材、將事件及時回報予駕駛艙組員，並與地面醫療諮詢團隊聯繫。

第三位組員為支援者（supporter）：支援第二位組員，並留在現場協助第一位組員施予急救。

二、急救復甦術（emergency resuscitation）

心臟血管疾病長期高居國人十大死因前三名。心跳停止如果沒有及時處理，在短短幾分鐘內就會成為不可逆的死亡。讓心室顫動或心室頻脈恢復成正常心律的唯一有效方式，就是電擊去顫，並且同時持續施行心肺復甦術。所以及早進行CPR及電擊去顫，病患才有希望可恢復正常的生活⑱。航空公司客艙組員必須接受急救相關訓練及操作，並依據處理步驟制定行動方針，如簡稱DRSABCD步驟，並說明

如下：

D-Danger（檢查危險）：瞭解狀況並確認乘客周遭是否會有傷及急救者的危險。

R-Response（檢查反應）：危險昏迷的乘客是否對聲音、碰觸或疼動有反應。

S-Shout for help：乘客如果沒有反應，請求支援與協助。

A-Airway（檢查是否有異物阻礙呼吸）：如果有，可用手指挖出來。

B-Breathing：如果昏迷乘客沒有呼吸，馬上給予CPR心肺復甦術。

C-Compressions：開始CPR心肺復甦術（以30：2的比例進行胸外按壓搭配人工呼吸）。

D-Defibrillator：使用AED。

案例

2015年4月18日一名65歲有高血壓和心臟病史的旅客於桃園機場候機時，突然暈厥（據報導，當時乘客臉色發黑，心跳和呼吸都停止），所幸在旁等候上機的長榮航空空服員立即現場進行CPR，並取出航機內的AED、可攜式氧氣瓶等急救設備至現場救援，後續航廈值班督導及消防隊員抵達現場進行支援，將乘客救回，到院急救後順利恢復呼吸心跳。

三、血液含有病毒的預防

空勤組員處理任何緊急醫療的管理須包含預防帶病毒血液、用以預防有傳染性物質之使用及棄置之保護措施。傳染的危險來自於乘

客的體液，或汙染的衣物，或其他使用過的急救物品。另一項危險是由如針等尖銳物品所造成的傷口。組員在預防上，應使用個人保護器材，如簡易型口罩、手套及洗手等預防方式。且對於感染性物質之棄置（在處理乘客後，棄置所有受汙染的物品，然後立刻以肥皂及水搓洗雙手）。此外，於接觸後之行動計畫包含：立刻取得醫療諮詢、追蹤治療以及將事件報告主管⑤。

如2015年的中東呼吸綜合症（Middle East Respiratory Syndrome, MERS）傳染疾病流行。國泰航空則是根據世界衛生組織（World Health Organization, WHO）及IATA，訂有「疑似傳染病處理程序指引」規範，以作為當搭機乘客出現疑似傳染疾病徵兆時第一線服務人員的參考，且部分航班內增加廣播，提醒出現某些病徵的旅客，抵達後向當地衛生單位通報。航機內備有防護衣物，若乘客不適機組人員會聯絡地面醫療單位準備，另為患者提供口罩、安排調整座位及指定洗手間等，以減低疾病傳播⑲。另我國衛生福利部疾病管制署亦規範各類傳染性疾病通報的指引，遇到個案疑似傳染病發病或死亡必須通報。

四、病患評估

應以一套有系統的方式評估病患及情況，評估須包含下列內容：現場安全及初步檢查，包含對重傷的評估，如呼吸道、呼吸、循環、出血；並進一步檢查，包含事件之說明、過往醫療歷史、醫療現況、過敏，以及由頭到腳評估（可知的外傷，如骨折）與主要的病徵等⑤。

五、飛航中最常見的緊急醫療之一般癥狀和基本治療

飛航中最常見的緊急醫療之一般癥狀（**表11-2**）和基本治療（**表11-3**）如下所示⑤。

表11-2　飛航中常見緊急醫療癥狀

血管神經類（暈厥）	心臟的狀況 ・胸痛 ・心臟停止	呼吸的狀況 ・哮喘 ・過氧 ・呼吸道阻塞
神經的狀況 ・中風 ・癲癇	腸胃的狀況 ・作嘔／嘔吐 ・腹痛 ・腹瀉 ・暈機／船	行為上的／心理上的失調 ・藥物濫用 ・恐慌性攻擊
其他：糖尿病、眼睛受傷、流鼻血、電擊傷、燙傷		

表11-3　飛航中常見緊急醫療癥狀及治療

病症	癥狀	治療
暈厥	・頭暈目眩或暈眩 ・臉色蒼白、發冷、皮膚出冷汗 ・噁心 ・有時候手腳發抖 ・短暫的失去知覺	・接觸並檢查是否出冷汗 ・使患者躺平，將腿抬起超過心臟，用毛毯或枕頭墊於頭下 ・鬆開過緊的衣物 ・如可能的話，徵詢地面醫師的建議。若患者持續感覺暈眩的話，考慮提供氧氣
心臟病	・胸痛 ・疼痛、麻木或刺痛感傳至頸部、下巴、肩部或到一隻手臂 ・臉色蒼白或變灰、發冷、皮膚出冷汗	・安撫乘客 ・以高流量供應氧氣 ・預做心跳停止之準備 ・要求其他組員取得醫療器材（如AED） ・如可能的話，徵詢地面醫師的建議

（續）表11-3　飛航中常見緊急醫療癥狀及治療

病症	癥狀	治療
心臟病	・噁心 ・呼吸困難 ・曾有心絞痛之病史或已知危險因素	
哮喘	・乾咳 ・喘氣和胸部緊 ・呼吸困難 ・嘴唇、耳垂和指甲床發紫	・評估乘客的呼吸 ・安撫乘客 ・詢問乘客是否攜有藥物；若有，則請其服藥 ・協助乘客身體前傾，手臂趴於餐桌上 ・鬆開過緊的衣物 ・以高流量供應氧氣 ・如可能的話，徵詢地面醫師的建議
癲癇	・眼睛上翻 ・失去知覺 ・手、腿僵硬，背部弓起；隨後會痙攣，行動無法控制 ・大、小便失禁是常事	・安撫乘客 ・鬆開過緊的衣物 ・將枕頭與毛毯圍於乘客四周以避免受傷 ・一旦發作過後，打開乘客呼吸道，檢查呼吸 ・以高流量供應氧氣 ・如可能的話，徵詢地面醫師的建議
噁心與嘔吐	・感覺作嘔 ・嘔吐 ・面色蒼白，出冷汗	・提供乘客嘔吐袋 ・提供乘客冷、濕的毛巾擦臉 ・提供乘客清水和碎冰以預防脫水 ・如可能的話，徵詢地面醫師的建議

　　除上述常見病症外，若有異物梗塞，則可以哈姆立克法（Heimlich Maneuver）急救處理。此法是利用衝擊腹部——膈肌下軟組織被突然的衝擊，產生向上的壓力，壓迫兩肺下部，從而驅使肺部殘留空氣形成一股氣流。這股帶有衝擊性、方向性的長驅直入於氣管的氣流，就能將堵住氣管、喉部的食物硬塊等異物驅除，使人獲救。

　　2004年中華航空一架由桃園機場飛往香港客機，一名老先生食用飛機餐（海鮮粥），意外的被一顆丸子噎到，隨行者雖見狀立刻由後抱住老翁，施以「哈姆立克法」急救，無效後再改以挖食道催吐，但老翁已臉色蒼白，窒息昏迷。座艙長及一名空服員協助家屬將老翁移到無人座位施以急救，班機緊急轉降高雄後送醫，然已回天乏術。

六、機內醫事專業人員

　　美國的一項研究結果發現，在飛機上死亡的危險性是地面上的20倍。且如果在飛機上病倒，患者獲得的治療品質仍然全憑運氣，飛機上是否有醫生可能性大致爲50%（國內一項統計數據——當空服員廣播尋求醫師協助時，醫師出現的機率爲64.4%[7]），但即便恰有醫生在航機上，醫生也可能缺乏相關的專業知識。加上一般民航機之機艙並非提供高品質醫療照護之合適環境，尤其是必須進行緊急處理之狀況。機艙內噪音大、飛行中搖擺、空間狹窄、在現場其他受驚乘客的圍觀、診斷與治療器材不足或完全缺乏和其他因素等，皆極度不利於病情之診斷與治療。即使對於經驗豐富之醫學專家亦爲一大考驗[2]。

　　許多新進國家，透過法律的手段保護善心的救助者免於法律的咎責，稱爲「善良撒瑪利亞人法」（Good Samaritan Law）。我國衛生署亦於2013年起基於救人不受罰精神，於「緊急醫療救護法」增訂「撒瑪利亞人條款」。否則醫師在提供醫療救治時，通常會因法律責任之不確定性而有所顧忌。雖然有爲數衆多的航空公司爲機上進行急救服務之醫學專業與非專業人員提供某種程度之責任保險，但其涵蓋率並非百分之百；而且即便有投保，在突發情況下也很難適當地說明與理解這些保險條款。若產生醫療糾紛，被告醫師將在財務與職涯上付出

昂貴的代價②。

　　如德國漢莎航空（Lufthansa）更進一步，提出「空中醫生」（doctor on board）互惠計畫。主動邀請具有醫師資格的乘客加入此計畫方案。該乘客只要向航空公司登錄醫師身分，當機上有人需要醫療援助，已加入的醫生即可協助，不僅該醫生為機上病人提供的醫療援助是獲得法律保障外，為感謝加入醫生的參與，漢莎航空提供如下獎勵：5,000英里的累積哩數積分、一本《航空醫學和機上急救手冊》（*Handbook of Aviation Medicine and Inflight Medical Emergencies*）、專為此計畫醫生特別設計的「空中醫生」的行李標籤及價值50歐元的優惠，另有機會參與由德國漢莎航空公司醫療服務與德國航空醫藥學院（German Academy for Aviation Medicine）合辦的課程。

七、使用地面醫生

　　如有地面醫療服務，應儘快取得並提供下列重要資料：(1)班機資訊、目的地、預計到達時間以及機內醫療資源；(2)提供傷患資料：包含年齡、性別、醫療事件的說明、過敏症、病史、主要病因；(3)提供相關評估：如主要病徵及提供的急救與反應等。

八、飛行員失能

　　基本上客艙組員空中醫療急救行動計畫中係以乘客為主體，然而空勤組員本身亦是包含的範圍。而飛行員失能雖然不多見，但對飛行安全會有直接的影響，故空服員亦有針對駕駛艙組員失能的緊急因應程序。空服員接獲消息時立即進入駕駛艙協助，若需施予急救（如CPR或AED）則需先將飛行員從駕駛艙座椅上移開至地板上（客艙）。

案例1

2000年5月8日中華航空一架台北飛往越南胡志明市的客機，飛機平飛中副駕駛發現機長突然沒有反應，遂即召喚座艙長入內，並由另一位空服員協同將機長移至客艙（廚房）急救，並廣播請機上一位醫師協助施救，機上空服員在醫師之協助下繼續給予該機長心肺復甦急救，然因冠心症引發心律不整，落地後送醫仍不治。班機由副駕駛接手後平安飛返桃園機場。

案例2

2015年10月5日美國航空（American Airline）從亞利桑那州鳳凰城飛往麻州波士頓，經過4個小時飛行，機長突然因心臟病身體不適。飛機緊急降落紐約雪城，雖然當時機上一名曾經擔任護士的空服員緊急進行急救，但機長仍然不治。班機由副駕駛接手後平安降落。

九、機內死亡

飛航中死亡事件對乘客和組員雙方都是難受的。以下為處理乘客死亡之相關指引與建議⑤⑳。

如果可能，將逝者移到客艙內乘客少的區域，盡可能讓屍體隔離不受打擾。若班機客滿則移至原座位並繫上安全帶，若考量其餘周遭乘客環境及感受，空服員可權宜處理，移至不阻礙通道及出口處（如組員休息區），但不可放入洗手間內。替逝者閉上眼睛，以毛毯覆蓋屍體至脖子處。如可能時，應將防水材料放置於屍體下（如機上屍袋），以防體液滲出。通知安排醫療人員接機。

十、我適合乘坐飛機嗎？——乘客搭機前應注意事項

乘坐飛機前應先瞭解自身狀況，是否適合搭機。倘若身體有不適雖經醫師評估可旅行，也應根據醫囑備妥個人藥物，特別是飛行過程中，大氣壓力變化及客艙環境特性都可能對疾病產生影響。然而，不少乘客不清楚自身的身體狀況是否可搭機，抑或為了順利搭機故意隱瞞病情或身體狀況，導致飛行中發生緊急醫療，致班機需要返航或轉降，不僅造成整班航機行程及作業影響，對於個人健康安全更添風險。有鑑於此，航空公司多於官方網頁上，提醒有疾病乘客注意事項，如**表11-3**所示。

表11-3　疾病乘客搭機注意事項

氣喘病	氣喘病患者搭機前請確認攜帶常用的助吸器，且要避開任何引起氣喘發作的原因。
心臟病	在空中心臟病發作的機會是地面的兩倍，如果最近才發生心臟病，建議最好不要搭機。
糖尿病	飛行途中服藥請根據啓程地的時間計算，搭機訂位時應先訂特別餐。個人手提行李應隨時攜帶所需藥物；個人隨身應攜有一封解說自己病情的信，以備不時之需。
深部靜脈血栓症	長時間踡坐在狹窄空間，容易使得下肢血液難以順暢流動，導致腿部深部靜脈血栓症產生，這對一般健康的旅客影響不大，但對心臟病患、近期接受過腿部靜脈手術、患靜脈血管炎或抗凝血機能異常等病症高危險群旅客就有較嚴重影響。
花生／堅果過敏症	部分旅客可能對花生／堅果過敏而導致生命危險，建議在訂位前先尋求醫生的專業意見。
潛水夫病（減壓症）	從事潛水活動後24小時內請勿搭機，避免引發該病症。曾患本症之旅客於搭機前，請先與訂位部門聯繫，並出具醫生填寫之航空公司專用診斷書。

資料來源：中華航空與長榮航空公司網站資料。

　　然亦有乘客已知身體發病不適，但基於轉地就醫等因素，必須搭乘航班時，航客公司會要求乘客提供醫生開具的適航證明，並簽具免責聲明書，才會讓乘客搭機。例如：多數航空公司對懷孕36週乘客禁止搭機，且各航空公司對懷孕後期搭機都有不同的限制。如長榮航空是懷孕28～36週孕婦搭機前10日內填具適航證明，並經該公司醫師同意，方可搭機。

案例

　　2015年10月7日，一名孕婦從台北搭乘中華航空班機前往美國洛杉磯，在飛行途中因為羊水突然破裂，空服員立即廣播請求醫師協助，在機上醫師及空服員協助下順利產下女嬰，機長也立即通報公司，考量孕婦與胎兒安全，就近轉降安克拉治。然據報載該孕婦已經懷孕36週，於產後不到10日內即遭美國移民局遣返回台，引發輿論譁然。華航表示將對於隱瞞懷孕週數而在機上產子婦女求償。對此，台灣生殖醫學會理事李茂盛表示，若不幸在飛機上生產，孕婦可能因產程不順大出血，嬰兒也會有缺氧、腦性麻痺等危險[21]，對母嬰都有健康風險。

　　中華航空原本規定懷孕超過32週，且將於4～8週內即將分娩之孕婦搭機，於機場報到櫃檯簽具免責同意書，並須備妥離啓程日7天內婦產科醫師簽署之適航申請書，方能搭機。爲亡羊補牢，上述事件後，華航業已於2015年12月起實施懷孕乘客搭機新規定：將原來懷孕32週搭機才需適航證明的規定改爲懷孕28週的孕婦，需在48小時內備妥7天內由婦產科醫師填寫的適航申請書、同意書及診斷書，並經華航醫務部審核、同意後才受理搭機；且於該公司官網上特別註明「若因旅客隱瞞自身之孕期或身心狀況，導致本公司航程受到影響，因而產生之成本（包括但不限於轉降、延誤求償等），本公司將保留法律追訴權。」

十一、重症醫療乘客載運

若乘客因疾病或受傷無法直立坐於一般客艙座椅，只能以擔架運送搭乘航班，安排醫療包機運送是選擇之一，然所費不貲。航空公司亦有提供收費擔架服務。乘客須填具適航證明，經航空公司醫師同意，搭機時視乘客身體狀況由家屬或醫護人員隨行，且因架設固定擔架須將客艙座位拆除，故乘客需要另購六個機位以裝設客艙內擔架設備[22]。

德國漢莎航空則於1996年開發醫療用隔間（Patient Transport Unit, PTU）（**圖11-3**），可在短時間內變身為醫療用隔間的技術與系統，利用客機中十二個經濟艙座位，即能變身為齊備床鋪、醫療機器等用具的空間[23]。漢莎航空並於2015年推出新一代PTU——採用模組化設計，且拆裝更方便（可於30分鐘內完成），此設備不僅可於原來的空中巴士A340、A330及波音747-400上架設，新系統亦可用於空中巴士A380及波音747-8。此設備和醫療專機最大不同——不但可於定期航班使用，且成本也較低廉[24]。

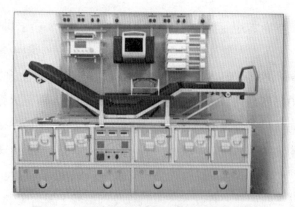

圖11-3　德國漢莎航空機上醫療用隔間設備

資料來源：圖片取自漢莎航空技術公司，http://www.lufthansa-technik.com/patient-transport-unit。

參考文獻

①Reese, S. (Sep. 17, 2015). Is There a Doctor on Board? Keeping Quiet Vs Stepping Up. MEDSCAPE Business of Medicine. http://www.medscape.com/viewarticle/849853_1

②吳運東、尹彙文、馬惠明、陳厚全、柯昭穎（2008）。〈世界醫師會關於空中旅行緊急醫療照護之聲明〉。《台灣醫界》，51(12)。

③〈2008年國籍航空客艙異常事件分析〉。《2009年飛行安全夏季刊》，頁25。

④航空器的傳染病控制（2014年9月9日）。http://www.pepec.com.cn/content-17-2446-1.html

⑤《客艙安全檢查員手冊》（2003）。〈客艙安全工作輔助 第二節〉。

⑥*Cabin Safety Update, Vol.* 12, n. 3, 2006, First Aid Training New Resuscitation Guidelines, published by the Write Partnership.

⑦Chang, H., Chen, K. C., Hsu, C. W., Yiang, G. T., & Hu, S. C. (2006). Current status of flight emergency medical services in Taiwanese Airline Companies and International Airports. *Journal of Emergency Medicine, Taiwan, 8*(3), 89-98.

⑧陳瑄喻（2015年11月10日）。〈74架飛機裝AED 華航飛得安心〉。《中國時報》。

⑨Death in the Skies (Aug. 31, 2002). *New Scientist.*

⑩顏慕庸、顏兆熊（2003）。〈航空旅遊之醫療急症〉。《台灣醫界》，46(5)。

⑪《長途飛行健康談》（*Health in the Air*）DVD。協和國際多媒體出版。

⑫經濟學人（2011年4月28日）。〈「雲端」受惠！飛機醫療監控夯〉。天下雜誌網路。http://www.cw.com.tw/article/article.action?id=5008145

⑬Kitching, C. (2015/05/5). The app that can tell when passengers are ill or afraid:

Flight attendants could soon use sensors in plane seats to monitor travelers' health. http://www.dailymail.co.uk/travel/travel_news/article-3068403/The-app-tell-passengers-ill-afraid-Flight-attendants-soon-use-sensors-plane-seats-monitor-travellers-health.html

⑭李曉燕（2015年5月11日）。〈新科技助機組識別乘客情緒 老式呼喚鈴或淘汰〉。民航資源網。http://news.carnoc.com/list/312/312622.html

⑮http://www.io.tudelft.nl/onderzoek/thematische-samenwerking/aviation-design/education/13. 13. service-design-process/flightbeat/

⑯DeJohn, C. A., Veronneau, S. J., Wolbrink, A. M., Larcher, J. G., & Smith, D. W. (2000). The evaluation of in-flight medical care aboard selected US air carriers: 1996 to 1997. *Cabin Crew Safety, 35*(2), 1-20.

⑰Dowdall, N. (2000). "Is there a doctor on the aircraft?" Top 10 in-flight medical emergencies. *British Medical Journal, 321*(7272), 1336.

⑱公共場所民眾CPR+AED教材完整版。衛生福利部。http://tw-aed.mohw.gov.tw/UploadContent/completed.pdf

⑲國泰航空新聞稿（2015年6月9日）。〈國泰航空及港龍航空就外遊韓國作出特別票務安排〉。https://www.cathaypacific.com

⑳IATA- Death on Board Guidelines (2012). www.iata.org/whatwedo/safety/health/Documents/guidelines-death-on-board.pdf

㉑〈想海外產子拿國籍 可能得拿母嬰健康換〉。中央社（2015年10月19日）。

㉒長榮航空網站，https://www.evaair.com

㉓吳佩俞譯（2011），秋本俊二著。《想知道的飛行新常識》。台北：晨星出版社。

㉔Patient Transport Unit NG. http://www.lufthansa-technik.com/patient-transport-unit

第十二章

客艙環境對乘員影響

- 客艙環境
- 睡眠與時差
- 宇宙輻射
- 傳染疾病
- 經濟艙症候群

前　言

　　根據美國疾病控制與預防中心（Centers for Disease Control and Prevention, CDC）於2014年旅遊黃皮書指出，每年有十億以上人次搭乘客機，且預計此數字未來二十年會倍增。隨著搭機頻次日益增高，對於搭乘飛機所帶來健康的風險亦受到關注。不僅搭機人數逐年增加，隨著大型客機問世，航空公司為增加競爭力，中途不落地的超長途飛行已然成為空中旅行的趨勢，超長程飛行固然可節省油料、人事成本，以及縮短旅行時間，但相對地，連續飛越許多個時區，飛行疲勞的累積和高空輻射線的暴露，對空勤組員是否帶來新的生理衝擊，亦待探究①。

　　雖然直接透過搭機旅行導致的疾病並不多，然而與一般正常室內空氣相較，座艙空氣的特徵在於較低的空氣壓力、較低的氧分壓和更低的相對濕度②。也因為客艙環境特殊，對搭機主要關切的健康議題包括下列幾項：因艙壓、濕度及氧氣密度變化對於慢性病患的影響；飛行中久坐不動導致深層靜脈血栓及肺栓塞；近距離面對某些有傳染病的乘客；飛機降落某些地區需要在客艙噴殺蟲劑滅蟲的議題等。然而，除機艙環境外，高空中輻射量以及長程飛行因時差對機上乘員的影響亦值得關注。

　　本章將從客艙環境對空勤組員及機上乘客健康影響，分別從(1)客艙環境；(2)睡眠與時差；(3)宇宙輻射；(4)傳染疾病；(5)經濟艙症候群等，探討潛在風險與問題，及預防措施與改善建議。另外關於航機客艙內空氣品質與客艙噴灑殺蟲劑對人體健康議題，另於本書第十三章討論。

客艙環境
與
健康

睡眠與時差

經濟艙
症候群

客艙環境

宇宙輻射

傳染疾病

第一節　客艙環境

一、客艙環境特性

　　研究指出，由於客艙環境特殊，至少有下列四種潛在壓力存在（低氣壓、高空缺氧、噪音震動及零下低溫），故須對機上乘員加以保護③。在3萬呎高空環境下的空氣幾乎沒有蘊含水分，且機上密閉空間只能靠空調系統，故空氣乾燥乃客艙環境的一項特點。客艙的相對濕度在10～15%間，有時甚至低於5%，而人體感到舒適的相對濕度約為50～70%④。實際上，客艙內濕度受到機艙內乘客以及廚房和洗手間所使用水分影響，通常相對濕度仍遠低於30%的舒適水平⑤。研究顯示許多因客艙乾燥導致的不適症狀，如眼睛、喉嚨、鼻子和皮膚的

乾澀感等⑤；且乾燥對戴隱形眼鏡者亦有結膜炎風險與流淚疼痛等影響，此乃因客艙空氣乾燥致使眼球表面水分迅速蒸發，產生乾澀感，使眼鏡變乾、變硬，易引起角膜上皮脫落。另外，眼球分泌的淚液中的蛋白成分也易乾結、阻塞氣孔，造成角膜缺氧，會對眼球造成不同程度的損傷，導致發炎、過敏等症狀，故長途飛行前最好摘下隱形眼鏡⑥。此外，黏膜乾燥也更易引起上呼吸道的疾病傳播⑤。不僅如此，客艙乾燥的空氣也會加劇疲勞和時差的影響⑤。

機艙除空氣十分乾燥外，另有噪音與聽力傷害問題。地面上飛機的噪音主要來自於引擎聲。即使現代大型客機多使用渦輪風扇引擎（turbo fan jet engine）能較過往使用的渦輪噴射引擎（turbo jet engine）能大幅降低噪音，然而客艙內——特別是乘客座位於經濟艙主翼後方——較易受到引擎噪音影響。

二、艙壓變化

當飛機升高到9,000～10,000公尺的高度時，靠加壓使機艙內的壓力保持在相當2,400公尺高的壓力，此時雖不致於有不適的感覺，但對身體會有一些影響，特別是老、幼與病患，因為身體送回心臟的血流雖有血管瓣膜防止逆流，也必須靠大氣壓力或運動增加肌肉收縮協助靜脈送回心臟⑦。另外，特別當有感冒症狀搭機時，於飛機起降時艙壓改變會造成不舒適。不僅如此，平時飛機運作因為加壓及減壓，有部分乘客會因為客艙壓力變化身體感到不適，常見的問題為氣體留在胃腸道、中耳和鼻竇等⑧。一般建議乘客在飛機下降時，多做吞嚥動作、吸吮飲料及避免睡覺，此外同時做瓦氏動作[1]也可能有效緩減不適

---

[1]瓦氏動作（Valsalva Maneuver）：將口、鼻閉住後用力吐氣使氣壓向喉嚨後面，以打開耳咽管促使耳壓平衡。

⑨。由於飛機起降，造成中耳與大氣壓力不平衡，會有耳朵腫脹、疼痛等現象，可藉打哈欠讓耳咽管打開或嚼口香糖增加吞嚥動作幫助抒解壓力。若是小孩子，可讓他吃嚼軟糖，小嬰兒則可以吸奶嘴改善。

三、新型客機對客艙環境的改善

隨著科技進步及對環境保護等要求，新的機種特別重視客艙環境改善的問題，如波音787，運用電子壓縮機來製造空氣，且機身結構運用大量複合材料，強度增加可讓機艙內的氣壓高度降至約海拔1,800公尺高的程度，波音787的客艙壓力高度比當前大多數民用飛機低大約600公尺（一般多維持在海拔2,400公尺）⑩。在客艙空氣方面，除裝備當前飛機所用於消除細菌、病毒與真菌的高效空氣粒子（HEPA）過濾器之外，波音787系統中還另引入一種新型氣體過濾系統，用以去除異味、刺激物與氣態汙染物。此能減少乘客頭疼、頭昏，以及因乾燥引起的咽喉刺激與眼部刺激，另波音787客艙可比金屬機身飛機中的空氣濕度更高，如此可大幅提高乘客搭機的舒適性⑪。另外如空中巴士A350提供了空氣加濕系統的選裝，可以使駕駛艙和頭等艙的濕度達到20～25%，由於對流作用，經濟艙的濕度也會增加3～4%④。又如空中巴士A380，配備消音隔板與地板，並採用了新一代發動機和先進機翼、起落架設計技術，使起飛時客艙噪音雜訊相對於波音747降低了50%④。

第二節　睡眠與時差

一、何謂「時差」？

地球360度以每15度為一經度的劃分，共有24個時間區（time zone）。當我們由一個時區飛到另一個時區，可能會因兩地時間的差異而引致不適應，若因旅行橫越三個或以上的時區所引起日夜節奏脫序的現象即稱為「時差」（jetlag）。除跨越不同時區本來就產生時差之外，包括飛行時間的長短、起飛時間都也會決定受時差影響的程度⑫。

二、時差症候群

時差反應乃因橫跨數個時區的飛行所引起的一種狀態，其特徵是在新的時區在想入睡的時間難以入睡和熟睡，或者在白晝感到疲勞，其表現有疲勞、想睡、睡眠障礙、頭暈、頭痛、食慾不振、反胃、眼睛疲勞和注意力降低等，在這些症狀中有很多人遭遇想睡和睡眠障礙，換言之，雖然感到很疲倦，但卻不能入睡⑬。而之所以會發生時差反應是因為身體重新設定了體內的生物時鐘，而個體的生物時鐘無法和旅行目的地的時間同步，因此導致了時差反應。而影響時差的因素不僅是跨越時間區的數量，飛行的方向也有影響，向東飛行較向西飛更易感受時差，而且年齡越大調整時差的能力亦越差。

三、時差影響

　　人類屬於晝行夜伏的動物，人體內有許多生理機能約一天循環一週期的變化，此內在生理週期約24小時左右，稱之爲晝夜節律（circadian rhythm），例如體溫、睡眠、心臟血管指數、對特定藥物的反應及憂慮焦慮等情緒[7]。此生理時鐘隨著晝夜變化，有調節睡眠週期及內分泌的功能。但是輪班工作使得外在刺激與內在節律無法調和，在不斷調整生理時鐘過程中，快速可以被改變的生理活動與不易改變的生理活動之間落差越來越大[14]。就算人體生理對環境有極佳的適應彈性，但長時間日夜顛倒造成內外週期的紊亂，如經常越洋飛行及從事三班制工作人士，其生活品質及身體健康都不會太理想[15]。

　　一般來說，從西向東旅行比較容易產生時差反應，當你從西向東旅行時，你所到達地區的時間要遲於你生物時鐘所設定的時間；此外短時間飛越多個時區亦容易有時差反應。基本上，對乘客而言，除非密集搭飛機，則時差問題多能在1～2週內復原。而空勤組員——特別是執勤國際航線因工作之故，受時差影響亦大。或因爲慢性的生理週期失調（chronic circadian rhythm disruption），睡眠時間會延長但品質差[16]。研究顯示，不斷地打亂生活節奏所引發的不僅是時差期間內身體的疲乏不適，甚至連大腦的認知作用與記憶功能都會被削弱。且若不立即回歸正常的生活作息，生活節奏的失調對大腦結構組織的破壞與腦部功能的衝擊會持續，進而影響身體健康，增加許多重大疾病的罹患率[17]。對於輪班工作而言，長久在生理時鐘不一致的時間狀況下睡覺會有荷爾蒙melatonin（褪黑激素）與cortisol（皮質醇）分泌不正常的情形，更有誘發乳癌的潛在性[18]。

四、如何緩減時差造成影響？

(一)透過光線控制

太陽光的照射是影響人體生物時鐘的重要因素，透過調節進入眼睛的光強，能讓人更快地適應目的地時間。

◆新客機設計

近年來，新的機種特別重視客艙舒適性提升，如波音787的客艙燈光分為巡航、休息、就餐、睡眠、登機和降落等不同模式④。且其飛機窗戶取消遮陽板，窗戶玻璃顏色深淺能以電子方式加以控制，亦即乘客可自行調整外面照進機艙內光線多寡⑩，如圖12-1，此設計可以讓

圖12-1 波音B787沒有遮陽板。按一下窗戶下方按鈕，窗戶顏色即可調整明暗

人們按照日常行程活動，同時能夠提早準備好適應時差；又如空中巴士A380客艙內照明會配合目的地的當地時間予以適當變化，可減輕旅途的疲倦感，又能解決乘客時差問題⑲。通常搭長程飛行抵達目的地前準備用餐時，空服員將客艙燈光倏忽打亮喚醒乘客，有時遭致睡夢中乘客不快抱怨。芬蘭航空（Finnar）即在新的空中巴士A350飛機，客艙燈光採取逐漸變化設計，例如從淡淡的粉紅色日出逐漸過渡到溫暖光芒的陽光下，透過光線減少乘客時差⑳。

◆利用光照儀器

如果新目的地氣候或時間不允許旅行者接收大量光照，可準備小的燈箱（portable light box）㉑，有的可兼鬧鐘使用。反之，也可利用太陽眼鏡遮光，減少太陽光照射。

(二)褪黑激素

褪黑激素是一種荷爾蒙，存在於每人身上，它由腦內一個名爲松果體（pineal gland）的小腺體所製造，褪黑激素約每晚9點開始製造，高峰期大約在凌晨2、3點，約上午9點開始下降至底線，褪黑激素此種12小時的波動，每晚都會在我們體內發生，當人腦吸收褪黑激素後，它會通知身體其他部分睡覺時間到了。

故服用褪黑激素能夠調節緩解時差症候群，但是褪黑激素出現的時機相當重要，應於睡覺時才能服用，若在錯誤時間服用，則會使時差症候群更加嚴重。另外，長期服用褪黑激素產生的副作用尙待研究。使用褪黑激素前應向醫生諮詢㉒。

(三)其他有關調整時差的建議

◆視停留時間長短

乘客可視所跨越的時區或待在海外的時間長短而定，若是跨三個

時區以下或少於三天的行程，一般儘量按照原本的作息時間，若超過三天，則可依據新的時區生活並適應新的作息時間，亦可於登機後將手錶的時間調至新的時區，此有助於更快適應時差影響。

◆選擇航班時段

　　若航班能選擇早晨到達目的地，並暴露於明媚的陽光中，亦有利於調整時差。

◆APP幫手

　　隨著智慧型手機與穿戴裝置普及，在克服時差上亦有多種應用程式可選擇。如IATA於2015年推出APP-SkyZen（**圖12-2**），長途飛行乘客只需輸入航班資料，並配合智慧健康手環使用，可監測個人睡眠及運動習慣，該APP自動分析有關數據，在起飛前後制定作息時間表及用餐等建議，協助乘客能儘快適應時差[23]。

　　另一個APP（Jetlag Rooster）（**圖12-3**）同樣地只要輸入你的航班日期、平常的睡眠時間和時差等資訊，此APP可產出一份個人專屬的計畫建議表，包含睡眠—清醒時間表，以及建議何時接收陽光，以協

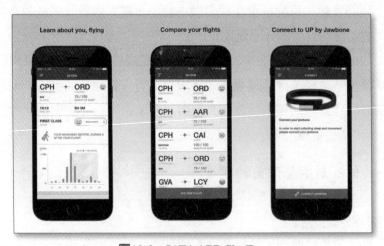

圖12-2　IATA APP-SkyZen

圖12-3　APP-Jetlag Rooster

助乘客過渡到新時區的方式，透過調整進而可減少因時差問題帶來的身體不適。

![飛機圖示] **第三節　宇宙輻射**

　　每趟航程，不論是在高空中或海平面上，每一位空勤組員和乘客都會遭遇到的影響——輻射（radiation）。然而在地面上，大氣層會保護我們擋掉大部分的輻射，但飛機升到巡航高度時大氣變薄，在3萬呎高空保護變得較少，故相對暴露在輻射中的程度增加。太陽表面的活動也會增加自太空噴向地球的輻射量，這種活動稱為「日焰」（solar flare），如果飛機在日焰時飛到高空中，乘員會暴露在高度輻射下，長期暴露在危險太陽輻射量下，可能引發許多健康的風險，包括癌症與破壞胎兒基因。因此空勤組員、飛行常客、孕婦都是輻射的高危險群[22]。

　　研究指出，職場女性罹患乳癌之職場危險因子中，包含夜間工作、輪班工作、化學物質暴露及輻射暴露等[24]。由於輻射可能造成的影響，故女性空服員懷孕後即可暫停空勤服務工作以保護女性空服員及胎兒。而組員高空飛行所受的輻射劑量雖然輕微，但日積月累下來

仍比一般人要高㉕。

　　研究估計空勤組員每年平均接受的輻射劑量為3.07毫西弗（0.2～5.0毫西弗不等），國際輻射防護委員會（International Commission on Radiological Protection）建議五年內總暴露量不超過100毫西弗，即平均每年不要超過20毫西弗，懷孕期間總暴露量不要超過1毫西弗⑯。2014年我國勞動部首度揭露全國各行業的職業性罹癌風險的嚴重程度，研究推估出全台至少有兩成七、高達225萬勞工暴露在致癌風險中，其中暴露人數最多的首位行業為航空運輸業36萬8,384人。其可能致癌因素為宇宙輻射，影響空勤組員罹患血癌、骨癌、淋巴癌機率增加㉕。對此，我國原子能委員會亦公告資料說明，2013年芬蘭政府委託Tampere大學針對北歐國家，包括芬蘭、冰島、挪威和瑞典等四國約一萬多名空服人員所做的宇宙輻射職業暴露與癌症研究結果顯示，空服人員每年平均接受的輻射劑量約3.2毫西弗，由於此劑量屬低劑量範圍，並未發現空服人員之癌症發生率與宇宙輻射暴露有直接關係㉖。

　　如美國FAA網站上有CARI-6軟體免費下載運用㉗，透過此軟體乘客和機組員可以鍵入航班號碼，計算他們是否會暴露在超過建議的輻射量下，若他們覺得輻射量可能過高，則可以調整飛行計畫或行程以為因應，以降低輻射暴露影響㉒。不過，隨著機組人員長時間在高空中飛行的情形日益普遍，他們暴露於宇宙游離輻射的量也隨之增加。仍需進行更多的研究，以判斷患癌症風險的增加，究竟是工作還是其他生活方式因素所致。

第四節　傳染疾病

　　傳染性疾病可以從以下的途徑傳播：直接接觸到病患、血液、分泌物和汙染的表面或物體、吸入由空氣傳播的病毒和細菌、經由昆蟲

叮咬或動物咬傷⑯。雖然機艙內和醫院手術室一樣裝設高效能空氣粒子隔濾器，有效阻隔超過99.7%的細菌和較大的病毒粒子，且機艙內的乾燥環境並非細菌滋生的溫床，帶有細菌的飛沫會在乾燥的空氣中迅速蒸發㉘，故乘客之間透過空氣傳染疾病的可能性不大，但是如果與傳染源密切接觸則可能偶然被傳染。流行性感冒會在相鄰座位的乘客間相互傳播。如果飛機長時間在地面停留，並且在關閉通風系統的情況下可能會造成流感的大面積傳播。

　　而空服員因工作之故可能從罹病的旅客身上得到傳染性疾病，如開放性肺結核或嚴重急性呼吸道症候群（Severe Acute Respiratory Syndrome, SARS）等⑯，如2003年SARS流行期間，面對新興傳染疾病，航空旅遊業首當其衝，引發搭機恐懼症，航空公司如臨大敵不敢輕忽，嚴格管控疫情經由航班乘客運輸擴大傳染。在登機前，航站都設有體溫檢測等儀器，過濾疑似感染乘客上機。當時身處第一線的空服員亦全面戴上口罩服勤防疫的畫面，讓人印象深刻。SARS期間，我國衛生福利部疾病管制署發布——病人及接觸者處理。其中，針對飛機上有SARS病例之密切接觸者，即指同一班機病例前後各三排乘客及該班機服務此區域之空服員。

　　然空服員除因為服勤可能被傳染外，也可能散播疾病給其他健康乘客⑯。2015年疾病管制署公布第二例德國麻疹確定病例，為國籍航空一名女性空服員，因發燒、流鼻水、咳嗽及出疹等癥狀，隨即停飛。是故，基於旅途中在機艙內傳播傳染性呼吸疾病可能性，對空勤組員而言自主健康管理與疾病預防即顯重要⑯。

第五節　經濟艙症候群

所謂「經濟艙症候群」（economic class syndrome），一詞起源於坐飛機時在經濟艙裡長時間蜷縮雙腿、血液不循環，導致容易發生靜脈栓塞症狀。然經濟艙症候群，並非僅發生於經濟艙，其主因乃長時間以相同姿勢在狹窄空間所致。醫學正式名稱為「深度靜脈血栓」（Deep Venous Thrombosis, DVT），長時間坐在狹窄空間裡，當腿部長時間靜止不動，失去肌肉屈伸壓迫的血液就會在腿部淤積，在靜脈壁形成血塊，血塊從靜脈壁剝落，進入血液循環。若小血塊在循環過程中溶解，只會引發麻木腫脹，不致威脅生命，但若血塊凝聚到足夠大體積，致靜脈回流不順暢，出現血栓，嚴重甚至逆流到肺部成肺栓塞，可能猝死。

高空長途飛行，座位間距（pitch）狹窄，活動不便，許多乘客往往從起飛到抵達都不曾起身，再加上機艙內的乾燥環境，提高了血液濃度，更加劇血塊的形成，加重深度靜脈栓塞的嚴重性。且長途飛行中若服用了安眠藥而一直不活動，會導致血液流動速度減慢，加上喝水量的不足，這會引起脫水和凝血功能的改變，復加上高空中含氧量較地面低等因素，下肢靜脈就可能形成血栓，血栓最後脫落進入肺動脈，引起肺動脈栓塞[29]。另有其他因素也會增加乘客發生深度靜脈栓塞的機率，如曾罹患乳癌、大腸癌或攝護腺癌者，雖經過成功治療而痊癒，然他們的系統已不太一樣，這些人比較容易發生血塊。體重過重與年齡也是造成血栓危險因數之一[22]。

發生於2000年一位28歲女性搭機從澳洲飛到英國計20小時，下機後因為長途飛行且靜止不動造成深度靜脈栓塞，導致肺動脈栓塞而死亡，此事件當時引起國際媒體報導與重視。研究顯示長途飛行的乘客

有1/10會產生小血塊，這些血塊相當小，出現在腿部末端，絕大多數的血塊會溶解掉，不會造成任何癥狀或長期的問題。不過，有些乘客的血塊會持續變大，最後引發嚴重的問題。

因空中交通量增加、航行時間增長，於機場發生肺栓塞的案例有增高的趨勢，有76%的案例是12小時以上或更長的飛行時間有關，且以女性較為普遍[7][30]。日本醫科大學成田國際機場診療所調查統計，自1992年至2008年期間，抵達成田機場的旅客當中，因DVT死亡者共有30人，病情嚴重的有116人。這些罹患DVT，旅客平均年齡是57歲，飛行時間平均約11小時，飛行距離平均約9,000公里[31]。

綜上，發生DVT除了與機艙相關的風險因素有關，像客艙環境，如低氣壓、低溼度、相對性的缺氧和脫水及固定又狹窄的座位等；與乘客相關的風險因素，如肥胖、慢性病、年齡較長者等則發生深度靜脈血栓問題也相對升高[7]。

2001年3月世界衛生組織（WHO）匯集各相關單位召開會議，探討DVT，結果發現因缺乏科學資料，目前可用的證明不足以量化風險。除了在航程中多喝水、穿醫療緊襪、做一些腿部運動外，並無可作為特定預防的勸告。也許登機前的凝血因素檢查、防凝血藥劑、恰當食物的服用與使用，更是問題與預防之所在[7]。雖說如此，各航空公司已開始正視深度靜脈栓塞的問題，更針對如何降低風險，藉不同管道與方法提供乘客相關健康資訊。這些方法包括如下各項：

1. 在乘客的機票或電子機票提供健康忠告資訊（**表12-1**為中華航空與長榮航空網站上提供乘客相關健康資訊）。
2. 在機上雜誌或官方網站上提供教育資訊（**圖12-4**為長榮航空網頁資料）。建議乘客可於機上做適合的舒展活動，如轉動脖子、手臂伸展、膝蓋舉起、輕敲小腿按摩及轉動腳踝等。
3. 透過機上錄影短片示範有助促進血液循環的運動。

表12-1　搭機常見小症狀與預防方法

1.下降時若耳部及鼻竇感到不適時，可利用吞嚥、咀嚼或張口動作來協助氣體的流通。幼童則可以給他們喝飲料或讓嬰兒吃奶嘴，協助通氣、消除不適。
2.潛水後24小時內不建議搭乘飛機。
3.如果會暈機，可預訂機翼附近的座位。
4.機上飲食要清淡，多喝水及果汁；少喝酒精及含咖啡因飲料。
5.當低氧、酒精、低活動與睡眠等因素綜合在一起時，會讓剛睡醒的人在猛然站起時產生暈眩，建議旅客在睡醒起身前，先做些手臂及腿部運動。
6.客艙空氣品質遠高過一般辦公室與家庭標準；但身處在客艙內就有如一般公共場所有遭受感染的可能，所以患有傳染性疾病的人絕對不可搭機。
7.有需要請配戴一般眼鏡，不要戴隱形眼鏡。
8.建議使用皮膚保濕乳液。

圖12-4　長榮航空網站上建議搭機乘客做舒展運動以避免DVT

4.許多國際航空公司均已開始製作機上播放的錄影帶,教導一些機艙內做的簡單運動,避免靜脈血栓。如澳洲航空於2015年於國際航線上推出一套座椅上運動,幫助乘客預防深度靜脈血栓。澳航為全球首家全面推廣機上運動的航空公司。此4分鐘的機上體操係為久坐的人提供了伸展特定肌肉群的安全方法,可有效提升血液循環,讓肌肉得到放鬆。主要包括腿部、腳踝和頸部活動(**圖12-5**)。

5.中國大陸有部分航空公司於二小時(或二個半小時)以上的航班,於降落前由空服員帶領乘客做「放鬆操」,讓乘客在座位上進行伸展運動,緩解久坐不適以達放鬆之效。

圖12-5 澳洲航空——座椅上運動以避免DVT

資料來源:圖片擷取自YouTube澳洲航空影片。

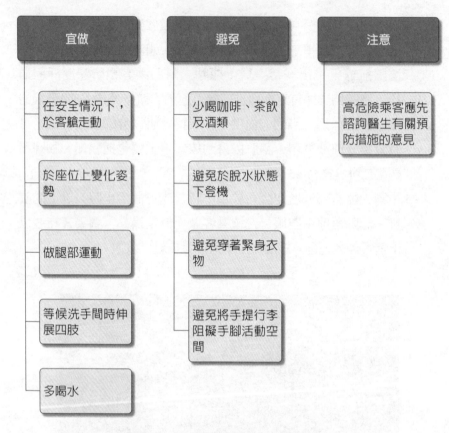

圖12-6　搭機乘客降低DVT風險方式

參考文獻

①溫德生（2005）。〈超長途直飛的醫學考量〉。《中華民國航空醫學暨科學期刊》，19(2)，131-134。

②Edwards, M. (1991). Occupational stress in the aircraft cabin. *Cabin Crew Safety, 26*(5), 1-6.

③DeHart R. L. (2003). Health issues of air travel. *Annual Review of Public Health, 24*, 133-51.

④〈民用飛機客艙舒適度漫談〉（2015年08月04日）。民航資源網。http://news.carnoc.com/list/320/320431.html

⑤Boyd, C., & Bain, P. (1998). Once I get you up there, where the air is rarified: Health, safety and the working conditions of airline cabin crews. *New Technology, Work and Employment, 13*(1), 16-28.

⑥〈長途飛行最好摘下隱形眼鏡〉（2014年03月02日）。民航資源網。http://www.macau-airport.com/mo/media-centre/news/news/11040

⑦詹曉雯（2003）。《飛行與航空醫學之新展望》。台北醫學大學公共衛生學研究所碩士論文。

⑧IATA-Airline Cabin Crew Training Course Textbook.

⑨曹元亨（2010）。〈搭機旅行的耳鼻喉科問題〉。《航空醫學暨科學期刊》，24(1)，59-65。

⑩吳佩俞譯（2012），秋本俊二著。《波音787完整解說》。台北：晨星出版社。

⑪中文百科在線-波音787。http://www.zwbk.org/zh-tw/Lemma_Show/104772.aspx

⑫〈調時差…東飛比西飛更痛苦〉（2014年01月20日）。《聯合報》。

⑬黃德春譯（2013）。〈為了安全飛行，應有高品質的休息和睡眠〉。《飛行安全冬季刊》，第75期。中華民國台灣飛行安全基金會。

⑭吳明蒼、洪信嘉、萬光滿、林佩蓁、陳秋蓉（2006）。〈輪班對客艙組員身心健康之影響〉。2006民航學會與國籍航空飛安年會聯合年會。

⑮潘震澤（2002）。〈生命的韻律〉。《科學人雜誌》，第9期（2002年11月號）。

⑯何緯哲、林怡妏、吳秉倫（2015）。〈雲端的美麗與哀愁：談飛行機組員健康〉。《旅遊醫學通訊》，第25期（2015年6月號）。

⑰〈生活節奏失調 小心引發重症〉（2010年12月16日）。《大紀元時報》。http://www.epochtimes.com/b5/10/12/17/n3115337.htm

⑱Bjerklie, D. (2003). How Sleep Can Battle Cancer. *Time*, Oct. 13, 2003.

⑲黃瓊仙譯（2012），秋本俊二著。《空中巴士A380完整解說》。台北：晨星出版社。

⑳Bachman, J. (2015). Airlines Add Mood Lighting to Chill Passengers Out. http://www.bloomberg.com/news/articles/2015-04-22/airlines-add-mood-lighting-to-chill-passengers-out(April 22, 2015)

㉑〈科學家教你倒時差〉（2013年6月24日）。《華爾街日報中文網》。http://cn.wsj.com/gb/20130624/hea072638.asp

㉒《長途飛行健康談》（*Health in the Air*）DVD。協和國際多媒體出版。

㉓IATA-SkyZen App Helps Passengers Improve the Quality of their Flying Experience. https://www.iata.org/pressroom/pr/Pages/2015-06-09-03.aspx

㉔楊啓賢、蔡忠融（2015）。〈高風險行業女性勞工工作環境暴露因子與主要罹癌風險評估〉。勞動部勞動及職業安全衛生研究所研究計畫報告，台北。

㉕〈勞動部：全台800萬勞工 致癌率27%〉（2014年09月23日）。公視新聞網。http://web.pts.org.tw/php/news/pts_news/detail.php?NEENO=279847

㉖有關媒體報導「長期暴露於宇宙輻射 易增加致癌風險」之說明。行政院原子能委員會。http://www.aec.gov.tw/newsdetail/headline/3182.html23

㉗FAA. CARI-6M: Radiobiology Research Team. https://www.faa.gov/data_research/research/med_humanfacs/aeromedical/radiobiology/cari6m/download/

㉘國泰航空公司。I Can Fly Programme-Online Initiatives General Aviation Knowledge (May. 26, 2003). http://downloads.cathaypacific.com/cx/icanfly/misc/icanfly_gak_chi.pdf

㉙〈乘機提醒：長時間搭乘飛機千萬別服安眠藥〉（2014年3月5日）。民航資源網。http://www.macau-airport.com/cn/media-centre/news/news/11061

㉚Clerel, M., & Caillard, G. (1998). Thromboembolic syndrome from prolonged sitting and flights of long duration: experience of the Emergency Medical Service of the Paris Airports. *Bulletin de l' Academie nationale de medecine, 183*(5), 985-97.

㉛〈成田機場15年來30人死於經濟艙症候群〉（2008年07月29日）。《大紀元時報》。http://www.epochtimes.com/b5/8/7/29/n2209034.htm

第十三章

客艙內空氣對乘員
健康影響

- 機艙裡的空氣有毒嗎？
- 機艙毒氣症
- 客艙內噴灑殺蟲劑
- 使用殺蟲劑的爭議

前　言

　　一踏進飛機客艙中，一股獨特的氣味就會撲面而來①。在機艙內的並不是新鮮空氣，幾乎所有飛行中的機艙裡，充滿的都是循環空氣與發動機吸入的外部空氣的混合氣體②。同時，飛機上也有各種材料，這些材料也會散發出氣味。就像汽車一樣，這些材料會逐漸老化，亦即新飛機會有新飛機的氣味，而舊飛機則恐會有噁心的氣味②。

　　長期以來客艙乘員（空服員及乘客）一直抱怨搭機過程及飛行後，對健康的影響（有急性也有慢性），輕則表示眼睛乾澀、鼻子不適或是感冒搭機後更不舒服，然有些乘員則較爲嚴重。如美國空服員協會（Association of Flight Attendants, AFA）表示，空服員會有呼吸系統疾病、噁心、頭暈、肌肉震顫、神經系統損傷，甚至記憶喪失等不適狀況③。由於空服員長期在飛機上工作，呼吸的空氣可能會使他們生病。空服員協會安全與健康主任更直指：「這是一個長期以來被忽視的公衆健康問題。」④

　　由於現在所有航班已經禁止吸菸，因此近年來，投訴逐漸轉向其他的機艙內空氣品質問題，諸如濕度低、空氣不流通以及機艙空氣循環可能引起的疾病傳染等。除了前述提到組員有頭痛、噁心和平衡方面等健康問題外，另外關於機艙空氣品質是否影響生育的研究也在進行中④。故機艙內空氣品質良窳與否，就空服員及民航組織而言，已成爲一個重要關注議題⑤。在另一項研究也提出，今後調查重點，應包括機艙空氣所產生的神經毒性化學物質（neurotoxin oil-based chemicals）、缺氧、過度暴露於起飛前及飛行中殺蟲劑產品應用過程等暴露程度之風險⑥。

第一節　機艙裡的空氣有毒嗎？

　　大多數飛機客艙都安裝了常用於醫院手術室的高效微粒空氣濾清器（High Efficiency Particulate Air filter, HEPA filter），可有效地去除空氣中的多種汙染成分，包括細菌、病毒和眞菌；HEPA空氣濾清器對3微米以上顆粒物的滅菌率可達到99.97%①。儘管航空公司一向宣稱機艙內空氣以每小時20～30次的頻率更新，且機艙內通風設計符合標準，確保客艙空氣不受有害氣體或煙霧或危害健康的濃縮物所影響，故機艙內空氣乾淨且對人體無害⑦。

　　我國勞委會曾委託學者針對大眾運輸工具空氣品質調查，結果顯示，在國內航線飛機平飛此段期間，細菌及眞菌濃度平均值皆低於建議值，但在其他四個時段（乘客登機前、乘客登機時、乘客離機時、乘客離機後地勤人員清艙時）之生物氣膠濃度，特別是細菌濃度會超過建議值⑧。此外，中國大陸清華大學研究團隊根據一百三十個國內及國際線航班，透過測量揮發性有機物（Volatile Organic Compounds, VOC）及二氧化碳（CO_2）等含量以瞭解飛機客艙中的空氣品質。研究顯示，在類似機艙的高密度環境中，人類呼吸、皮膚新陳代謝，產生臭氧反應和活動，可能是主要汙染物來源。然而現代飛機客艙的汙染物水平與室內環境相比，VOC水平亦頗低，而CO_2水平與有良好通風系統的大樓相比，相差亦不大，故「有關汙染物水平對乘客只會造成輕微，甚至無任何不適」⑨。

　　然而根據2015年Flightglobal報導指出，過去六十年來對商用飛機上客艙和駕駛艙的空氣品質的爭議一直從未間斷。如2015年歐洲航空安全局（European Aviation Safety Agency, EASA）即委託德國夫琅和費研究所和漢諾威醫學院開始進行機艙空氣品質調查。

在一項針對機艙內空氣品質檢查指出，除冰用的化學液體滲入空調系統、發動機排出的煙霧和其他的汙染，都可能影響機上人員的健康。如**表13-1**所示，列出航機正常運行下可能產生的暴露源以及當航機意外事件下可能產生的暴露源⑩。雖然飛機上實施禁菸可能減少些職業暴露的風險，然而對危險暴露許多問題依然存在。最重要的是，目前並無針對空服員工作中暴露於機內如空氣品質、噪音量和輻射水平等數據監控⑦。

表13-1　航機正常運行及意外事件下可能產生的暴露源

飛機正常運行下可能產生的暴露源	飛機意外事件下產生的暴露源
✓臭氧 ✓二氧化碳 ✓溫度 ✓相對濕度 ✓機艙內材料或清潔用品所揮發氣體 ✓生物體排放物 ✓個人護理產品 ✓過敏原 ✓感染或發炎者 ✓機場環境空氣 ✓客艙壓力／氧分壓 ✓殺蟲劑	✓一氧化碳 ✓因發動機油，液壓系統液體，及除冰液體和它們的燃燒產物所產生煙燻、霧滴、黑煙及蒸氣等汙染物。

資料來源：本表摘譯自Council, R. (2002). The Airliner Cabin Environment and the Health of Passengers and Crew.

第二節　機艙毒氣症

客艙空氣主要從飛機引擎的空氣壓縮機，將外部空氣從壓縮機加壓後經過冷卻和高度過濾的再循環空氣相混和，進入輸氣管道。空氣在機艙裡流通後經地板排出機外。此種從發動機壓縮抽取的空氣被稱

為「引氣」（bleed air）。空勤組員們已經進行過許多次集體訴訟，稱機艙空氣中的有毒物質會導致各種健康問題，包括嚴重的腦部疾病。這些症狀被統稱為「機艙毒氣症候群」（aerotoxic syndrome）。許多年來，專家都警告過飛機故障可能導致所謂的「進煙現象」（fume events），即引氣被有毒化學品所汙染。比如，有問題的密封口可能會讓液壓機液體、發動機油或其他有毒化合物進入引氣。接觸這些煙霧可能會引起機艙毒氣症候群，症狀與早期帕金森氏症或多發性硬化症相似②。

　　機艙毒氣症候群，乃因機艙空氣受汙染，由於客機在高空飛行時，外面空氣寒冷且稀薄，若要將外面空氣抽入機艙，乘客會難以忍受，故客機會抽取飛機引擎壓縮空氣進入機艙（**圖13-1**），但這些空氣常被機械和潤滑油磨擦時產生的有毒霧體汙染，或混入鎳及鎘等重金屬微粒，過量吸入會引起神經性症狀。如前所述，大部分的現代商業客機內約一半的機艙空氣都是從引擎吸入再於機艙內循環此供給空氣

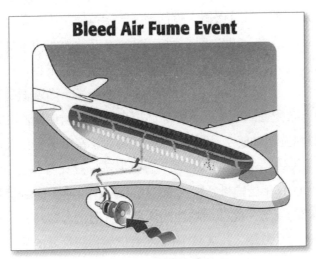

圖13-1　機艙進煙現象圖示

資料來源：圖片取自brodkowitzlaw.com。

的方法，乃可能讓乘員暴露在危險的毒氣當中。不過，由於引氣被有毒化學品汙染的「進煙現象」不常發生，因此受其影響最大的是機組人員，而非乘客②。

據英國媒體報導，有飛行員表示自己患有機艙毒氣症候群，症狀爲長期疲倦與失憶。認爲機艙空氣有毒者稱，潛在有毒氣體可以透過引擎滲漏進入機艙，其中包括TCP，即一種磷酸酯，若吸入過多，對健康構成嚴重傷害。如英國航空公司副機師Richard Westgate死於「機艙毒氣症候群」。英國官方指他的身體確實出現長期暴露於航機空氣中有機磷酸酯（organophosphate）的症狀，確認他死於機艙毒氣症候群。其過世前有嚴重頭痛、精神錯亂、眼疾和失眠。報告也指出機艙空氣中存有機磷酸酯，長期暴露會損害健康，機組人員更有可能因此死亡。

除了飛行員外，根據英國BBC報導17名現職及前空服員正計畫對英國航空公司採取法律行動，表示他們被受汙染的機艙空氣毒害。一位英航前空服員因受機艙毒氣症候群困擾逾十年，她於1996年首次受機艙毒氣影響，當時機組人員都因呼吸困難送院，自此她便長期咳嗽，健康日漸轉差，2008年感全身神經痛，其後確診患上機艙毒氣症候群並永久喪失工作能力。她亦成立關注團體，促業界正視此問題。此外，一位在機上服務超過十五年的英國空服員，則疑似長久待在機艙內，吸入太多受到汙染的氣體，亦罹患機艙毒氣症候群⑪。在美國2015年6月阿拉斯加航空公司的4名空服員對波音公司提出控訴，稱飛機進煙現象導致其中3人出現震顫、神經系統以及記憶力受損問題②。同樣地，於2016年德國哥廷根大學（University of Göttingen）最新研究發現，機艙的空氣可能被機艙內的揮發性有機化合物汙染，乘客和空服員可能會受此影響。在檢驗了140名有機艙毒氣症狀的病人，當中大部分是空服員，結果在他們的血液樣本內，發現在日常消費品中被禁用的有機磷酸脂以及揮發性有機化合物⑫。

更好的機艙空氣品質——波音787

　　相較於飛機傳統的空調系統從發動機引氣，波音787飛機的空調系統採取非引氣技術，透過飛機腹部的通道吸入外部大氣，然後再通過電動壓氣機壓縮後，進入熱交換器和渦輪，調節空氣的溫度和壓力。此法從根本上消除了燃油帶來的潛在汙染①。

　　儘管波音公司針對指控回應，客艙空氣是安全的。且研究一再指出，客艙空氣符合衛生和安全標準且受汙染程度相當低⑫。然而，從近年多起機艙中毒的事例，確實已喚起民航業界的警惕，經調查證實汙染物來自發動機外洩的燃油，以及空調系統的有毒物質，它們的蒸氣一旦出現在駕駛艙內，就會引起人體皮膚和呼吸道的不適症狀，嚴重者甚至會導致神經官能的異常和疲倦感⑬。因此，機艙內是否有系統持續監控以確保空氣品質，確為值得關切的重點。

第三節　客艙內噴灑殺蟲劑[1]

一、殺蟲劑影響

　　2013年澳洲航空（以下簡稱澳航）一名男性空服員，稱因政府規定須在機艙噴灑殺蟲劑滅蟲（disinsection），令他長期吸入化學劑，

---

[1]本章第三節及第四節部分內容，作者曾以〈論客艙殺蟲劑對空服員健康的影響〉，發表於2014年《勞工安全衛生管理期刊》第33期⑫。

導致患上帕金森氏症，要求賠償。52歲的他在澳航任職二十七年，被診斷出早期帕金森氏症，並發現腦部有一惡性腫瘤，被迫辭職。由於他的家族未有帕金森氏症病史，而求診時神經科醫生曾透露已為許多空服員診治，令其質疑罹病與客艙內噴灑殺蟲劑有關。該空服員說，他於長程航線服務十七年，澳洲政府規定客機在載客前須於客艙內噴灑殺蟲劑，但機組人員並無任何保護措施，亦未獲警告患病風險，被迫在密閉空間中不斷吸入化學劑，故懷疑殺蟲劑是致病原因，考慮聯合其他4名有此症狀的同事控告澳洲政府。報導指出，澳洲政府為防止黃熱病及瘧疾等由蚊子傳播的病毒，依照世界衛生組織（WHO）1920年代開始實施的規定，強制在航機內噴殺蟲劑⑮。

飛機滅蟲係指在機艙內以殺蟲劑除蟲，以避免蟲媒透過飛機運輸傳播，造成對人類健康、動植物和農業威脅。航空公司須配合執行此程序，以符合一些國家的檢疫規定⑯。針對澳航前空服員控訴事件，澳洲衛生部強調滅蟲程序依照世界衛生組織規定，採用的除蟲產品均由國內外監管機構評定為安全，並無證據顯示機組人員按指示噴藥會對人體有害⑮。

儘管如此，不僅澳航空服員對澳洲政府提告興訟外，過去有關航空機組員及乘客受客艙化學殺蟲劑影響不適的案例迭有所聞，航機噴灑殺蟲劑對乘員的影響亦愈來愈受到關注。而空服員因勤務與工作環境，相對受客艙化學殺蟲劑潛在影響更甚一般乘客，故本節就現行航機除蟲規範及作業方式加以說明，另綜整有關化學殺蟲劑的爭議、國際間因殺蟲劑對乘員健康影響之相關案例，最後探討對空服員的保護，並參考國際間研究報告，希望降低化學殺蟲劑對空服員的影響，並提升空服員工作安全及健康保障。

二、需噴灑殺蟲劑的航班

　　許多國家要求飛機入境前滅蟲，以免透過昆蟲傳染的疾病（如瘧疾和黃熱病）孳生散播。過去曾發生本無瘧疾的國家，但在機場附近工作者卻染上瘧疾，此被認為是瘧蚊透過飛機運送傳播所致。有些國家，如澳洲和紐西蘭，定期進行除蟲，以防止無意引進的物種，可能會對他們的農業造成損害。滅蟲是世界衛生組織藉由國際衛生條例所規定的公共衛生措施[17]，如果不進行除蟲，世界衛生組織認為，航空公司可能引入蚊種，以及將瘧疾等疾病帶入其他國家，且若拒絕實施飛機除蟲可以拒絕乘員下機[18]。

　　根據美國運輸部資料，目前共有十六個國家全面要求入境航空公司執行滅蟲；有六個國家則採視航班來自區域選擇性的實行航機滅蟲[19]。各國施行的要求及方式整理如**表13-2**。其他國家則視是否對該國公共衛生、環境及農業等影響而保留實施航機滅蟲的規定。例如入境台灣的航班並未在執行滅蟲規定之列，然因自2006年以來，印度陸續傳出登革熱、屈公病及日本腦炎等藉由病媒蚊傳播之傳染病發生，為防範病媒蚊藉由航機入侵國內，故我國規範由印度啟航之航機，航空公司應執行噴藥滅蟲措施[20]。針對入境航班實施滅蟲，各國規範有所不同，基本上可分三種，第一種例如古巴、印度、烏拉圭等國要求需於乘客在機上時施行以煙霧罐（aerosolized spray）方式噴藥滅蟲；第二種如澳洲、紐西蘭、斐濟等國家雖亦要求入境航班需實施除蟲，但可採乘客未登機前於客艙內施以殘效性殺蟲劑（residual）或以噴灑殺蟲劑（spray）方式滅蟲；第三種如捷克、法國、瑞士等國則視入境航班是否來自有傳染病國家（地區），如捷克針對從傳染病地區來的航班；法國則要求來自瘧疾、黃熱病和登革熱等地區實施；英國則要求來自熱帶非洲國家需實施航機滅蟲[19]。

表13-2 需要實施航機滅蟲國家

	實施國家	規定	滅蟲方式
1	古巴、厄瓜多、格林納達、印度、吉里巴斯、馬達加斯加、千里達及托巴哥、烏拉圭、塞席爾	(1)所有入境航班 (2)乘客需在飛機上	煙霧罐（aerosolized spray）
2	澳洲、紐西蘭、斐濟、巴拿馬、牙買加、巴貝多、庫克群島	(1)所有入境航班 (2)乘客不需在飛機上	殘效性（residual method）或煙霧罐
3	捷克、南非、法國、印尼、英國、模里西斯	視入境航班是否來自有傳染病國家／地區	

三、航機滅蟲作業方式

除了依照各國檢疫規定實施航機滅蟲與否外，滅蟲作業方式也有不同。茲以加拿大交通部的建議通告（Advisory Circular）羅列出目前航空業消毒滅蟲的五種使用方法（可採單獨或合併實施）㉑。

1.Blocks away（阻擋法）：乘客登機且關上艙門後，於航機起飛前實施。由空服員手持殺蟲劑噴罐，行走於客艙噴灑。

2.Top-of-descent（下降前）：類似阻擋法，但於航機準備下降前實施噴灑（如圖13-2、圖13-3）。

3.On arrival（抵達時）：類似阻擋法，但於航機降落後滑向停機坪時或於乘客下機前實施噴灑。

4.Pre-embarkation（登機前）：約於乘客登機前一小時，由空服員手持殺蟲劑噴罐，行走於客艙噴灑。

5.Residual（殘效法）：在飛機的客艙內部表面（但不包括食品準備區）以殘效性殺蟲劑定期噴灑。噴灑消毒後可維持大約八週的效果。

圖13-2　機上用殺蟲劑

圖13-3　空服員於降落前行進
行客艙噴灑殺蟲劑

　　以國籍航空為例，當依各國檢疫規定執行航機滅蟲作業。若入境前述第一種類型國家，如從台灣飛至印度為例，在登機前即由空服員持煙霧罐殺蟲劑於客艙噴灑；另外於班機降落印度各機場前，空服員需另手持煙霧罐殺蟲劑於客艙噴灑。噴灑完的空罐應於班機落地後由該班機的座艙長交予地勤以確認完成除蟲作業。若為第二種類型國家，如由台灣出發至澳洲航班，採乘客未登機前的滅蟲作業，故航空公司可於出發前由地面工作人員進行殘效性除蟲，並填具「殘效性除蟲證明書」（Residual Disinsection Certificate）㉒；或是由空服員執行起飛前以手持煙霧罐殺蟲劑於客艙（包含地面、廁所、置物櫃）噴灑及地勤人員執行起飛前貨艙噴灑殺蟲劑作業，並將用畢的殺蟲劑空罐序號登載於「登機前除蟲證明書」（Pre-embarkation Disinsection Certificate）㉒，落地後由座艙長繳交確認。

　　噴灑殺蟲劑的數量依照機型有所不同。根據世界衛生組織建議之使用量為每100m³噴灑35公克特定濃度之殺蟲劑⑳。殺蟲劑種類有效

成分（active ingredients）為2%permethrin（氯菊酯）或2%d-phenothrin
（右旋苯醚菊酯）或2%d-phenothrin+2%permethrin（2%右旋苯醚菊酯
+2%氯菊酯）。

　　於航機實施噴灑作業前，空服員必須告知乘客，提醒他們若有
需要可以稍加覆蓋眼睛和鼻子[18]。即使有些報導指出乘員對飛機滅蟲
後感到不適。然而，世界衛生組織聲稱，航機殺蟲劑乃「無毒性危
害」，對乘客及機組人員是安全的[18]，且沒有發現任何證據表明指定
的殺蟲噴霧劑對人體健康有害[17]。同樣地，美國疾病控制與預防中心
（CDC）亦表示，雖有乘客和機組人員報告對航機殺蟲劑所引起的反
應，如皮疹、呼吸道刺激、眼睛有灼熱感及嘴脣麻木等，但是並沒有
數據支持這兩者的因果關係[18]。即便如此，對於殺蟲劑實施單位及方
法的安全性一直是備受爭議[23]。

第四節　使用殺蟲劑的爭議

　　隨著國際間航班返往密集、搭機人次增多，現行為防疫所實施的
航機客艙噴灑消毒殺蟲劑議題，愈來愈受到關切。如美國疾病控制與
預防中心（CDC）公布的2014年旅遊黃皮書指出，飛機降落某些地區
需要在客艙噴殺蟲劑滅除蟲的議題亦在關切之列[24]。

　　即便滅蟲並非每個航班實施，且世界衛生組織宣稱正確的使用殺
蟲劑是安全的[23]。但迭有乘員抱怨不適，抱怨的範圍從頭暈到皮疹，
甚至更嚴重的疾病，如震顫和呼吸困難等[25]。醫學研究發現帕金森氏
症和其他運動神經元疾病與殺蟲劑有關聯，此論點也獲得科學界確認
[15]。帕金森氏症為慢性神經系統疾病，患者會出現運動障礙、喪失說
話能力等癥狀。有研究指出，殺蟲劑內的化學物質如permethrin（氯菊
酯）等，會損害腦部生產神經傳導物質多巴胺的細胞[15]。

一、噴灑殺蟲劑對飛機乘員的影響

除了2013年澳航該男性空服員懷疑其患病與機上殺蟲劑的關聯外。據2001年《今日美國報》（*USA Today*）專文報導，一乘客稱搭美國聯合航空公司自澳州雪梨的航班上即感到眼睛有灼熱及胃痛，且疼痛難以忍受；和她同行的13歲和14歲兩個孫子，亦抱怨皮膚灼熱、眼睛發癢及食慾不振。機上一名空服員曾向她表示，過去也發生乘客有類似不適症狀。空服員們認為造成乘客不舒適的原因乃長期以來登機前於機艙內部噴灑殺蟲劑所導致。此外，一名女性空服員聲稱，因受客艙殺蟲劑影響，在國際航線飛行六年後導致她在32歲那年無法繼續工作。經過六位醫生獨立診斷乃因為接觸殺蟲劑所引起，使她必須一直依賴氧氣瓶以輔助呼吸，且亦喪失了短期記憶和注意力。而另一位美國聯合航空飛行員，於公司內部事件報告中，陳述執行從澳洲飛行的航班亦因殺蟲劑致影響其飛行能力。報導引述該飛行員說法：「飛行中輪休醒來後覺得眼灼熱感，其他的飛行員也表示他們有同樣的不適症狀。他感到頭部壅塞感、眼灼熱、喉嚨痛及脖子兩側有皮疹，飛行航程中亦有鼻竇腫及吞嚥與呼吸困難等症狀。飛行中甚至有犯下錯誤及受到短期記憶喪失和混亂的影響。」㉕

美國空服員協會（AFA）自90年代初即開始記錄協會成員因為殺蟲劑衍生的相關疾病。該空服員協會在2000年就收到某一航空公司230份組員健康的報告，組員舉報的症狀像是鼻竇問題、眼睛腫脹發癢、咳嗽、呼吸困難、皮疹、頭痛和疲勞等，更嚴重的如神經系統和免疫系統受到損害⑱。

美國加州健康與人類服務局（California Health and Human Services Agency）在2003年就空服員因殺蟲劑引起的職業病一份調查報告㉖，亦詳列在2000年8月至2001年8月間，有17位空服員陳述因航班殺蟲劑

所引起相關的事件。結果顯示共有12位空服員符合因滅蟲工作關聯引起病例的定義。空服員最常見的症狀包含呼吸、神經系統、皮膚病、眼睛、心血管及胃腸道等疾病。報告中也指出殘效性滅蟲對空服員所造成的危害。空服員因暴露在施行殘效性滅蟲劑的客艙環境導致疾病發生，且由於實施的條件（在密閉空間使用殺蟲劑），造成殘效性滅蟲對人體健康的危害。

二、空服員保障不足

雖然世界衛生組織認為，按照製造商的指導使用化學殺蟲劑對人是無害的，但是，一些國家確曾發生殺蟲劑可能引起的不適，以及對健康可能有不利影響的關切。國際運輸勞工聯盟（International Transport Workers' Federation, ITF）對航空器客艙和駕駛艙噴灑殺蟲劑，多次表示衛生與安全關切，並指出目前對接觸風險的問題幾乎沒有任何監管，亦尚未制定監測或控制接觸風險的標準。且客艙機組員與乘客不同，他們在要求滅蟲的特定國際航線工作，可能面臨反覆接觸的風險。再者，殺蟲劑可能被不當使用，導致高於正常濃度的接觸風險。且通常未提供防護器具給執行噴灑消毒滅蟲的客艙組員[27]。澳洲運輸勞工工會（Australia's Transport Workers' Union, TWU）亦表示，倘若因消毒殺蟲劑與健康有所關聯，將考慮代表全國的航空業從業人員提出集體訴訟，並呼籲其他有類似狀況者挺身而出。報導中引述工會秘書說法：「想像每天在家中的一個小房間裡噴灑殺蟲劑且在房間內待上一整天工作的感受」，「但對擔任機組人員或清潔人員則別無選擇，他們工作時也吸入這些化學物質到肺部」[15]。

在現行殘效性滅蟲程序中，空服員置身在一個工業衛生措施很有限的環境中，且實施滅蟲後的飛機通風程序及行政措施並未能有效減少空服員暴露可能。相較於一般人，空服員對殺蟲劑有更高的暴露風

險，加上職務之故，他們無法離開客艙環境且即時就醫求診㉖。另根據世界衛生組織指引，航機須在完全空機、返回停機棚後才可消毒除蟲，且相關人員需穿上保護裝備，但實際上空服員未受到相關的保護⑮。

三、建議與改善

航機使用殺蟲劑滅蟲的議題愈來愈受到重視，IATA網站上即對機組員及乘客的健康與安全揭櫫如下：在航空運輸業，凡涉及乘客或空勤組員健康問題乃至關重要，從航班運行、客運及貨運等許多運輸活動中含各式多樣的議題，如執勤時間限制、傳染病的傳播，以及滅蟲事宜等㉘。此外，ICAO大會第35屆會議即由美國提出有鑑於使用殺蟲劑滅蟲可能引起對機組員和乘客健康產生有害影響的問題，倡議研究採用替代辦法實施航空器滅蟲㉙。並於第38屆會議中對於國際航班的航空器客艙和駕駛艙研議以非化學滅蟲進行討論，研擬以空氣簾幕和網狀物方式代替現有的殺蟲劑，以減少殺蟲劑對乘員的影響㉚。

雖然在非化學滅蟲方式落實前，仍須根據世界衛生組織要求繼續使用化學殺蟲劑㉚，但為能改善航機滅蟲對所有乘員健康的影響，特別是在客艙工作的空服員，茲分就政府機關、航空公司及機組人員提出建議及改善對策。

就政府機關而言，我國民航主管機關（如民航局）當與職業安全衛生署合作共同為空服員職業安全把關。在美國，空服員的安全議題一直由FAA所負責，然2013年始已立法由美國職業安全衛生署（Occupational Safety and Health Administration, OSHA）與FAA共同攜手㉛。據美國新的聯邦政策，美國職業安全衛生署針對空服員接觸相關的危險化學品、暴露於血源性病原體和聽力保護等議題擁有監督權。此外，衛生機構（如衛生福利部）當進行研究，為杜絕飛機客艙病媒，提出一種可持續性、無毒的非化學滅蟲替代方法。

　　針對航空運輸業者部分，茲參考美國加州健康與人類服務局2003年調查報告並提出建議如下：(1)對所有潛在接觸航空器施行殺蟲劑作業者宣導教育；(2)飛機施行滅蟲後管制進入機艙出入口；(3)落實執行施行滅蟲後通風程序；(4)相關機構對噴灑殺蟲劑質量控制措施；(5)停止在機上組員休息區噴灑殺蟲劑；(6)事先告知乘客哪些航班將噴灑殺蟲劑及具有潛在的健康風險；(7)排定需要實施滅蟲的航機以儘量減少飛機被噴灑殺蟲劑；(8)主動負起對於接觸航機滅蟲的工作人員及乘客相關疾病的監測作業㉖。

　　最後，針對機組員部分，執勤班表應當儘量避免集中某些需執行航機除蟲的航班（如紐西蘭、澳洲及印度等），以減少暴露接觸殺蟲劑的機會；落實良好的習慣，執行噴灑後以肥皂洗手；飛行後如有不適症狀，應通報並就醫。

參考文獻

①〈民用飛機客艙舒適度漫談〉（2015年08月04日）。民航資源網。http://news.carnoc.com/list/320/320431.html

②〈飛機機艙內的特殊味道，到底是些啥？〉（2015年06月29日）。科學人。http://www.guokr.com/article/440451/

③United States General Accounting Office Aviation safety: more research needed on the effects of air quality on airliner cabin occupants. January 2004, Washington, DC, USA. http://www.gao.gov/new.items/d0454.pdf

④〈客機機艙內空氣汙染會危害健康〉（2001年04月08日）。http://www.100md.comhttp://news.carnoc.com/list/320/320431.html

⑤Boyd, C., & Bain, P. (1998). Once I get you up there, where the air is rarified: Health, safety and the working conditions of airline cabin crews. *New Technology, Work and Employment, 13*(1), 16-28.

⑥McNeely, E., Gale, S., Tager, I., Kincl, L., Bradley, J., Coull, B., & Hecker, S. (2014). The self-reported health of US flight attendants compared to the general population. *Environmental Health, 13*(1), 13.

⑦國泰航空公司。I Can Fly Programme-Online Initiatives General Aviation Knowledge (May. 26, 2003).

⑧林文海、黃彬芳（2008）。《大眾運輸工具之生物氣膠特性暴露調查IOSH96-H101》。勞工安全衛生研究所出版。

⑨〈機艙空氣汙染 女性釋VOC較多〉（2014年07月13日）。《香港文匯報》。paper.wehweipo.com

⑩Council, R. (2002). The Airliner Cabin Environment and the Health of Passengers and Crew.

⑪飛機空氣有毒？吸入機艙有毒空氣 空服員告英國航空（2015年06月10日）。https://www.youtube.com/watch?v=juSXd3P2fvc

⑫〈機艙內空氣汙染 恐危及乘客和空服員性命〉（2016年02月17日）。《中時電子報》。

⑬Lawsuit Alaska Airlines Flight Attendants Sickened By Toxic Cabin Fumes on Boeing Jet.(Jun.24, 2015). Fox News. http://insider.foxnews.com/2015/06/24/lawsuit-alaska-airlines-flight-attendants-sickened-toxic-cabin-fumes-boeing-jet

⑭溫德生（2005）。〈超長途直飛的醫學考量〉。《中華民國航空醫學暨科學期刊》，19(2)，131-134。

⑮Air Steward Sues Qantas Over Insect Spray.(Dec. 09, 2013). http://news.sky.com/story/1179762/air-steward-sues-quatas-over-insect-spray

⑯California Department of Health Service. Occupational Illness among Flight Attendant due to Aircraft Disinsection. http://www.cdph.ca.gov/programs/ohsep/documents/disinsection.pdf

⑰WHO. International travel and health-Aircraft disinsection. http://www.who.int/ith/mode_of_travel/aircraft_disinsection/en/

⑱Enderby, F. (2009). Coffee, tea, or...Disinsection? *Canada's Natural Health & Wellness Magazine, 325*, 90.

⑲DOT. Aircraft Disinsection Requirements. http://www.dot.gov/office-policy/aviation-policy/aircraft- disinsection-requirements(accessed Apr. 05, 2014)

⑳衛生福利部疾病管制署。自印度啓航之航機應執行噴藥滅蟲措施。http://www.cdc.gov.tw/professional/info.aspx?treeid=10e4730dbc2eb10f&nowtreeid=43dec6f37c2d31d1&tid=C737AB69614F6D39

㉑Transport Canada. Advisory Circular: Disinsection On Board Aircraft. Available at: http://www.tc.gc.ca/media/documents/ca-opssvs/lta-002.pdf

㉒Schedule of Aircraft Disinsection Procedures for Flights into Australia and New Zealand. http://www.daff.gov.au/__data/assets/pdf_file/0005/111992/aircraft-disinsection-v3.2.pdf

㉓Fairclough, I. (Jan. 31, 2014). In-flight spray bugs traveler. http://thechronicleherald.ca/novascotia/1183571-in-flight-spray-bugs-traveller

㉔CDC. Yellow Book- Chapter 6 Conveyance & Transportation Issues. Available at: http://wwwnc.cdc.gov/travel/yellowbook/2014/chapter-6- conveyance-and-transportation-issues/air-travel

㉕Woodyard, C. (Sep. 10, 2001). Fliers fume over planes treated with pesticides. *USA TODAY*. http://usatoday30.usatoday.com/travel/news/2004-11-29-pesticides_x.htm

㉖California Department of Health Service. Occupational Illness among Flight Attendant due to Aircraft Disinsection. http://www.cdph.ca.gov/programs/ohsep/documents/disinsection.pdf

㉗ICAO.大會第37屆會議技術委員會　工作文件。http://www.icao.int/Meetings/AMC/Assembly37/Working%20Papers%20by%20Number/wp059_zh.pdf

㉘IATA. Health and Safety for Passenger and Crew. http://www.iata.org/whatwedo/safety/health/Pages/index.aspx

㉙ICAO.大會第35屆會議執行委員會　使用非化學方法對航空器滅蟲。http://www.icao.int/Meetings/AMC/MA/Assembly%2035th%20Session/wp209_zh.pdf

㉚ICAO.大會第38屆會議技術委員會議議程項目35、36、37和38的報告。http://www.icao.int/Meetings/a38/Documents/WP/wp413_zh.pdf

㉛Grady, M. OSHA to Oversee Cabin Crew Safety. AVweb. 2013; 20:07.

㉜萬光滿（2014）。〈論客艙殺蟲劑對空服員健康的影響〉。《勞工安全衛生管理期刊》，33，12-18。

第十四章

客艙組員身心健康
議題

- 想像差很大？
- 空服員工作與健康
- 降低空服員職業傷害之對策與建議
- 心理健康
- 情緒勞務負荷
- 性騷擾
- 增進空服員身心健康之對策與建議

前 言

　　2015年美國一媒體網站（Business Insider）根據美國勞工部職業資訊網資料分析，從健康風險評估出27種最不健康職業，其中空服員高居第二名。原因主要在於接觸汙染物可能性、暴露於疾病和感染風險，以及有燙傷、割傷、咬傷、螫傷等危險因素①。空服員職業不僅對身體健康有影響，其壓力也不小。空服員工作特性，特別是國際航線空服員，依照每月公司所排定班表服勤出任務，此種輪班工作型態，在睡眠、飲食、休假、生活型態上與朝九晚五的上班族不同。且從事空服員爲第一線工作者，身兼客艙安全與旅客服務的雙重角色，於客艙服務面臨挑戰與工作壓力，以及工作之餘在家庭生活、社交人際及個人健康與體能狀態，能否保持工作生活平衡、維持身心健康，以投入下一個週期的輪班工作。本章即以空服員的工作生活特性出發，探討輪班、職業傷害、睡眠、壓力、情緒勞務負荷與性騷擾等影響空服員身心健康議題。

第一節　想像差很大？[1]

一、空服員工作特性

　　一項針對 1,955位義大利女性（現職與曾任）空服員調查，47%受訪者自認健康狀況普通或甚差。而研究指出，此自覺健康狀況（狀態

---

[1]本章第一節、第四節及第五節部分內容，作者曾以〈談情緒勞務負擔對客艙組員疲勞影響〉，發表於2013年《飛行安全冬季刊》第75期⑤⑧。

爲普通或甚差）與有心理困擾者，係與空服員工作特性和家庭因素有關係②。此外，據一項對英國三大主要航空公司共926位空服員調查，組員認爲他們的工作在速度、複雜度與負荷量的要求都較以往高，且有四分之三的受訪者表示，從事空服員工作後自覺健康日益惡化③。2014年於美國一項研究即針對空服員（樣本數4,011）與一般民衆（樣本數5,713）相較，空服員慢性支氣管炎的發病率爲3倍。此外，女性空服員患心臟疾病比率是一般人的3.5倍。空服員的健康情況（如患慢性支氣管炎、女性患心臟疾病、得皮膚癌、聽力下降、抑鬱和焦慮等）會隨空服員工作年資愈高而增高。研究發現，和一般民衆相較，空服員患特定疾病的比率較高，且空服員隨年資增加亦與部分疾病較高的罹病率有關④。

二、第一名的工作？

2014年我國勞動部首度揭露各行業的職業性罹癌風險的嚴重程度，其中暴露人數最多的第一位行業爲航空運輸業36萬8,384人⑤；另外，2014年由韓國職業能力開發院，發表一項涵蓋203個職業、訪問5,667名勞工，調查什麼職業最受「情緒勞務」（emotional labor）折磨。結果由工作最勞神傷身的空服員拿下第一名。因爲工作時無論心情如何，都得壓抑情緒，和顏悅色，處理疑難雜症，其受折磨的嚴重程度達到4.7分（滿分5分），空服員長期下來若無適當紓壓排解，在身心方面都受影響⑥。

空服員工作有許多優點，可依照班表安排活動與休假，工作之餘世界各地周遊，彈性不固定的上班時間，工作夥伴與服勤乘客不會一成不變；然而優點卻相對也是缺點。美國有一人力資源網站調查──哪些工作沒有想像中那麼好？空服員就名列第11名。正由於工作時間長、工作環境不佳，有時候要處理態度惡劣的客人，工作不足爲外人

道，實際上並不如想像中光鮮亮麗⑦。

第二節　空服員工作與健康

一、職業病

　　特殊的客艙工作環境——有限的空間、狹窄的走道、乾燥的空氣、偶爾伴隨著顛簸氣流，航班時間短則數十分鐘，長則十幾個小時，平均一人須服務50位旅客，且常時間久站服務或是需要時常蹲下彎腰餐飲服務等；因此，不少女性空服員都有職業病，因為協助放置客人手提行李、推送餐車，動輒十數公斤的提拿重物，都是他們的工作內容。此外，航班時段不固定、時差和睡眠不足，也讓空服員傷神⑧。1996年針對國內航空公司333位空服員調查發現，空服員發生下背痛月盛行率為47.15%，年盛行率為58.56%。而造成空服員下背痛則以搬運重物、長時間站立、推或拉重物三者是最主要因子⑨。

　　台北市上班族協會曾針對534位空服員進行調查，結果顯示有近七成的空服員有腰部疼痛，其次為肩膀痠痛及手腕與腿部疼痛的毛病，另有27%空服員經期不順。在一項針對某國籍航空413位女性空服員的調查報告，有高達五成以上的女性空服員表示有下背痛及手腕關節痛⑩；同樣地，針對325位國籍航空空服員調查，亦指出有高達四成二的組員表示，患有人因工程疾病，如下背痛、肌腱炎及脊椎側彎⑪。*Airway*雜誌則曾提出十三項空服員易患之職業病（**圖14-1**），包含：乾眼症、肌腱炎、掉髮、肝功能異常、肌肉拉傷、靜脈曲張、皮膚問題、泌尿系統疾病、消化道疾病、聽力受損、脊椎問題、呼吸道疾病與癌症⑫。同樣地，在一項調查美國空服員自述健康狀況，有三分之

圖14-1　空服員常見職業病

一的空服員有肌肉骨骼疼痛狀症，此比率與其他研究結果類似④。

二、職業災害

　　除了健康狀況外，客艙組員服勤工作中受傷機率極大。研究發現，其中以肌肉、骨骼及上下背脊（後背、脖子、肩膀）居多⑬。根據加拿大某航空公司1996年到1998年間數據顯示，空服員工傷的比例為12.4%，明顯高於公司整體平均值6.7%。且空服員受傷有超過五成（58%）為肌肉骨骼損傷，報告進一步指出，造成空服員肌肉骨骼損傷的主要原因是乘客行李、飛機上廚房、餐車之設計與空服員座位等造成。像是處理乘客沉重的隨身行李、推拉和控制餐車需要特別出力、餐勤服務品抽屜（drawer）開關不易、需要經常彎曲和蹲下才能拿取廚房或餐車內物品、要伸手才能拿到上方行李廂及廚房內的用品、沒有足夠的休息地方、短航程常要加快服務速度、在爬升或下降時仍在工作、亂流、客艙內的尖銳物（把手或栓）、頸背部經常性彎曲延伸、身體前向或側向延展等等所致⑭。

　　飛安基金會研究報告顯示，受傷客艙組員年資以四至六年居多，而疲勞、營養不均亦是可能造成之原因。其中疲勞會導致注意力不集中，反應不當，而組員班表之安排及時差、重力、噪音、震動、亂流等，以及長時間站立、彎腰、推力、提重物、休息設備不當亦有可能造成傷害。若以事件統計類別而言，碰撞、艙壓改變、淤青、氣壓傷害居多，肇因以餐車、氣壓、抽屜、肢體動作不當等，而受傷部位則以背部、下半身、耳、手部居多⑬。

　　IATA調查指出，航空公司空服員的職業災害率高居各部門之冠。空服員職業災害除上述空服員自訴有下背痛、腰痛及腕關節等疼痛外，根據空服員職業災害分析指出，服勤作業潛在風險尚包含如亂流或不穩定氣流、提舉行李致腰背扭傷、遭蒸氣烤箱內熱蒸氣（或熱餐）燙傷、工作習慣不良致自己或他人受傷、被服務用品車撞傷、上下樓梯或行進間不慎足部扭傷傷害、上下班途中交通事故以及緊急逃生訓練時受傷（滑梯、開門訓練）等（**圖14-2**）⑮。

　　由於飛機上空間有限、走道狹小，空服員客艙中進行餐點或免稅商品服務，大都需要倚賴服務用車。國外一項實證研究指出，女性空服員在傾斜的客艙地板上常常推拉餐車可能會導致讓自身負荷過重的影響。由於空服員長時間或高頻率施力致過度使用骨骼肌肉⑯。文獻中最常見空服員因推拉餐車導致背痛，其次如肩頸和上肢等部位不適。該研究透過觀察實際飛行指出，飛機剛起飛後空服員起身推車服務時，為身體最大工作負荷量，特別是於短程航班，由於飛機仍在爬升，客艙地板傾斜高達8度，然空服員卻推滿載食物飲料的餐車。就算是中長程航班，視機型不同，空服員推車服務通常在飛機至巡航高度時開始，飛機的仰角（pitch）則約在0～2.5度間⑯。

　　據飛安基金會一項報導指出，有關客艙行李掉落導致乘員受傷事件，在美國每年約有4,500件，在全世界則估計每年約有10,000件。這些受傷事件主要為兩大類：第一類是乘客和空服人員因行李掉落受

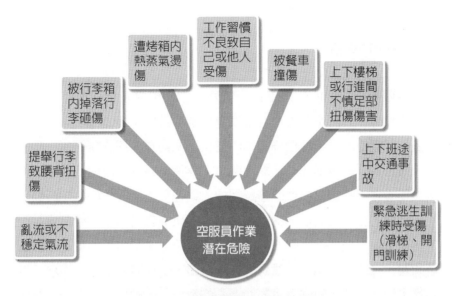

圖14-2　空服員服勤工作潛在危險

傷；第二類是空服員為處理行李導致受傷。報導指出，當上方行李廂的容量超載或是飛行中行李內物品滑動移出，行李就會掉落⑰⑱。況且遇緊急狀況，因突來的撞擊力與過重的行李將導致上方行李廂毀損，因此造成的傷害更甚於撞擊本身⑲。此外，隨著乘客載客量增加，但乘客座椅變小，外加上因應行李付費攀升也會導致乘客的手提行李在類型與數量的改變，這些改變對於空服員肌肉骨骼疾病一直以來皆缺乏長期追蹤研究。特別值得注意的是，這些變化有可能會增加空服員的體能負荷。故研究者呼籲，隨「超大型運輸機」如空中巴士A380或波音B787-10漸增，有關符合人體工學的結果影響卻知道太少，未來需要強化這一領域的研究④。

三、輪班相關

　　空服員不規則的輪班工作、特殊的工作環境及情緒勞務等，容易造成疲勞，對於空服員身心健康有相當直接的影響⑳㉑。人體內有許多生理機能約一天循環一週期的變化，此內在生理週期約24小時左右，稱之為「晝夜節律」，然而輪班工作使得外在刺激與內在節律無法調和，在不斷調整生理時鐘過程中，快速可以被改變的生理活動與不易改變的生理活動之間落差越來越大。研究報告顯示，輪班容易產生內在生理週期與外在時間無法達成協調情形，最常見的就是睡眠調適問題。《睡眠雜誌》一篇研究評論指出，工作時間不定的族群，例如護士與空服員，較常發生經期混亂的情況㉒。國際職業安全與健康協會（NIOSH）進行飛航從業人員的生育相關研究，因為晝夜節律會對荷爾蒙的平衡產生影響進而影響生育，然目前僅有一些小型的研究。

　　《國際癌症期刊》對1,232名乳癌患者與1,317名一般女性進行分析比較後指出，對女性乳癌患者而言，大夜班工作跟基因突變、荷爾蒙治療，屬於同等級的風險因子㉓。研究人員警告，在晚上工作會讓得到乳癌的機率增加40%。據《職業與環境醫學》（*Occupational and Environmental Medicine*）期刊指出，輪夜班者得到乳癌的機率是沒有輪夜班者的近四倍，原因可能是她們的生理時鐘更容易被打亂。勞工安全衛生研究所指出，世界衛生組織下的國際癌症研究署已於2007年將夜班工作列為可能致癌因子。同時勞工安全衛生所研究也發現，乳癌患者體內的褪黑激素濃度比較低，一般認為，褪黑激素具有保護作用，輪班工作者可能因為睡眠中斷，也會影響褪黑激素分泌㉓。

四、高空罹癌風險高？

研究指出與一般人相較，空勤組員患皮膚癌和乳腺癌的風險較高。冰島的研究人員調查了1,532名在職和退休的空服員，發現其中有35人患有乳腺癌，其中多是有長期飛行經驗的資深空服員。英國*The Lancet*期刊曾刊載，芬蘭女性空服員服務滿十四年後，罹患乳癌的機率是一般人的1.9倍，推測可能和時差及長期受到干擾、體內內分泌失調有關[24]。國際線人員又比國內線得乳癌的發生率高，原因是高空飛行，暴露在輻射線時間長，以及生理時鐘受到干擾，導致內分泌失調所致。

在瑞典另一項研究也顯示，皮膚癌在機組人員中的發病率是預期的3倍。2014年發表在《美國醫學會皮膚科學期刊》研究，由於空勤組員經常暴露在高空有害的太陽紫外線（紫外線在高空中透過駕駛艙擋風玻璃和機身窗戶滲進機艙內），因此空勤組員罹患皮膚癌的機率為一般人的2倍[25]。美國疾病控制與預防中心（CDC）的研究人員表示，在海拔較高的地方可發現較多的宇宙游離輻射。隨著空勤組員長時間在高空中飛行的情形日益普遍，他們暴露於宇宙游離輻射的量也隨之增加。不過仍需進行更多的研究，以判斷患癌症風險的增加，究竟是工作還是其他生活方式因素所致[26]。

國內萬芳醫院根據最近十年數篇大型研究統計顯示，女性空服員長期受輻射影響，增加罹患乳癌風險。若暴露五年以上，乳癌發生率高於地勤人員2倍。由於飛行時需跨越北大西洋，例如越靠近南北極，接受的輻射量就越高。且除輻射因素外，空服員受到時差影響，容易引發內分泌失調，荷爾蒙過度分泌，也可能造成罹癌機率增加。報導中亦說明此研究的結果並不適用國籍航空空服員，主要原因可能是未有飛越北大西洋或靠近南北極的航線[27]。

第三節　降低空服員職業傷害之對策與建議

一、航空業者將人因工程納入服務作業設計

　　空服員服務人力配置應充足，推較重的餐車及向客艙上坡推行餐車時應由兩位空服員負責⑯。若餐車輪子損壞，應盡早維修以避免工作傷害。同時機上廚房及其他客艙用品之設計及放置地點應考量人性化及避免造成職業傷害⑬。另外，航空公司提供給女性空服員的鞋子不宜太高且應有防滑鞋底，以提高客艙工作安全性。

二、增加空服員工作安全意識與訓練

　　一項對英國三大主要航空公司共926位空服員調查顯示，空服員對於如何拉提重物此項有所抱怨，認為航空公司提供的訓練不足③。因此於客艙組員訓練中應加入如亂流認知、亂流標準作業程序、客艙扶手之使用及體能訓練等⑬，另強化空服員對於良好的姿勢與正確的拉提技巧之訓練，特別是在密閉空間內如何拿取、拉提物件以符合人體工學⑰。不論是協助乘客置放行李於上方置物櫃、搬移自己的行李或推動拿取餐勤服務用品；甚至是推車、送餐等服務時，應在可能的限度內減少彎腰、扭腰、手臂高舉過頭，甚至伸手拿遠物、大力推拉等動作㉘。

三、機上託運行李

研究指出，為降低上方行李廂行李砸傷乘員問題，可從兩方面著手：一為工程設計，如重新設計上方行李廂門鎖，以清楚視覺標示確認行李廂已正確關閉，此有助於防止行李廂門自動打開，致行李掉落；另一為管理控制，包括對乘客攜帶進入客艙行李的大小、重量和件數[17]。隨著超大型運輸客機普及，亦應加強對乘客手提行李的限制，並對乘客無法自行安排之手提行李應要求託運，以降低空服員因協助處理行李而致受傷的機率[13]。

四、定期篩檢與追蹤調查

在台灣針對女性空服員罹患乳癌風險，並未有與高空游離輻射的暴露關聯性之研究，然政府機關及航空公司，當正視此一問題，建議對女性空勤組員加強乳癌防治的健康促進，及長期針對輻射暴露的狀況與健康情形的相關數據作追蹤。

第四節　心理健康

第一線壓力——多重角色

除了飛機機艙內工作環境對空服員的健康與安全有所影響，如汙染的空氣、傳染疾病的危險，以及輪班與時差適應等對身體造成的傷害，均可看出空服員承受工作與體力之壓力[29]。事實上，空服員負

有安全和服務的雙重角色，然在航空運輸業要求越來越高的服務品質下，或許空服員重要的安全角色平常不易見，反而在一般大眾的心目中，空服員服務的角色更為突出些㉚。他們身為第一線的服務人員，是挑戰也是壓力，在客艙例行性服務時儘管面帶微笑，然而他們肩負客艙安全重責，且必須隨時做好準備，以因應滋擾乘客、醫療問題及飛機緊急狀況等。更遑論當發生如911飛機恐怖攻擊事件，除了乘客心理有負擔，空服員的壓力恐怕有過之而無不及。在一項報導中引述某空服員談話：「乘客也許近期就飛這麼一趟，但我們是每個禮拜要飛，加上一個經濟艙空服員可能服務超過60個客人，同時又要執行機上的反恐措施，我們也經常感覺相當無力。」㉛

美國空服員協會（AFA）及美國空服員聯盟（Cabin Crew Union）發言人表示：「空服員聯盟不斷收到航機組員面臨工作壓力愈來愈大的報告。密集航班讓空服員身心疲憊，如在航空保安方面又再面臨日漸加大的各種不同威脅，這些威脅讓空服員在情緒控管方面較幾年前更趨困難。」2005年一項以義大利航空女性空服員研究顯示，她們的精神健康和幾項工作壓力因子有關，包括應付奧客，同時還要平衡身為母親、伴侶以及團隊領導者等各種角色。她們扮演著堅強的角色，同時承受三倍高的心理壓力且工作滿意度較低，對她們而言，另一個感到經常性壓力的重要因子是對孩子的照顧，很可能是因為家庭和工作需求間的衝突，這亦是造成空服員壓力和憂鬱的來源。

國內一項調查顯示，空服員工作壓力多來自於長期處於高空及噪音中，以及乘客的無理要求。空服員首要壓力來源是「企業（管理者）的領導風格與型態」（56.5%）；其次是「長期處於高空與噪音的工作環境」（55.7%）；而「工作時間太長」（55.6%）、「來自於乘客的無理要求」（51.6%）則是造成空服員工作壓力的另一項原因。

第五節　情緒勞務負荷

在韓國2014年職業調查中空服員拿下「情緒勞務」負荷最重的第一名⑥。此調查結果並不令人意外，Hochschild於1983年的著作*The Managed Heart*一書中，首先提出「情緒勞務」的概念。情緒勞務者係指管理情緒以建立一種可公開觀察臉部及身體的展現。這種情緒包含表面情緒展現和深層情緒展現，目的在維持服務人員外觀以產生理想的心理狀況。他以達美航空空服員為研究對象，指出他們的工作除了生理負荷，還有情緒方面的負荷，在工作與人互動的過程中，需要去製造他人的情緒狀態（如乘客的愉悅感受），而員工的情緒活動會經由管理者透過訓練或監督等方式來加以控制，工作者可能需要持續壓抑自身情緒，甚至扭曲自我，因此在情緒表現過程中可能使人產生疲勞感受㉝。

情緒勞務既然被視為在人際互動中為表現組織所要求的情緒所付出的努力、規劃和控制㉞。因此，服務人員因為組織或情境的需求，必須在公共場合隱藏真實的情緒，展現合宜的情緒，以便能順利處理人際的溝通與衝突，提升顧客滿意度；此外，情感表達在組織中是一個有力的工具，不僅因顧客期望它是服務的一部分，同時也因為表達情感可以改變顧客的情緒，從而影響顧客對於組織的態度㊱。

空服員作為航空公司第一線與乘客接觸的工作人員，其服務的品質優劣是影響乘客選擇搭乘與公司形象的關鍵㊲。故航空公司對空服員種種規訓與要求，是期望空服員能提供符合公司規定之合宜的情緒表現、和顏服務與悅目儀容，使乘客產生愉悅的觀感記憶，滿足賓至如歸的需求，同時形塑公司形象㊳。航空公司莫不要求空服員在機上服務須隨時表現微笑及親切的態度服務乘客，加上國際航線空服員需要在機上連續服務十幾個小時，因此須花費較多的努力以表現出親切

友善等正面的情緒㉝；當空服員與乘客的接觸時間較長，所需要提供的情緒勞務的工作也相對增加㉟。

但即使面對客人有時無理之要求及抱怨，空服員依然不能透露出絲毫個人情緒，必須委婉的安撫乘客之情緒；另有尚須面對同機組員之階層壓力，空服員在工作中必須掌握自己的情緒，永遠保持微笑㊴。因此，飛機上空服員的情緒有雙重束縛，不僅要對乘客展現良好的親和力，也要對機上的直屬主管示好㊵。

研究指出，情緒勞務工作者須藉由改變內在感受以變更情感表達來完成「深層演出」（deep acting）。長期下來，空服員在本身內在的真實感受與情緒勞務間，也會出現自我異化（self-alienation）的現象，使個人真實的情感（自我）與依照工作要求所展現出的情緒表現（產出）產生分離，造成情緒失調（emotional dissonance）；此會導致工作倦怠的結果，使個人的情緒耗盡，儼然形同「情緒勞動的人力代價」（human cost of emotional labor）㊶。故許多研究聚焦於當情緒勞務者其內心的真實感受和外部情感表達有衝突時所導致的傷害與影響㊷。

前述韓國2014年「情緒勞務」調查的資深研究員說，一般人視空服員微笑、具高度親和力為理所當然。報告中亦提及長期負擔情緒勞務者其易處於憂鬱、頭痛甚至特殊情況下患有心理疾病的風險。因此，該研究呼籲對造成情緒勞務的損害應被視為一種勞安事故⑥。

第六節　性騷擾

空服員於客艙狹窄走道工作，本與乘客們的互動空間有限，且機艙環境吵雜需近距離溝通，更不用說服務有時須彎腰俯身或舉手抬高等動作。此工作環境對於空服員而言本相對缺乏安全感，加上坊間媒體不時以空服員服裝做文章（特別是女性空服員），如票選最性感、

最美麗的各航空公司空姐服裝等活動更是推波助瀾，有意無意間讓空服員塑成如模特兒走伸展台般展示窈窕身材，無形中空服員制服遂成為令人遐想品頭論足的標的。而國內外不少航空公司曾因空服員制服惹議，把空服員制服淪為行銷噱頭或賣弄性感的工具；如2012年越南的越捷航空（Vietjet Air）由女性空服員著比基尼在機艙熱舞；又如2014年日本天馬航空（Skymark Airlines）要求空服員穿著緊身迷你裙；2014年中國春秋航空推主題航班讓空服員穿著女僕裝；歐洲廉價航空公司瑞安航空（Ryanair），自2008年起每年都會以自家空服員擔任模特兒，拍攝穿著性感比基尼大露事業線的年度月曆。無怪乎國內外空服員遭受性騷擾的事件時有所聞，如乘客口頭上吃豆腐、硬拉小手、「不小心」觸胸或摸臀部等，防不勝防。

　　台北市上班族協會曾對空服員在性騷擾調查發現，女性空服員遭到性騷擾比例高於男性空服員，有近45%的空服員表示「經常」或「偶爾」受到乘客的性騷擾，而騷擾來源最多是乘客（高達72%），其次為同事（25%）與飛行員（15%）的騷擾㊸。香港於2014年針對空服員的調查，則有27%受訪空服員表示，過去一年內於航班工作時曾受性騷擾，有近

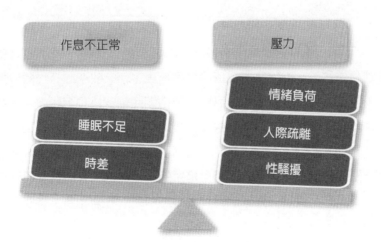

圖14-3　影響空服員心理健康之因素

四成的受訪者身體被碰觸；騷擾來源59%是顧客，41%是上級機組員或飛行員[44]。而一項針對1,955位義大利女性空服員的調查也指出，乘客的性騷擾讓她們身心受損，甚至影響她們如何看待自身的健康狀況。

香港在2014年修法「性平歧視條例」，加入顧客不可性騷擾服務業員工的條文，以補過往法令之不足（過去僅規範服務人員不得騷擾顧客）。香港亦曾有女空服員被性騷擾後，向乘客理論後還反遭該乘客以言語欺凌，然因客艙經理息事寧人，令受辱員工未能報警。就空服員而言，若未能對性騷擾者懲處，則多選擇忍氣吞聲，未即時通報客艙主管或公司。爲了保障空服員工作的安全，許多航空公司皆聲明針對乘客對組員性騷擾、恐嚇或攻擊等違法行爲探「零容忍」（zero tolerance）政策。另外，航空公司亦應在空服員訓練中清楚告知如何處理。引述香港一媒體報導，如英國航空有處理性騷擾的具體指引，公司亦要安排特定經理負責跟進，而被證實性騷擾的乘客更會被航空公司列入黑名單，以後不能再乘搭英航客機[45]。

人際疏離感

非典型工時的空服員，相較於朝九晚五的上班族，較不容易維持固定社交與活動。由於空服員依照排定班表工作，故空檔時程難以提前預訂，對於上進修教育課程或其他白天定期活動安排也有困難。除此之外，尚有組織疏離感，空服員根據班表，每次服勤與不同的組員，服勤期間和其他組員從初識到彼此協調共同完成任務（可能是在一天也可能是一週內）。下一次執勤任務又是新的流程開始。同時對於資深空服員，隨著服勤年資增加與其他組員間日益加劇的社會距離，恐使資深空服員的人際疏離壓力更大[46]。

第七節　增進空服員身心健康之對策與建議

一、維持健康生活型態

　　情緒勞務展現在航空業是產品成功的重要關鍵。絕大多數乘客是透過航空公司的服務人員及面對面接觸，形塑搭乘感受。然而情緒勞務負荷不僅是員工產生工作壓力的原因之一，同時，情緒勞務還會導致工作倦怠。就高情緒勞務的空服員而言，長時間承受較大工作壓力與情緒負荷，易造成負面的工作結果或健康問題，導致職場疲勞。再加上客艙工作環境與不規則輪班等影響因素，對其身心理健康與安全更有直接負面影響[47]。除壓力與情緒勞務負荷外，研究者認為輪班會造成個體在三大方面問題：晝夜節律顯得混亂、身心健康不良及社交與家庭生活的紊亂[48]。故空服員維持健康的身心，不僅在職場上有更好表現，亦能保有良好的飛行職涯。

二、你累了嗎？情緒勞務工作者

(一)尋求心理支持

　　「當機艙失壓時，氧氣面罩會自動落下，……請先行使用，再照顧他人……」，這當是空服員或乘客耳熟能詳的廣播詞。同樣地，空服員的情緒勞務管理好，他們才能照顧好乘客。研究發現，對乘客維持良好態度，是空服員認為工作最困難的部分，且因其工作背景需

要與乘客作長時間接觸，屬於高情緒勞務工作者，較亦發生不快樂、沮喪及健康情況較差等狀況。在一項對澳洲空服員的調查中顯示，職務較基層的空服員，覺得不被公司重視，且對於公司的管理感到不快樂，他們士氣較低落且有較高程度的疲勞⑭。在面對長期與人互動而產生不同層面與程度的負面情緒效應，空服員一般因應做法多採自力救濟方式抒解，如請假、迴避、退縮等讓自己置身事外，減少接觸時間，或藉助社會支持，找同事、主管聊天，以降低孤立感⑮。此外，空服員可自我練習學習放鬆的技巧，如正向思考、微笑、深呼吸、適當發洩及保持幽默感等方式，提升正面能量⑯。

(二)良好的飲食與運動習慣

好的營養與維持運動是維持身心健康的關鍵因素，且在對抗時差影響上亦有幫助。雖然工作勤務使得食物營養的補充與運動習慣維持不易，然而，可透過資源及有效運用時間以自我提升。空服員服勤時飲食部分可參考下述，以保持健康的飲食習慣。例如在正餐間可食用水果、全穀類和堅果類的食物，既可補充能量又能止飢。多喝水和非碳酸類飲料（因碳酸類飲料會使胃部充滿氣體），避免以咖啡因飲料和糖果當作裹腹的選擇，當然要避免飲酒（航空公司皆訂有執勤前與執勤時飲酒嚴格規定）⑯。

空服員沒有飛行任務時亦可多運動以鍛鍊強化肌肉，除了可避免工作受傷增加靈活度，亦能助眠、減輕壓力，增進健康。可利用飯店的健身房或是瑜伽等室內運動，或是外站住宿在安全許可下，戶外散步和慢跑亦是很好的選擇，甚至找到組員同好一起運動，既可建立關係又能保持活力。

三、企業能夠做些什麼？

(一)組織認同支持

　　除了組員個人努力外，若組織能夠結合內外部資源而給予適切的支持，則有助於減低個人內在資源耗損所產生的工作倦怠㊷。學者調查發現，同樣一批空服員有時覺得情緒勞務是愉快且滿意的，但有時卻覺得是壓力且耗心力。因情緒勞務者感受愉悅滿足與生厭不安間是一種持續進行的動態，而對個人情緒勞務經歷最有影響力的預測因子就是組織，因此，航空公司的管理對空服員的情緒勞務具有決定性的影響㊾。另一方面，公司除了積極展現對員工貢獻的正面評價與組織支持外，在課程規劃上亦可納入提升員工情緒智力的技巧，以避免員工因長期壓抑內在真實感受，配合組織所需的情緒表達規則而累積超額的情緒需求，導致情緒耗竭、情緒過度延展、去人格化（depersonalization）、個人成就降低、工作倦怠，甚至出現自我異化的現象㊸。透過訓練自我信念培養、增強情緒智力等方式以提升空服員工作的自我效能㊹。

(二)整合內部資源

　　航空業者當正視空服員在情緒勞務負擔程度高此一問題。建議航空公司可從人力資源管理著手，經由職前訓練與在職訓練的加強，能協助新進空服員社會化，降低其對該份工作認知上的差距，並建構工作前的心理準備，爾後對於空服員的適應狀況及工作上的問題則提供諮詢輔導。如彈性安排空服員的排班與休息時間或是提供心理醫生諮詢服務、空服員工作意見表、相關教育課程及社團活動，以協助空服員有效排解其工作上之情緒負荷。據報載，印度航空於2015年首度在

新進空勤組員訓練中納入瑜伽課程，他們認爲此有助團隊紀律，亦可抒解工作壓力。

研究指出，空服員需要很多的情緒資源（例如耐心和理解）(55)，管理者可以提供更多的工作資源（包括同事的支持和專業發展），建議組織透過規劃或活動凝聚組員間相互情感，同儕支持力量不僅讓空服員在處理棘手事務時更有自信，同時也建立一個正向的工作環境(56)，可以減輕空服員的健康問題。

(三)對空服員心理健康的評估與關注

一項以義大利航空女性空服員爲研究對象顯示，自殺的風險存在於女性空服員間，研究者提出應關注空服員精神健康的層面，包括憂鬱、焦慮和工作滿意度②。於2015年德國之翼航空客機失事墜毀後，肇因指向患有憂鬱症的飛行員，遂引起大衆關注空勤組員的心理健康狀況。除了飛行員外，空服員和地勤人員也會面臨身體和心理失調、失眠、焦慮等問題，故如印度民航單位亦研議飛行員和空服員是否定期接受心理檢查。故當航空業者評估公司營運風險時，風險應擴大到評估與檢測前艙飛行員與後艙空服員之體格與心理兩方面㉜。

(四)乘客教育著手

據2015年1月《華爾街日報》報導，乘坐韓國航班的乘客會聽到一新增的客艙廣播：「請友善對待空服員」。韓國交通部長稱，韓國所有的航空公司（包含7家廉價航空公司以及大韓航空和韓亞航空），在起飛前將用客艙廣播宣布一項禮儀訊息，要求乘客確實遵守客艙組員的要求和指示。報導引述韓國一位官員稱：「許多乘客把空服員當成飛行中服侍他們的服務員看待。然而實際上，他們也是緊急情況下的安全守護者。乘客需要改變他們對空服員的看法。」(57)

結　語

　　當以服務為導向的工作及服務業迅速擴張之際，航空公司當正視對情緒勞務工作者所面臨的壓力，並建立同儕與組織支持力量。同時呼籲，應有必要針對勞動安全與健康法進行修訂，以瞭解情緒勞務對勞安事故的潛在損害。

參考文獻

①Kiersz, A. (Nov. 2, 2015). The 27 Jobs that are most damaging to your health. *Business Insider*. http://www.businessinsider.com/the-most-unhealthy-jobs-in-america-2015-11

②Ballard, T. J., Romito, P., Lauria, L., Vigiliano, V., Caldora, M., Mazzanti, C., & Verdecchia, A. (2006). Self perceived health and mental health among women flight attendants. *Occupational and Environmental Medicine, 63*(1), 33-38.

③Walsh, J. (1999). Deregulation leaves cabin crews with high anxiety. *People Management, 5*(7), 20.

④McNeely, E., Gale, S., Tager, I., Kincl, L., Bradley, J., Coull, B., & Hecker, S. (2014). The self-reported health of US flight attendants compared to the general population. *Environmental Health, 13*(1), 13.

⑤〈勞動部：全台800萬勞工 致癌率27%〉（2014年09月23日）。公視新聞網。http://web.pts.org.tw/php/news/pts_news/detail.php?NEENO=279847

⑥ "Flight attendants top list for most emotional labor". http://koreajoongangdaily.joins.com/news/article/article.aspx?aid=2970906 (2013/04/30)

⑦Kensing, K. (2012). Most Overrated Jobs of 2012. http://www.careercast.com/jobs-rated/most-overrated-jobs-2012

⑧〈失眠、背傷職業病多，空服員嘆難為〉（2012年8月5日）。TVBS新聞。

⑨行政院勞工委員會勞工安全衛生研究所（1996）。《職業性疾病監控——勞工下背痛盛行率調查研究實證研究》。台北縣：勞委會勞工安全衛生研究所。

⑩吳明蒼、洪信嘉、萬光滿、林佩蓁、陳秋蓉（2006）。〈輪班對客艙組

員身心健康之影響〉。2006民航學會與國籍航空飛安年會聯合年會。

⑪詹曉雯（2003）。《飛行與航空醫學之新展望》。台北醫學大學公共衛生學研究所碩士論文。

⑫〈空服員十三種潛在的健康危機〉（2004）。《Airway雜誌》，第89期。

⑬戎凱、任靜怡（2003）。「參加第二十屆國際客艙安全研討會報告」。行政院飛航安全委員會。

⑭FSF Editorial Staff (2002). Study of Airline's Flight Attendants Finds. More Than Half of Injuries Affect Muscles And Bones in Back, Neck, Shoulders. Flight Safety Foundation. *Cabin Crew Safety*.

⑮張振平、陳旺儀（2010）。《職業安全衛生管理系統應用研究：四階文件建置及同業推廣模式》。行政院勞工委員會勞工安全衛生研究所。

⑯Glitsch, U., Ottersbach, H. J., Ellegast, R., Schaub, K., Franz, G., & Jäger, M. (2007). Physical workload of flight attendants when pushing and pulling trolleys aboard aircraft. *International Journal of Industrial Ergonomics, 37*(11), 845-854.

⑰Rozmaryn, L. M. (1998). Sporting Goods, Oddly Shaped Items Have Highest Injury Rates Instudy of Falling Overhead Baggage. Flight Safety Foundation. Human Factors and Aviation Medicine.

⑱Head Injury Risks from Overhead Luggage (1999). *The Air Safe Journal,13*(7).

⑲Cabin Safety Update (2006). "BA removes hand baggage weight restrictions". *Cabin Safety Update, 12*(4).

⑳Brown, J., & Lee, V. (1986). Non-conventional work schedules and personal life: An inquiry into the lives of female flight attendants. Unpublished doctoral dissertation, University of Boston, Boston.

㉑Nutt-Birigwat, A. P., & Shelia, T. (1986). Occupational stress: Source and amount found among flight attendants. Unpublished doctoral dissertation, University of Boston, Boston.

㉒〈睡不好激烈運動經期混亂5禍首〉（2014年8月13日）。華人健康網。

https://www.top1health.com/Article/234/19783

㉓〈上大夜班女性 乳癌風險提高三成〉（2012年6月22日）。《自由時報》。http://news.ltn.com.tw/news/life/paper/593601

㉔〈乳癌，最多女人得的癌症〉（2011）。《長春月刊》，第338期，（5月號）。

㉕〈機師空服員 皮膚癌風險高〉（2014年9月4日）。法新社新聞。https://tw.news.yahoo.com/機師空服員-皮膚癌風險高-070502257.html

㉖〈研究稱航空公司機組員罹患皮膚癌與乳癌機率較常人高〉（2003年10月22日）。路透社新聞。

㉗沈雅雯（2013）。〈空中輻射量高 女空服員、導遊易罹乳癌〉。中央廣播電台新聞。

㉘何緯哲、林怡妏、吳秉倫（2015）。〈雲端的美麗與哀愁：談飛行機組員健康〉。《旅遊醫學通訊》，第25期（2015年6月號）。

㉙Boyd, C., & Bain, P. (1998). Once I get you up there, where the air is rarified: Health, safety and the working conditions of airline cabin crews. *New Technology, Work and Employment, 13*(1), 16-28.

㉚Kelleher, C., & McGilloway, S. (2005). Survey finds high levels of workrelated stress among flight attendants. *Cabin Crew Safety, 40*(6), 1-6.

㉛〈飛機降落前易焦慮 諸多限制引起不安 安檢從嚴增空服員乘客衝突〉（2009年12月28日）。《星島日報》。http://dailynews.sina.com/bg/news/usa/uslocal/singtao/20091228/0420999445.html

㉜中華民國台灣飛行安全基金會（2014）。〈航機組員心理健康──維護飛安之基本要件〉。《2014年飛行安全春季刊》，第76期。

㉝Hochschild, A. R. *The Managed Heart: Commercialization of Human Feeling*, with a new afterword. University of California Pr.

㉞Morris, J. A., & Feldman, D. C. (1996). The dimensions, antecedents, and consequences of emotional labor. *Academy of Management Review, 21*(4), 986-1010.

㉟Anderson, G. (1993). Emotions and work in lifestyle occupation. *Journal of*

European Industry Training, 17(5), 10-14.

㊱Pugh, S. D. (2001). Service with a smile: Emotional contagion in the service encounter. *Academy of Management Journal, 44*(5), 1018-1027.

㊲Bettencourt, L. A., & Brown, S. W. (2003). Role stressors and customer-oriented boundary-spanning behaviors in service organizations. *Journal of Academy of Marketing Science, 31*(4), 394-408.

㊳林品菁（2009）。《微笑的飛行──空服員的情緒勞務》。未出版碩士論文，國立東華大學，花蓮縣。

㊴劉志祥（2006）。《空服員之高度工作需求與工作疲勞關聯性研究》。未出版碩士論文。世新大學，臺北市。

㊵Whitelegg, D. (2002). Cabin pressure: The dialectics of emotional labour in the airline industry. *The Journal of Transport History, 23*(1), 73-86.

㊶吳宗祐（2013）。〈主管與部屬互動中情緒勞動：回顧，釐清，及前瞻〉。《人力資源管理學報》，13(3)，57-105。

㊷Murphy, A. (2001). The flight attendant dilemma: An analysis of communication and sensemaking during in-flight emergencies. *Journal of Applied Communication Research, 29*(1), 30-53.

㊸〈以「客」為尊，還是以「人」為尊？──空服員工作與生活問卷調查報告〉（2000）。上班族問卷調查。http://forum.yam.org.tw/women/backinfo/career/survey/survey_2000_01.htm

㊹〈平機會：27%空服員曾遭性騷擾〉（2014年2月21日）。明報通識網。http://life.mingpao.com/cfm/reports3.cfm?File=20140221/rptaa01b/gbb1.txt

㊺〈顧客性騷擾服務人員 已屬違法《性別歧視條例》修訂擴大保障〉（2015年2月10日）。香港職工會聯盟。http://www.hkctu.org.hk/cms/article.jsp?article_id=1318&cat_id=13

㊻Edwards, M. (1991). Occupational stress in the aircraft cabin. *Cabin Crew Safety, 26*(5), 1-6.

㊼Nutt-Birigwat, A. P., & Shelia, T. (1986). Occupational stress: Source and amount found among flight attendants. Unpublished doctoral dissertation,

University of Boston, Boston.

㊽Barton, J. (1994). Choosing to work at night: A moderating influence on individual tolerance to shift work. *Journal of Applied Psychology, 79*(3), 449.

㊾Williams, C. (2003). Sky service: The demands of emotional labour in the airline industry. *Gender, Work & Organization, 10*(5), 513-550.

㊿Maslach, C. (2003). *Burnout: The Cost of Caring*. ISHK.

(51)IATA-Airline Cabin Crew Training Course Textbook.

(52)Brotheridge, C. M., & Lee, R. T. (2002). Test a conservation of resources model of the dynamics of emotional labor. *Journal of Occupational Health Psychology, 7*(1), 57-67.

(53)楊政樺、萬光滿、李郁潔（2010）。〈應用羅序模式探討華籍空服員處理滋擾乘客之應變能力與難度研究〉。《航空太空及民航學刊系列B》，42(1)，55-65。

(54)Xanthopoulou, D., Baker, A. B., Heuven, E., Demerouti, E., & Schaufeli, W. B. (2008). Working in the sky: a diary study on work engagement among flight attendants. *Journal of Occupational Health Psychology, 13*(4), 345.

(55)高雅鈴（2012）。《客艙組員工作產出及其前因之研究》。未出版博士文，國立成功大學，台南市。

(56)Ballard, T. J., Romito, P., Lauria, L., Vigiliano, V., Caldora, M., Mazzanti, C., & Verdecchia, A. (2006). Self perceived health and mental health among women flight attendants. *Occupational and Environmental Medicine, 63*(1), 33-38.

(57)IN-SOO NAM.(Jan. 28, 2015). South Korea's New Plan to Stop Passengers Going Nuts at Flight Attendants. The Wall Street Journal. http://blogs.wsj.com/korearealtime/2015/01/28/koreas-new-plan-to-stop-passengers-going-nuts-at-flight-attendants/

(58)萬光滿（2013）。〈談情緒勞務負擔對客艙組員疲勞影響〉。《飛行安全冬季刊》，第75期，9-12。

第十五章

客艙組員疲勞管理

- 新增修客艙組員執勤時間規範
- 疲勞的定義與影響
- 睡眠與疲勞
- 空服員疲勞管理

前　言

近年來關於組員疲勞議題，已有許多專家學者進行廣泛深入的研究及討論，並且予以立法保護組員之疲勞問題。而根據美國FAA自2008年以來對空服員進行疲勞問題的實證研究，提出客艙組員的疲勞問題將對飛航安全及乘客安全造成影響。特別是，空服員因需要長時間在密閉乾燥的機艙內工作，疲勞、時差與工作時的職業傷害等都是常見的潛在危險。且因為不規則的輪班工作，復加上身心壓力、特殊的工作環境及情緒勞務負擔等，皆容易造成疲勞，對於空服員身心健康有相當直接的影響①②。

在國內，航空公司空勤組員勞動條件歸勞基法，屬「勞動基準法」第84-1條適用對象——責任制行業，即其工時可不受勞基法一般工時規範；然飛行安全規範是由民航局制定之「航空器飛航作業管理規則」（以下簡稱AOR），一直以來飛航組員疲勞議題，持續受到關注，且受「航空器飛航作業管理規則」保障。相對於飛行員在空服員疲勞之相關研究卻是付之闕如，更一直未立法明定執勤時間規範。

於民國103年前，民用航空法AOR，僅針對飛航組員之飛航與執勤時間有明確規範，對空服員則僅依AOR第192條：「客艙組員飛航及執勤時間得比照飛航組員或依勞動基準法相關規定，由勞雇雙方另行約定並報請當地勞工主管機關備查後實施。」相對於飛航組員，客艙組員的勞動條件相對弱勢，既由勞雇雙方約定，故各國籍航空客艙組員派遣規定殊異，對於客艙組員之飛航時間、飛航執勤時間、執勤時間以及休息時間限度等並未有一致性規範，故空服員執勤與航空公司調度派遣迭有爭議產生。我們欣見，交通部民航局參酌國際民用航空公約，修正AOR之相關條文，將客艙組員執勤時間規定納入，以降低客艙組員疲勞因子。

第一節　新增修客艙組員執勤時間規範

　　為增進飛航作業安全，減少客艙組員值勤期間發生疲勞之可能，交通部民航局參考國際民航公約有關客艙組員的疲勞管理，明定客艙組員飛航及執勤限度之規定，除了飛航時間外、飛航執勤期間是自開始報到至完成所有飛航任務；而除了飛航任務外，行政工作、訓練、調派待命時間，都納入執勤期間。特別是將飛航時間與飛航執勤時間界定清楚是有必要的，因為客艙組員在飛航前，可能因公司要求參與其他工作事項，如果不明確規範，即使飛航時間符合規定，長久下來會隱藏疲勞因素，服務品質會受影響③。另亦新增有關飛航前最低休息期間之規定、組員用餐時機之規定及組員待命勤務之規定。並於民國103年開始實施。

　　依據民用航空法訂定之AOR中有關飛航時間、飛航執勤期間、執勤期間與「勞動基準法」中所規範之工作時間分述如下，另比較對照如圖**15-1**③：

1. 飛航時間（flight time）：指為起飛目的，開始移動時起至著陸後停止移動時止之時間。
2. 飛航執勤期間（flight duty period）：指組員自報到開始起算至完成所有飛航任務，飛機停止移動之期間。
3. 執勤期間（duty period）：指航空器使用人要求組員執行之各項勤務期間，包括飛航任務、飛航後整理工作、行政工作、訓練、調派及待命等時間，並應列入勤務表。

圖15-1　飛航時間、飛航執勤時間與執勤時間對照說明

資料來源：取自2015年民航局飛時管理專案檢查報告。

根據規範，明定客艙組員連續24小時內，國內航線飛航時間不得超過8小時，飛航執勤期間不得超過12小時；國際航線飛航時間不得超過10小時，飛航執勤期間不得超過14小時，若超過規定，航空公司應增派客艙組員（如**表15-1**）。另明定於飛航執勤期間內國內航線及國際航線的起降次數限度。有關客艙組員飛航時間及執勤期間之相關規範限度摘要如**表15-2**。

第二節　疲勞的定義與影響

疲勞的定義為耗竭的主觀感覺，導致對工作的注意力產生困難，或體力、心智在工作後，逐漸失去原有效率的能力④。疲勞是身體與心理的疲憊與耗竭狀態，長期疲勞對身心具有相當負面的影響。疲勞可以視為身體防禦機能中的警告訊號及勞動生活中達到上限之前的一

表15-1 航空器飛航作業管理規則

航空器飛航作業管理規則	
第37條之1	客艙組員之飛航時間與飛航執勤期間限度如下： 一、連續二十四小時內，國內航線其飛航時間不得超過八小時且飛航執勤期間不得超過十二小時。國際航線其飛航時間不得超過十小時且飛航執勤期間不得超過十四小時。如國內航線及國際航線混合派遣時，其飛航時間限度應依國際航線之規定。 二、超過前項國際航線規定者，航空器內備有休息座椅或睡眠設備，航空器使用人應調配客艙組員並安排飛航中輪休以延長其限度。但延長之飛航時間不得超過十六小時且飛航執勤期間不得超過二十小時。 前項第二款派遣之飛航，遇有天災、事變或其他不可抗力事件者，其飛航時間及飛航執勤期間得不受前項第二款規定之限制。但最長飛航時間不得超過十八小時且飛航執勤期間不得超過二十四小時。 客艙組員飛航二地之時間差如為六小時以上，且在不同時區超過四十八小時停留者，於執勤完畢返回基地後至少於四十八小時內，航空器使用人不得再派遣任何飛航任務。但再派遣之目的地為前述停留地或與前述停留地時間差在三小時以內者，不在此限。 航空器使用人應於客艙組員手冊中訂定飛航中客艙組員調配及輪休作業程序，該程序應包括異常情況之紀錄。 客艙組員於連續三十日內之總飛航時間，不得超過一百二十小時。

表15-2 客艙組員飛航時間及執勤期間限度規範

規範項目		客艙組員
飛航時間	連續24小時	8小時（國內） 10小時（國際）*
	連續30日	120小時
飛航執勤期間	連續24小時	12小時（國內） 14小時（國際）
	起飛降落次數	≦12次（國內） ≦6次（國際）
飛航執勤期間與休息時間	飛航執勤期間＜8小時	休息＞9小時
	飛航執勤期間＞8小時＜12小時	休息＞12小時
	飛航執勤期間＞12小時＜16小時	休息＞20小時
	飛航執勤期間＞16小時	休息＞24小時
執勤期間	連續30日	230小時

註：未備有睡眠設備之航空器，客艙組員連續24小時之飛時限制。

資料來源：取自2015年民航局飛時管理專案檢查報告。

種安全警覺措施。疲勞除了可能是疾病的徵兆外，它的影響層面還包括降低工作效率、喪失警覺能力、注意力不集中等，許多交通事故、職業傷害、意外災難都因個人疲勞所導致。

疲勞可分為身體疲勞、心理疲勞和情緒疲勞三類⑤。疲勞亦可分為急性疲勞（acute fatigue）和慢性疲勞（chronic fatigue）兩種⑥，前者是經過長時間飛行或連續短程飛行的人能體會到的感覺，但只要有充分的休息即可消除此種疲勞；而後者則是受到飛行的時間長短與班次頻繁的影響，未獲得足夠的休息，使得疲勞持續累積，必須經過長期的休息才能恢復。慢性疲勞的癥狀如：情緒不穩、易怒、經常便秘或腹瀉等，甚至引發心悸、心跳過快、心律不整或呼吸困難等心血管症狀、憂鬱症、焦慮、食慾減退等④。由此可知，慢性疲勞帶給人體的傷害遠勝於急性疲勞，故在急性疲勞發生之時，給予適時適當的措施以減輕或消除疲勞是避免慢性疲勞的有效方法。

依據ICAO對疲勞的定義，疲勞係指組員（含飛航組員與客艙組員）可能因睡眠不足或長期失眠、生理週期或工作量（精神和身體活動）影響，導致其精神或身體行為能力下降的生理狀態，它影響組員安全操作航空器或執行與安全有關任務的注意力和能力。

第三節　睡眠與疲勞

1980年起美國NASA進行飛行員疲勞的生理研究達數十年，研究結果提出飛行疲勞直接或間接的造成飛航事故，並且認為飛行疲勞和睡眠不足的因素，促使操作錯誤的發生，同時提出有效的預防對策④。

美國一項研究指出，睡眠障礙對空服員的顯著影響，每三位空服員中就有一位空服員有睡眠障礙。此議題重要性乃是睡眠對空服員的

健康（特別是心血管疾病的風險）、生活、生產力及公共安全攸關。美國民用航空醫學研究所（CAMI）研究發現，因休假和執勤循環擾亂睡眠活動導致空服員有慢性睡眠剝奪（sleep deprivation）、疲勞和認知功能下降情形。CAMI指出下列關鍵因素對降低疲勞風險的可能性，包含總任務天數多寡、一天中服勤的航段（班）次數、在外站旅館休息恢復時間、連續值班天數／航程長度與任務間休息的天數等其他影響因素，此外，在高空低壓缺氧壓力、工作負荷及噪音等亦與空服員疲勞有關。

　　然而目前，美國FAA將疲勞緩解仍限縮於空服員執勤時間係考量工作／休息週期，而非基於最佳實務從睡眠／清醒因素。總之，疲勞和睡眠中斷的管理仍需要航空公司或民航管理當局共同解決⑦。

第四節　空服員疲勞管理

一、造成空服員疲勞可能因子

　　造成空服員疲勞的可能因子包括：執勤時間、前24小時睡眠未達8小時、休息時間與長時間工時重疊、距前一次休息時間超出17小時等。疲勞造成之影響包括：注意力不集中、反應時間增加、影響決心下達及狀況警覺、對額外工作負荷之自發性作為、對危險因子察覺能力、資訊追蹤能力、良好溝通能力等⑧。況且飛航作業之模式通常是長短航程交替、國內與國際線交錯，因此空服員必須在日夜顛倒的環境下適應並調整生理時鐘。是故，過度的疲勞不僅會降低客艙組員的服務水準，還會損害其反應能力與危機應變能力。

　　一項針對中華航空303位空服員的研究指出，空服員經常覺得飛

行時數太長，超過體力負荷。且飛行時數的多寡，對於空服員的疲勞感受，有直接的影響，特別是每月飛行時數在「91～100小時」的空服員，其疲勞的感受都遠高於平均值⑨。在另一項對英國航空公司926位客艙組員調查指出，組員認為在從事空服員工作後自覺健康日益惡化，而他們最抱怨的是長時間工作與無規則的輪班。很多空服員表示，雖然身體不適，但會儘量不請假以免有病假紀錄⑩。

在日本針對1,317位四家航空的女性空服員的飛時班表與疲勞症狀之調查，關於空服員疲勞相關的症狀有下背痛等；且疲勞和工作壓力與空服員飛行工作時間攸關。研究並記錄分析女性空服員飛行班表，結果顯示造成嚴重空服員疲勞症狀，可能與下列這些因素有關：如執勤國際線航班者在深夜和清晨工作、飛行時間過長及飛行兩地的時差大導致干擾其生物節律（biological）等。在日本國內線航班可見空服員班表，常有大清早報到且在深夜報退等不規則班表。該研究亦指出，除了因工作時間長外，頻繁的起降次數亦與空服員疲勞有關。建議航空公司應當思考並改善空服員工作條件，例如在工作時間安排、機上休息及外站睡眠時間等考量，以減少空服員的工作壓力和疲勞症狀⑪。

國際線空服員外表看似光鮮亮麗能周遊各國旅行生活，但實際上對許多航空公司空服員面對的卻是睡眠不足、不衛生的工作環境，健康狀況不佳和承受高壓力⑩。因空服員於飛行中所扮演的角色不僅僅是提供乘客舒適且完善的服務，同時還需要身兼機上乘客的安全守護員，在危險發生之前要採取預防措施，在危險發生當時要能及時處置，將災害與損失程度降至最低。特別是911飛機恐怖攻擊事件後，除了乘客心理有負擔，空服員的壓力恐怕有過之而無不及。有時因應航空公司營運增班需求或天候、機械等突發狀況，客艙組員的飛航執勤時數亦隨之增高，甚至有缺員飛行、執勤紅眼航班、工時過高等問題。

此外，造成空服員疲勞因子除了本章討論有關排班、執勤時間、

睡眠狀況等影響因素外，空服員之情緒勞務狀況亦是重要的影響因素
之一。此種情緒勞務是指個人在工作中與人互動時，基於工作考量，
對情緒調節所付出的心力⑫。當員工在從事情緒勞務時，經常會遭遇
內在的真實感受和組織要求的情緒表達不一致，即情緒不協調。若長
時間的情緒不協調會使員工產生工作壓力，出現一系列與工作相關的
失調癥狀，如低自尊感、憂鬱等。此外，但若長期因為系統性忽視情
緒勞務，則員工會情緒耗竭和患職業倦怠⑬。有關情緒勞務與第一線
壓力已於本書第十四章討論。

二、關於紅眼航班[1]

隨著廉價航空興起，為提高飛機利用率及降低營運成本，或是由
於可運用機場時間帶有限，航空公司航班起降時間選擇於深夜或凌晨
時段。在國內隨著全球航空運輸蓬勃發展及兩岸航線急速擴張，航空
公司為因應市場需求，無不持續擴大機隊規模，致各家航空公司均致
力於招募人力；且因中國大陸及鄰近國家時間帶限制，「紅眼航班」
（red eye flight）班次亦無法避免③。

航空公司在越洋航線的長程客機上，配備有組員休息區（crew
bunk）（**圖15-2**），不同公司或不同的機型，配備亦不相同，基本上為
可躺平的床，有些是一字排開，有些則是上下鋪。以越洋線使用的波
音747為例，提供飛行員休息的多數就設置在駕駛艙附近，至於空服員
休息的地點多在客艙後段。組員在長程飛行中，可安排輪流休息。然

---

[1]根據維基百科，紅眼航班是指在深夜至凌晨時段運行，並於翌日清晨至早上抵
　達目的地，而飛航時間少於正常睡眠需求（8小時）的客運航班。紅眼航班最初
　於1959年出現於美國，因為乘客下飛機時多睡眼惺忪，像兔子一樣紅著眼睛上
　下飛機，紅眼航班因此得名⑭。

圖15-2　空服員機上休息區

　　而，服勤紅眼航班則因為航程時間並非越洋航線，組員無法輪休，且深夜或凌晨起飛，則空勤組員亦需熬夜飛行，倘若任務後休息時間不足再報到執勤飛行任務，易造成疲勞。故2014年中華航空多位空服員抗議公司加開深夜或清晨起飛的「紅眼班機」，並減少部分航班的空服員，造成空服員疲勞飛行、工作量加重，要求補足人力並降低「紅眼航班」數量。此乃因「紅眼航班」執勤時間對生理時鐘影響大且不像一般飛往歐美的夜間航班能在飛機上輪休，故格外辛苦。

　　大部分國家對所謂紅眼航班均無相關規範，民航局於2015年就國籍航空調查統計紅眼航班係參考英國規定，係按照區域線之組員執勤飛航執勤期間跨及起飛地時間凌晨2～5時之飛航任務③。現行AOR規定如表15-3：

表15-3 航空器飛航作業管理規則

航空器飛航作業管理規則	
第37條之2	組員於執行飛航任務或待命勤務前，應給予連續十小時以上之休息。 航空器使用人不得超過連續三日派遣組員執行飛航執勤期間跨及起飛地時間午前二時至五時之飛航任務。 連續二日派遣組員執行飛航執勤期間跨及起飛地時間午前二時至五時之飛航任務，執勤完畢後應給予連續三十四小時以上之休息。 連續三日派遣組員執行飛航執勤期間跨及起飛地時間午前二時至五時之飛航任務，執勤完畢後應給予連續五十四小時以上之休息。 航空器使用人派遣組員執行飛航執勤期間跨及起飛地時間午前二時至五時之飛航任務後，給予連續十四小時以上之休息者，得不受前二項規定之限制。

　　據調查結果，目前國籍各航空公司組員執行紅眼航班之比率並不高，然考量此類航班確為影響組員疲勞之重要因素，民航局表示將連續執勤紅眼航班期間之14小時休息得不受連續執勤後休息34小時或54小時限制之規定予以刪除，使我國紅眼航班之規範標準更趨嚴格③。此外，針對如紅眼航班時段執勤，可讓空服員評估自我的身心狀況，提升空服員對自我職場健康問題之敏銳度⑨，以降低疲勞，增進空服員福祉。

結　語

　　有鑑於空服員肩負客機乘員安全的重要的職責，不僅在緊急狀況下協助疏散撤離，並接受訓練以處理客艙煙霧及火災處理，且包括如心肺復甦與緊急分娩等醫療處理。如發生911恐怖攻擊事件及德國之翼飛行員蓄意操作飛機撞山事故後，更加重了空服員在飛行中維持乘客的安全及保安的責任。更重要的是，飛行中空服員須留意並監控不尋

常乘客的行為舉止，並隨時對客艙環境保持覺察。這些增加的職責若因空服員的疲勞以致未能發揮組員功能，則可能嚴重危及乘客及其他組員的健康、安全與保安⑮。

一如民航局於2015年針對國籍航空空勤組員飛時管理專案檢查報告所述：大多數組員與法規上限尚有相當之裕度空間。然現行航空業全球飛航運作模式，造成空勤組員之疲勞因素複雜，如長程時差、夜間執勤及短程航班連續起落等皆可能造成疲勞，如僅透過法規加以規範，確有侷限性。又如，本章引述日本及美國所做的研究調查，影響空服員疲勞因素，除了高空環境及工作負荷外，空服員的班表〔在國際線包含總任務天數、組員在外站旅館休息的時間是否足夠，以及連續執勤的天數與起降兩地相距的時差等因素；國內線則有一天服勤的航段數（是否有頻繁的起降次數）〕等因素亦須納入考量（**圖15-3**）。

美國NASA的研究顯示，適當的休息時機遠比休息時間的長短重要許多，相信大多數的組員實際體驗也是如此⑯。因現行法規派遣規定及組員班表安排，係以考量執勤任務時間配搭休息時間（work/rest），而非考量組員生理時鐘、睡眠／清醒因素（sleep/wake）⑰。大部分航空公司發現，由於飛航環境、情境的多元、多變與時區差異和人類本身生理限制關係，現有以飛航時間、飛航執勤時數為限制的時效性法規，顯得薄弱、不周延，且可能成為飛航安全的隱憂⑯。

2015年11月空服員桃園工會抗議現行空服員工時過長，違反「勞動基準法」規定。我國勞基法原規定勞工每月法定工時為168小時加上加班46小時，每月最高工時為214小時。然在法定工時部分，勞基法業已於2015年通過修法，自2016年1月1日起法定工時由原雙週84小時縮減為一週40小時。有鑑於此，檢視客艙組員工作時間確實有改善空間。對此，民航局亦回應將參考美國聯邦航空法規，擬修法AOR將客艙組員30日230小時的執勤期間將縮減至200小時以內，且「生理時鐘」、「休息設施」和「休息時間」等一併納入考量，新法預計2016

年8月實施⑰。

　　美國NASA自願報告系統（ASRS）研究自1999年以來與客艙組員疲勞有關的17件客艙異常事件，提出改善之道，包括教育訓練、班表人性化、政策上之調整及針對疲勞管理計畫⑧。組員疲勞是飛航作業環境中無可避免的現象，疲勞導致人為誤失，降低專業表現亦是必然的後果。故航空公司當運用安全管理系統之程序與方法，積極建置「疲勞風險管理系統」，透過科學知識方法，結合飛航資訊及飛航運作經驗，對組員之疲勞狀態進行監控及風險評估，發展減緩疲勞之工具或方式③。

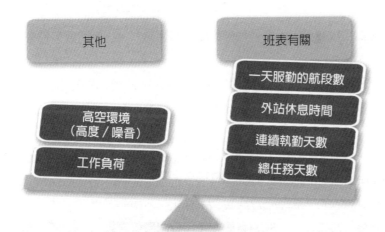

圖15-3　影響客艙組員疲勞之因素

参考文獻

①Brown, J., & Lee, V. (1986). Non-conventional work schedules and personal life: An inquiry into the lives of female flight attendants. Unpublished doctoral dissertation, University of Boston, Boston.

②Nutt-Birigwat, A. P., & Shelia, T. (1986). Occupational stress: Source and amount found among flight attendants. Unpublished doctoral dissertation, University of Boston, Boston.

③交通部民用航空局（2015）。「航空公司空勤組員飛時管理專案檢查報告」。

④溫德生（1998）。〈飛行疲勞的認識與預防〉。《航空醫學會會刊》，12(1)，16-34。

⑤程千芳、游一龍（2011）。《航空心理學》。台北：洪葉文化。

⑥汪曼穎、何立己（1998）。〈飛航組員疲勞之潛在因素〉。《應用心理研究》，30，225-251。

⑦McNeely, E., Gale, S., Tager, I., Kincl, L., Bradley, J., Coull, B., & Hecker, S. (2014). The self-reported health of US flight attendants compared to the general population. *Environmental Health, 13*(1), 13.

⑧任靜怡（2007）。「SCSI客艙安全年會出國報告書」。台北：行政院飛航安全委員會。

⑨陳韻如（2014）。《空服員工作時數與身心狀況之研究——以中華航空公司為例》。中華大學行政管理學系碩士論文。

⑩Walsh, J. (1999). Deregulation leaves cabin crews with high anxiety. *People Management, 5*(7), 20.

⑪Ono, Y., Watanabe, S., Kaneko, S., Matsumoto, K., & Miyao, M. (1991). Working hours and fatigue of Japanese flight attendants (FA). *Journal of Human Ergology, 20*(2), 155-164.

⑫吳宗祐、鄭伯壎（2006）。〈工作投入與調節他人情緒能力對情緒勞動與情緒耗竭之關係的調節效果〉。《中華心理學刊》，48(1)，69-87。

⑬Heuven, E., & Bakker, A. (2003). Emotional dissonance and burnout among cabin attendants. *European Journal of Work and Organizational Psychology, 12*(1), 81-100.

⑭維基百科：紅眼航班。https://zh.wikipedia.org/紅眼航班。

⑮ "Fatigue: Flight attendant perspective" http://www.scsi-inc.com/CSS%2026/Presentations/SCSI%20CSS%202009%20Kolander.pdf

⑯何立己（2012）。〈一個多贏且能協助解決飛安隱形挑戰的系統——疲勞風險管理系統〉。《飛行安全季刊》，70，10-15。

⑰〈空服員值勤時間 將調降為200時／30天〉（2015年11月09日）。中央廣播電台新聞。http://news.rti.org.tw/news/detail/?recordId=233144

第十六章

空服員制服及乘客
搭機服裝建議

- 空服員制服設計取向
- 空服員制服的功能
- 要美麗或給力——裙裝美還是褲裝好？
- 乘客搭機適合的服裝
- 客艙組員制服的規範

前 言

制服一直被視爲一種象徵，能穿上空服員制服也是許多欲從事空服員的夢想，而客艙組員更是航空公司的門面，也是社會大眾對航空公司的第一印象。不僅因他們是第一線與乘客接觸者，同時當他們周遊各地出現在機場與飯店時也是一種航空公司形象的展示①。

航空公司間競爭激烈，許多航空業更透過空服員制服，以塑造公司形象，並藉此提升自己的營運與競爭優勢。然而，在大多數情況下，空服員身著不合宜的制服難以發揮其職責與功能，更難以確保乘客的安全。特別當緊急情況下，如滅火、緊急疏散，以及在寒冷天候下撤離逃生，不合宜的制服反而可能會導致空服員受傷②。

第一節　空服員制服設計取向

一般而言，空服員制服以合身剪裁、俐落線條爲主，航空公司會在顏色、鈕扣、領巾、帽子上發揮創意，另外，空服員制服上不同顏色（如中華航空空服員制服在客艙經理、座艙長與空服員各有不同顏色）或設計（如長榮航空空服員從外套袖子上繡線，可看出空服員職級）。空服員制服亦常融入企業識別標誌和特色，以凸顯各航空公司形象。甚至空服員制服代表國家特色與傳統文化，如新加坡航空女性空服員的傳統沙龍裝，有極高識別度與代表性；又如2014年亞洲航空（AirAsia），即因女性客艙組員制服太性感，馬來西亞交通部指示亞洲航空檢討空服員制服，以反映馬來西亞文化③；又如國籍中華航空女性空服員制服，不論如何改變亦以融合現代時裝概念及剪裁，且維持設計保有傳統旗袍元素。

然空服員制服設計除了在樣式外觀與形象設計等元素外，隨科技

進步，穿戴式裝置等應用亦納入制服設計中以強化制服的功能性。如易捷航空（EasyJet）於2015年針對空服員與工程師發表新制服，在空服員的制服肩上及下擺都鑲有LED燈，可用來做緊急照明之用，而夾克翻領上的LED燈則可用來顯示航班號碼與飛行目的地，衣服上還嵌入麥克風以方便與飛行員、空服員及乘客溝通④。

　　此外，空服員制服向來受到關注程度高，如2014年國外一旅遊網站由旅客評比亞太最佳空服員服裝，第一名為中國東方航空，原因是該航空公司制服在「融入傳統服裝元素」上得到高評價⑤。2015年英國《每日郵報》亦發布「最時尚空服員制服榜」，當然所謂的「最佳」或「最時尚」制服，還是由消費者觀點視之。故時可見國內外各航空公司每每替組員換新裝時，藉由名家設計師操刀的吸睛制服，大張旗鼓如同走秀般展示，有人稱為空中的時尚伸展台。然而，空服員制服究竟是航空公司品牌的符號代表，或是公關行銷的元素工具，還是空服員的工作服？國內的遠東航空停航後於2000年復飛，重新復出的遠東航空即從演藝經紀公司找來身材、面貌姣好的模特兒擔任空服員。尤有甚者，越南的越捷航空即以空服員穿著比基尼在機艙熱舞及拍攝比基尼模特兒月曆打響知名度。無獨有偶，2015年12月於中國大陸山東舉行第十一屆全國高校「模特・空乘」專業推介會，據英國《每日郵報》報導，這場比賽吸引中國各地超過1,000位高中畢業生來參加。報導也指出，其他各國認為模特兒和空姐是兩種不一樣的職業，但在中國兩者卻極為類似。參賽者都要穿上清涼比基尼、露出好身材走秀，獲選者除了能夠成為正式的模特兒，被經紀公司簽下，也可以選擇接受空服員訓練，未來朝空姐一職發展⑥。

　　一如作家平路評論華航2015年新制服文章所述：「發表的既然是空服員制服，重點在誰穿它？誰才該對每日穿在身上的工作服表示意見？」⑦。儘管普羅大眾對空服員尚存有既定的印象，但客艙組員在飛機上並非為其他的原因，主要還是作為一個安全專業的人員。由此

觀之，對空服員制服的標準當然是有所不同。

第二節　空服員制服的功能

　　1999年飛行安全基金會的報告中，解釋人們是如何在火災中受傷，乃因輻射熱及周圍環境熱導致燒傷。飛機火災通常會產生高輻射熱，輻射熱係以直視線的傳導方式造成人員傷亡。因此若能在乘員皮膚與火源之間有所屏障就能增加保護力，幾乎任何類型的屏障都足以充當，在某些時間有限的情況下，衣物即可作為一個屏障，保護對暴露在熱環境中的乘員，其所穿服裝的種類和數量可視為第一道防線。衣物能將皮膚覆蓋並提供某種程度的絕緣保護，以防止燒傷[8]。

　　客艙組員主要的功能為緊急情況時賦予領導權以保護乘客[9]，那麼當飛機有狀況須緊急撤離時，我們若希望客艙組員能及時有效協助乘客逃生，則他們所穿的工作服是否有足夠保護力幫助他們？若客艙組員在執行核心職責的過程中受傷，可能會限制他們提供乘客援助的能力[10]。回顧過去事件中，可看出客艙組員制服的確為一須正視的安全問題。

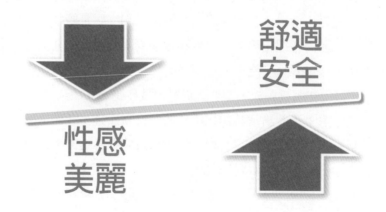

案例1

1989年3月3日安大略航空一架飛機剛起飛不久即墜毀。在調查報告中，提及一個空服員服裝的客艙安全問題。一位空服員她腳著無鞋帶便鞋、身穿輕薄洋裝及無袖背心。當時機艙外下著雪，她的鞋子一隻遺失在客艙內，另一隻掉落在機艙外。她最後是向一名乘客借了一雙鞋，讓她能協助乘客⑪。

案例2

1993年11月4日中華航空一架飛機於香港啓德機場著陸時衝出跑道落海。機上的客艙組員曾抱怨她們的制服為長裙且太緊，這嚴重影響他們緊急疏散的能力①。

案例3

1995年6月8日一架ValuJet航空在起飛前由於發動機故障，發動機的彈片穿透機身和發動機的主燃料管線，機艙發生火災。飛機在跑道上停下來並進行疏散。一名空服員受到燒傷及彈片傷口，是飛機上受傷最嚴重的，她的腿部有超過15%的二度燒傷。她被燒傷的關鍵因素在於她的制服，由於她穿著一件短袖polo衫，短褲、襪子和運動鞋。燒傷主要集中在沒有任何覆蓋物的腿部①⑧⑪。

案例4

2000年10月31日新加坡航空於桃園機場起飛前墜毀失事，一名客艙組員陳述她的涼鞋在逃生時遺失⑫。

案例5

2014年12月30日菲律賓亞航飛龍航空（AirAsia Zest）一架客機，降落菲律賓卡利波國際機場時衝出跑道，機上乘客使用逃生梯離開飛機。

機上159人全平安。然從網路新聞照片看出，兩位女性空服員沒有穿鞋子（應是跳逃生滑梯前將高跟鞋脫掉）赤腳站在機坪旁⑬。試想，逃生撤離後空服員赤腳當如何協助其他乘客？

　　在1995年ValuJet事件後，美國NTSB建議FAA當對所屬航空公司客艙組員服裝提供資訊。之後FAA發布公告，航空公司應宣達FAA針對搭機旅客與客艙組員的服裝建議。建議內容說明：爲減少被燒傷的機會，最好是穿長袖衣服和褲子。在材質上，如羊毛、棉質等天然質料較優於合成纖維織物。此外，應著有綁帶的低跟鞋，不建議著涼鞋。同時，航空公司應確保機組人員和負責制定組員服裝標準者，皆應知悉此資訊①⑭。

　　此外，新加坡航空已於2001年起推出新的女性客艙組員鞋子，新設計的鞋取代舊有的涼鞋於起飛及降落時穿著，其目的是提高舒適性和進一步加強安全⑮。

　　1997年加拿大交通部運輸單位針對客艙組員制服發布民航通告（Air Carrier Advisory Circular）⑪。該通告向航空公司說明現行客艙組員制服存有潛在危害，當航機緊急疏散及客機失火情況下制服未能提供客艙組員足夠的保護性。同時建議航空公司採取以下原則並考慮更換現有的空服員制服，以確保他們適合客艙組員安全相關的職務。

1.選擇天然纖維的棉或全毛，具有高成分的棉花或羊毛或混紡。
2.選擇長袖上衣和襯衫。
3.選擇長褲。
4.避免太長、太緊及太短的裙子。
5.選擇包住腳的低跟鞋。
6.選擇鞋子與鞋帶，皮帶或功能扣。

　　同時加拿大交通部運輸單位還建議航空公司應將下列事項納入營

運操作程序：

1. 客艙組員起飛和降落前就座時應穿著外套。同時若班機於冬季或惡劣的天氣情況下起降，客艙組員應穿著外衣（如大衣、手套、靴子）。
2. 在情況許可下，客艙組員滅火前應先穿上外套以保護自己。
3. 在飛機滑行、起飛及降落階段，客艙組員不穿像是高跟鞋或涼鞋等不實際的鞋類。

1999年飛行安全基金會的報告提及空服員每天穿的制服在材質上須因應其工作環境及考慮緊急狀況下進行逃生疏散。以下為幾個重要的考量因素⑧：

1. 舒適性：織物的手感、吸水性、透氣性、彈性，以及對皮膚刺激的程度。
2. 清洗維護性：衣服可以清洗的程度，以及清洗是否讓材質受損，且清洗程序對衣物阻燃的影響。
3. 耐用性：織物和服裝能禁得起環境和機械壓力。
4. 對火反應：當暴露在熱或火焰下織物的特性。
5. 保護性：火災時能提供穿戴者保護力，包括織物接觸到熱，氣溫在其結構的變化，以及是否自點火後熄滅。

Bhatt（2000）於澳洲飛安調查學會（Australian Society of Air Safety Investigators）網站發表專文針對「客艙組員制服可燃性」探討⑩，並對客艙組員制服材質提出建議如下：

1. 應使用天然蛋白質纖維於制服材質面料。
2. 外套、裙子和長褲建議用緊密編織的羊毛（由於羊毛燃燒特性具有高燃點及自熄能力，且羊毛耐用也易於維護）。

3.領帶及領巾可用眞絲。

4.避免尼龍襪,因爲它遇熱收縮並迅速融化在接觸表面。

5.選擇包住腳的低跟鞋。

6.除制服外建議要穿適量的內衣（內衣可以提供皮膚和外衣之間的屏障）。

第三節　要美麗或給力──裙裝美還是褲裝好？

　　2012年韓亞航空（Asiana Airlines）女性空服員爲爭取穿著褲裝而登上媒體引起關注。在韓國另一家大韓航空（Korean Air）已在2005年提供長褲予女性空服員。據媒體報導,韓亞航空是南韓唯一不准女性空服員穿褲裝的航空公司。韓亞航空管理階層解釋,只准著裙裝這一項,是要突顯朝鮮民族女性的柔美。韓亞航空空服員遂向韓國人權委員會抗議,希望公司允許女性空服員穿褲裝執勤。該委員會裁定韓亞航空對女性空服員服裝規範有差別待遇,長期爭取穿褲裝的韓亞航空空服員贏得勝利,推翻女性空服員只能穿裙裝的公司規定。韓亞航空一位工會領導人也是資深客艙組員,在受訪中說明:「我們並非只是簡單地要求穿著舒適的長褲,這是攸關乘客和組員的安全,以及客艙組員的穿著選擇權。我們也明瞭對形象應當重視,但我們相信,我們的制服最重要的功能是在協助我們的乘客。」⑯

　　女性空服員穿著裙裝,依照航空公司服勤規範多需穿著絲襪,然絲襪爲易引火的尼龍材質,部分航空公司在飛機火災處理標準程序會要求女性空服員火災發生時需先脫下絲襪。試想,在分秒必爭的緊急狀況需迅速撤離協助乘客逃生之際,女性空服員還得脫掉絲襪避免絲

襪遇高溫溶解黏著皮膚上。且著裙裝較長褲在行動上更受限。故女性空服員穿著絲襪不僅對自身造成危害，此舉亦影響逃生的黃金時間。

不僅是在南韓，甚多歐美的航空公司如聯合航空、達美航空、加拿大航空、英國航空及荷蘭航空等已將長褲設計納入全體女性空勤人員的標準服裝項目。

然目前我國籍航空公司中除低成本航空——威航與台灣虎航，其女性空服員制服為褲裝外，其餘航空公司女性空服員清一色著裙裝，且在服裝設計上亦多強調形象外觀，如中華航空女性空服員制服，其一貫的旗袍制服形象以襯托出東方女性溫柔婉約的氣質，貼身剪裁展現女性的曲線美⑰。並未見任一傳統航空公司將長褲納入女性組員的制服規範。反觀，航空公司在進行新進人員訓練及年度複訓時，為操作及動作方便，並非著平日裙裝制服乃讓空服員穿著特殊的連身工作服（如圖16-1，空勤組員進行緊急迫降撤離演練）。此舉既不符合客艙

圖16-1　空服員進行緊急迫降演練

資料來源：國立高雄餐旅大學王穎駿老師攝。

組員真正面臨緊急狀況時身著服裝限制與約束，亦突顯褲裝較裙裝在緊急狀況與逃生撤離時更為合適。

第四節 乘客搭機適合的服裝

　　美國一旅遊網站專文指出搭機合適的服裝：衣服應該是能夠阻燃、耐摩損並適合各種天候狀況。當考量飛機遭遇火災時，穿著長袖衣褲能有阻燃性。衣物質料避免穿合成材質，特別是容易緊貼皮膚的服裝（包含如尼龍襪）。身著合成纖維材質遇熱易融化，則不僅是燃燒並可能導致自身陷入如汽油彈般地獄中。可選擇如羊毛，或是如亞麻、棉、絲等材質。另外，航機失事後生存能力亦取決於個人的移動性。在緊急降落過程中，你必須保護你的腳和腿，使能步行到出口和遠離飛機（途中可能需踩過破碎的玻璃或其他東西）。故不要穿著涼鞋或高跟鞋，最好穿著有堅固的綁帶鞋，並隨時穿妥待命戒備[18]。加拿大運輸部網站亦提供乘客飛行穿著的建議，除了明列選擇合適衣物外，其他的合成纖維織（飾）品亦應注意，包括褲襪、假髮、髮片、圍巾、領帶和內衣等，遇熱後會變得更熱，甚至熔化而造成更嚴重的燒傷[19]。同樣地，飛安專家提醒搭機乘客注意幾個簡單的要領，就能顯著提高生存機會。其中一項是「聰明地穿著」，應穿著舒適及不易脫落的平底鞋，因為穿人字拖和高跟鞋不利於滑下逃生梯。且應避免穿著易燃的人工纖維和絲襪；建議穿棉和羊毛材質衣褲[20]，乘客搭機合適服裝建議如圖16-2。

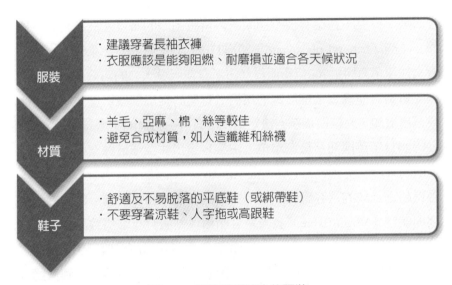

服裝
・建議穿著長袖衣褲
・衣服應該是能夠阻燃、耐磨損並適合各天候狀況

材質
・羊毛、亞麻、棉、絲等較佳
・避免合成材質，如人造纖維和絲襪

鞋子
・舒適及不易脫落的平底鞋（或綁帶鞋）
・不要穿著涼鞋、人字拖或高跟鞋

圖16-2　乘客搭機適合的服裝

第五節　客艙組員制服的規範

　　加拿大航空公司（Air Canada）要求面料需先通過進行耐火性測試後才能用於客艙組員制服⑧。美國空服員協會的健康安全委員會，在制服可燃性測試（uniform flammability testing）項目中亦述明將對客艙組員制服所用材質要求符合聯邦易燃織物法條例。於空服員協會規範中，要求航空公司將制服供應商提供予空服員工會查核，以確認供應商承做制服的布料材質符合法規條例的要求㉑。

　　除了考量制服可燃性外，組員長時間穿著的制服其材質對身體更有直接影響。根據報導，阿拉斯加航空（Alaska Airlines）於2012年換發新制服後導致組員背部、腿部起紅疹，質疑制服材質含有有害化學物質所致。阿拉斯加航空公司空服員投訴表示穿上新制服，陸續發生

皮膚癢、掉髮，甚至其他不適問題，新版制服的布料疑似遭到名為磷酸三丁酯（tributyl phosphate，簡稱TBP）的化學物質汙染㉒。根據工會文件顯示有將近700位空服員（占所有空服員人力的四分之一）表示因穿新制服而導致某種形式的疾病。有鑑於提出制服影響健康的空服員日趨增加，阿拉斯加航空決定更換所有客艙組員的制服㉓。

2011年英國商務旅遊單位，由乘客選出「全球最辣空姐」，結果英國的維珍航空（Virgin Atlantic Airways），因為「性感魅力形象」，獲得超過五成的乘客青睞，拿下第一名。但同時，同屬一集團的維珍澳洲航空（Virgin Blue）發表新客艙組員制服時，卻遭致組員抱怨。澳洲民航局（CASA）表示，自新員工制服亮相以來已收到至少有四宗投訴。空服員抱怨制服的設計，在緊急情況下，手臂不能抬到肩膀以上的高度，此種不合身的服裝設計變成是一種障礙；另外是制服的材質，當發生火災時，100%的聚酯纖維，它將會像塑料熔化在皮膚上。同時客艙組員抱怨維珍集團重視外觀形象更勝於組員的健康與安全㉔。

2014年日本的天馬航空公司發表為女性空服員設計60年代風格的迷你裙制服，且制服幾乎無法包覆住空服員的大腿，隨即遭到日本空服員聯盟的譴責，認為這套制服的設計可能會帶來包括性騷擾等問題。同樣地，2014年國泰航空工會接獲空服員反映新制服造成工作不便，因夏季制服中的V領設計，會使空服員俯身、彎腰送餐或半蹲與旅客談話時，領口易走光。腰身設計也會使空服員伸手到行李廂時露腰，甚至成為性騷擾誘因。2015年中華航空空服員換新制服，不僅在設計與外觀上引起廣泛討論，女性空服員也抱怨新鞋子材質及設計——除了鞋型外，鞋跟亦太高（高達7公分），有傷害組員足部之虞，造成走路困難，被要求應廢除女性空服員的高跟鞋，另提供空服員方便行進和工作的制鞋㉕。

然而就我國民航法規於「航空器飛航作業管理規則」第102條：

「航空器內部裝潢，如天花板、壁飾、幃幕、窗簾、地毯及坐墊、椅套、棚架等，其防火及耐火功能應經民航局委託之機關、團體檢定合格……。」故僅就客艙內裝防火規範，對空勤組員制服材質並無檢測要求；另在第「航空器飛航作業管理規則」188條：「……客艙組員工作時，應著航空器使用人所規定之制服，並自備手電筒一具置於便於取用之處。」在目前國內法規並無任何客艙組員制服相關規範。

為避免事故的發生，近年來飛機製造商多管齊下，專注於事故後生還因素上努力，特別是在撞擊後發生的火災和濃煙的存活能力，飛機乘客和組員安全撤離的生存機率已大幅提升。最顯著的進步，如在地毯、座椅和其他座艙部分研發出更安全的材料。這些新材料降低了火災發生後，關鍵的第一分鐘，產生燃燒現象和有毒煙霧的機會⑳。此改善與進步固然是提升對所有搭機乘員安全與保障，但在對客艙內裝不斷研發精進同時，對於緊急狀況時身負疏散乘客並協助乘客職責的客艙組員，他們每天所著的服裝是否符合工作所需？針對他們的制服卻沒有任何可燃性標準或法規限制？或許在服裝上要兼顧美麗時尚又實用安全並不容易，但試想當逃命時誰會注意到空服員穿著風姿綽約的窄裙。雖然一些航空公司（特別是亞洲地區）偏好展現客艙內迷人魅力形象，反之，大多數美國和歐洲的航空公司，為反映不斷變化的社會的標準和更嚴厲的法律限制，已經改變了這種競爭策略㉖。倘若我們認知客艙組員的安全應凌駕於外觀之上，重視他們的服裝就是建立安全的第一道防線。

本章部分內容，作者曾以〈要給力或美麗──從韓亞航事件談女性客艙組員的制服〉，發表於2013年《飛行安全秋季刊》第74期㉗；另修改後以 "Relevance of Safety to Airline Cabin Crews Uniforms" 發表於2014年《旅遊健康學刊》第13卷第1期㉘。

參考文獻

①*Cabin Safety Update, Vol. 5*, n. 6, 1999, published by the Write Partnership.

②Andreas, K. (1997). The responsibility of cabin crew in aircraft safety procedures. Paper presented at the International Aviation Safety Conference. *Aviation Safety: Human Factors, System Engineering, Flight Operations, Economics, Strategies, Management* (pp. 413-48).

③ "Airasia advised to review female flight attendant attire" . http://www.lipstiq.com/2013/07/04/airasia-advised-to-review-female-flight-attendant-attire/ (2013/07/04)

④陳曉莉編譯（2015年11月12日）。〈英國易捷航空試驗新制服，空服員穿戴科技穿上身〉。《IT home》，http://www.ithome.com.tw/news/99907

⑤〈調查顯示亞太空姐制服東航最靚〉。http://news.sina.com.tw/article/20130208/8955419.html（2013/02/08）

⑥ "The airline feminism forgot! More than 1,000 Chinese high school graduates have to parade in bikinis for a chance to become flight attendants" (2015/12/29) http://www.dailymail.co.uk/news/peoplesdaily/article-3377192/The-runway-skies-1-000-Chinese-high-school-graduates-strike-pose-bikini-chance-trainee-flight-attendants.html

⑦平路（2015年6月20日）。〈華航制服的大叔美學〉。《聯合報》。

⑧Waldock, W. D. (1999). Uniform materials affect flight attendant safety and ability to help passengers evacuate burning aircraft. Flight Safety Foundation. *Cabin Crew Safety, 33*(2), March-April, 1-8.

⑨民航局（2005）。民航通告AC120-034「航務」與「客艙安全」人為因素發展原則與執行方式。

⑩Bhatt, P. (2000). Flammability of cabin crew uniforms. http://www.asasi.org/apcswg/papers/flammability.pdf

⑪Transport Canada, Air Carrier Advisory Circular, No. 0136. Flight Attendant Attire.

⑫戎凱、方粵強、任靜怡（2002）。「參加第十九屆國際客艙安全研討會報告」。行政院飛航安全委員會。

⑬Hall, J. (2014). AirAsia plane carrying 153 people overshoots runway Philippines forcing passengers evacuate emergency slide. (2014/12/30). http://www.dailymail.co.uk/news/article-2891137/AirAsia-plane-carrying-153-people-overshoots-runway-Philippines-forcing-passengers-evacuate-emergency-slides.html

⑭U. S. Federal Aviation Administration(FAA)-Cabin Safety Index: Clothing. http://www.faa.gov/about/initiatives/cabin_safety/

⑮ "Singapore Airlines Introduces New Footwear For Cabin Crew", http://www.odysseymediagroup.com/apn/Editorial-Airlines-And-Airports.asp?ReportID=21208 (2001/3/29)

⑯ "Asiana Airlines' cabin crews say 'no' to skirts", http://travel.cnn.com/seoul/life/asiana-cabin-staff-say-no-skirts-100660 (2012/03/06)

⑰〈華航4月1日起 全面更換新制服〉（2007）。中華航空新聞稿，http://www.china-airlines.com/hk/newshk/newshk000211.htm

⑱ "How to survival on a plane crash", http://www.onebag.com/popups/plane-crashes.pdf

⑲ "What to wear", http://www.tc.gc.ca/eng/civilaviation/standards/commerce-cabinsafety-tips

⑳ "How to save your life in a plane crash", http://edition.cnn.com/2013/07/08/opinion/mcgee-surviving-plane-crash (2013/07/08)

㉑U. S. Association of Professional Flight Attendants (APTA). http://www.apfa.org/content/section/87/292

㉒ "New "Toxic" Uniforms Making Alaskan Airline Attendants Sick? ", http://www.emeryreddy.com/2012/08/new-toxic-uniforms-making-alaskan-airline-attendants-sick/

㉓ "Alaska Air replaces uniforms after attendants say it sickened them", http://www.king5.com/news/aerospace/Alaska-Airs-new-uniforms-are-for-more-than-just-looks-217173661.html

㉔ "Complaints about Virgin Blue's new uniform", http://www.travelwireasia.com/2011/03/complaints-about-virgin-blues-new-uniform/

㉕〈鞋子難穿不合腳 華航工會要求廢掉高跟鞋〉（2015年10月20日）。《自由時報》。

㉖ "Do sexy flight attendants really sell more seats?" http://edition.cnn.com/2013/03/20/travel/asia-flight-attendants/index.html

㉗萬光滿（2013）。〈要給力或美麗——從韓亞航事件談女性客艙組員的制服〉。《飛行安全秋季刊》，第74期，12-18。

㉘萬光滿（Wan, Kuang-Man）（2014）。〈論客艙組員制服的安全性〉（Relevance of Safety to Airline Cabin Crews Uniforms）。《旅遊健康學刊》，13(1)，71-80。

第十七章

客艙滋擾乘客之因應

- 客艙滋擾乘客日益增加
- **IATA**乘客滋事行為的預防和管理指引
- 客艙滋擾乘客之因應程序
- 建議改善

前 言

　　客艙安全所包含的範圍相當廣泛，舉凡乘客生還因素、機艙設計、組員資源管理、航空保安與乘客在機艙內的安全等，近年來有關乘客行為的議題亦逐漸受到重視，美國FAA自西元1995年起，對乘客在航機客艙中的滋擾或暴力行為進行統計，英國民航局CAA也自2002年起針對乘客滋擾行為進行統計。我國飛安基金會則將統計的範圍擴大為客艙異常事件，自2001年起以國籍航空公司為對象進行資料統計與蒐集①。

　　安全保安是航空業的首要任務。而乘客在飛機上不遵守規矩、滋擾行為是航空業持續關注的問題，滋擾行為已經成為飛航保安的嚴重威脅。乘客滋擾包含他們的行為出現對飛航安全、其他乘客、組員或財產造成威脅。乘客滋擾界定於無禮和粗魯的行為，乃至於身體的攻擊②。各國對此類行為有甚多不同的用字，如disruptive（失控的）、unruly（粗暴的）、incivility（缺乏文明的）、interference with crew duty（干擾組員執勤的）等等。而上述所有行為，目前普遍被總結為air rage，或 sky rage「空中暴行」③（註：此行為與企圖劫機、空中劫機、炸彈威脅有所區別）。

　　我國「民用航空法」中亦有相關規範與罰則，對機上乘客危害航機安全之行為加以約制。如第119條之2中明定：「於航空器上有下列情事之一者，處新台幣一萬元以上五萬元以下罰鍰：

一、不遵守機長為維護航空器上秩序及安全之指示。

二、使用含酒精飲料或藥物，致危害航空器上秩序。

三、於航空器廁所外之區域吸菸。

四、擅自阻絕偵菸器或無故操作其他安全裝置。」

　　於「航空器飛航作業管理規則」第50條中明定：「航空人員、航空器上工作人員或乘客於航空器內 吸菸者，機長應報請內政部警政署

航空警察局依本法第一百十九條之二規定處理。」另外第51條明定：
「任何人於航空器內不得飲用酒精性飲料。但該飲料係由航空器使用
人於餐飲服務時所提供者，不在此限。航空器使用人不得於其航空器
內提供酒精性飲料予下列人員：

一、已顯示醉態者。

二、解送人與被解送人。

三、依規定持械登機之人員。

航空器使用人得拒絕已顯示醉態者登機。」

第一節　客艙滋擾乘客日益增加

　　航空公司營運不確定因素相較於其他服務業甚多，造成班機異常
的原因並不可全然歸責於業者。依據美國運輸部統計，造成班機延遲
的原因，有70%肇因於天候因素④，其他外部因素包含航管因素、機
場相關因素（機場跑道、航廈容量不足）等。

　　空中運輸在過去二十年間發生巨大變化，特別是恐怖攻擊事件
發生後。研究指出，大部分乘客失序的事件皆發生於長程越洋國際線
的航班上。且隨搭機人數的增加亦增長了滋擾乘客人數的比例⑤，不
時可見乘客在機上鬧事的新聞出現，包括乘客向空服員怒吼、為座椅
傾斜而大打出手，甚至有乘客向哇哇大哭的嬰兒甩耳光。滋擾失序者
愈來愈多，而且有失控的趨勢⑥。專家表示，機上的環境容易擾動情
緒，從機場到登上客機，乘客會有許多競爭行為，登機大排長龍、爭
用座椅扶手、為頭上的放行李空間發生口角。除此之外，對很多乘客
而言，飛行是個令人筋疲力盡的經驗，上機時就已經情緒波動，也許
是因為很快就要轉機，或是家裡或工作有問題。另外有些人則害怕飛
行，會出現焦慮行為，或藉喝酒來平息焦慮，使其舉止難以預測⑥。

　　客艙滋擾事件與日俱增，我國交通部民航局彙整原因如下⑤：(1)航空公司報告系統已漸趨完善；(2)更多的媒體報導；(3)壓力（例如飛行恐懼、機場環境等）；(4)酒精及藥品的使用；(5)吸菸／氧氣的剝奪；(6)缺少活動空間；(7)空間壓力；(8)載客率增加；(9)精神與心理壓力；(10)商務航班的印象與現實不符；(11)社交行為中有關個人獲取資訊、產品及服務等習慣之改變；(12)實際服務與預期的滿意度有差異。另外，酒醉、菸癮、人際衝突、座位、行李、延遲、機上服務等均為醞釀滋擾行為的因素⑦，並驅使乘客藉端尋釁或具侵略性，其肇因包含但不限於③：(1)酒醉、菸癮與藥物；(2)精神狀況異常或害怕飛行；(3)故意違規，反權威心態或喜歡在同僚前炫耀；(4)非本人因素。

　　國內飛安基金會2008年統計五家國籍航空公司發生客艙異常事件高達546件，客艙異常一半以上都是生病事件，其次是約占四成的非理性事件，使用行動電話或電子用品、抽菸等問題最嚴重。空服員多以勸導關機未舉發，或亦有乘客遭移送航警，最後雖大多道歉和解了事，但已形成飛安隱憂。另外如肢體攻擊、性騷擾、語言攻擊、酗酒等也時有發生，有乘客用相機偷拍空服員的裙下風光，拍打或摸其臀部，甚至怒罵空服員；還有乘客疑似吸食禁藥，或精神躁動、異常，及喝醉酒在機艙內大吵大鬧；還有乘客打起來，要靠空服員勸架；甚至有體型較大的乘客嫌經濟艙座位太小，無法入座竟和空服員吵架⑧。

　　IATA理事長表示，自2010年至2013年底，航空公司共計報告二萬多起乘客鬧事事件，且過去幾年來機上鬧事事件的數量激增。IATA於2014年亦提出呼籲當優先關注此問題，並採取措施，以減少乘客鬧事導致航班異常的事件⑥。以下為IATA於2012年公布的乘客滋事行為的預防和管理指引⑨。

第二節　IATA乘客滋事行為的預防和管理指引

　　IATA提出關於乘客滋事行為的預防和管理指引，供航空公司參考。茲摘錄其中關於滋事乘客的定義、安全風險管理、標準作業程序（SOPs）建立以及航空公司政策等內容。

一、定義

　　所謂滋事乘客是指違反機場或航空器上的秩序規則，或沒有遵守機場工作人員或機組人員的要求，擾亂機場或航空器內的秩序與運作的乘客。IATA列舉了部分機上「違規或滋事」行為，如**表17-1**所述。

表17-1　機上「違規或滋事」行為

1.非法毒品消費
2.拒絕遵從安全指示，例如：拒絕遵從空服員繫緊安全帶、禁止吸菸、關閉電子裝備的要求或擾亂安全公告
3.與空勤組員或其他乘客的語言衝突
4.與空勤組員或其他乘客的肢體衝突
5.不合作乘客，例如：干擾空服員執行公務或拒絕按照指示登機或離開機艙、製造威脅（此威脅既包含指向個人的威脅，如威脅傷害某人；也包含意圖製造混亂的威脅，如聲稱有炸彈威脅；以及其他可能影響機組、乘客和航空器安全的威脅行為）
6.性侵犯和性騷擾
7.其他干擾行為，例如：尖叫、擾人、亂踢以及用頭撞擊座椅靠背或盤桌等

二、安全風險管理

航空公司在制定安全相關的政策及標準作業程序時，需要考慮到危險因子及後果。所謂危險因子，乃指可能會造成人員傷害、設備及機構損傷、物質損失或損害既定功能執行能力的條件、物件或行為；後果，則是危險因子可能帶來的結果。**表17-2**列出需要考慮的部分危險因子及後果。

表17-2 制定安全相關的政策及標準作業程序時需考慮到危險因子及後果

危險因子	後果
·不當或未遵照SOPs ·乘客服務文化（儘管在地面時即被懷疑有滋事行為的可能） ·空服員數量少於服務標準所需 ·乘客不遵守工作人員指示 ·空勤組員和乘客間的衝突 ·突發精神疾病 ·持續供應酒精飲料	·干擾空服員執行安全相關職責 ·乘客及空勤組員受傷 ·洗手間吸菸（失火） ·洗手間內煙霧偵測器損壞或導致煙霧偵測器失去作用 ·毀損安全封條，造成延誤 ·導致空勤組員受傷無法服勤 ·導致航機轉降或延誤 ·媒體關注 ·輿論負面報導 ·法律訴訟等

三、有關標準作業程序的建立

為了有效地預防和管理乘客滋事事件，航空公司標準作業程序應包含下列部分：

·對滋擾乘客「零容忍」政策
·運送條件

- ·酒精飲料政策／禁菸政策
- ·非法干擾（符合國家和／或國際民用航空法的定義法規）
- ·滋擾乘客的定義
- ·威脅級別的標準化定義
- ·客艙組員、飛行組員及地勤人員的職責
- ·對滋擾乘客的預防辦法
- ·對滋擾乘客的處置流程
- ·溝通與協調
- ·預防策略
- ·事件後的行動

四、航空公司政策

　　乘客滋事行為會擾亂航班的正常秩序，並影響其他乘客及干擾機組成員工作或是威脅航班安全。航空公司當建立預防策略以應對這些行為，預防策略應基於：提高乘客及所有員工關於航空公司如何應對滋擾事件的意識、「零容忍」政策、處置方式及後果。航空公司需要有處置滋事乘客的明確、健全的政策規定，並受到公司管理層的全面支持。但是，亦須注意區分——對待威脅其他乘客及工作人員安全的滋事失序行為與僅是粗魯行為是很重要的⑨⑩。

　　機上禁菸是構成乘客客艙精神焦慮而導致行為漸趨粗暴原因之一，另乘客機上酗酒也是行為粗暴原因之一⑪。以下分別介紹IATA對於酒精及禁菸政策的建議⑩：

(一)酒精政策

　　提供優質的顧客服務及確保乘客滿意度乃是航空公司共同的目標。向乘客提供酒精飲料的服務已經歷時已久，並很可能會繼續維

持。然而，享受酒精飲料和酗酒成癮還是有區別的。酒醉的乘客會成為自身和飛機上他人的威脅。在異常或緊急情況發生時，酒醉乘客不太能夠理解、合作、應對和遵循指令或撤離出飛機。在櫃檯、航站大廈、休息室、候機室和機上對酒醉乘客的容忍，既不利於航空公司向乘客提供安全、保障和優質的機上服務，也不利於保障機組人員安全環境。

在航空公司有理由相信乘客由於受到酒精的影響，會成為飛機、機上人員（機組人員或者乘客）或自身的一個危險源時，應當拒絕該乘客登機。

且這類酒精飲料服務應以合理的方式進行，這可能包括婉拒乘客要求酒精飲料的服務。除了機上提供的酒精飲品之外，不應該允許乘客飲酒；重要的是，空服員需要特別關注一些可能飲用自帶酒精飲料的旅客。在乘客滋事事件有所增加的特定航線上，一些航空公司以售賣酒飲取代無償提供的做法來嘗試減少類似事件的發生。在處理疑似酒醉乘客時，應儘量謹慎得體。如果某乘客出現了酒醉或者飲用自帶酒精飲料的情況，應當通知座艙長和飛航組員。如果乘客拒絕遵守機組的要求，客艙組員應當按公司流程處理。

航空公司可以考慮以成文規定在政策實施過程中支持所有的員工。另外，如一些IATA成員航空公司要求空服人員在聘用時取得澳洲調酒課程的資格。其他的IATA成員航空公司則使用美國國家餐館協會的交通燈系統來識別和管理酒精中毒。交通燈系統將旅客行為分類為綠色、黃色、紅色行為，以交通燈號方式觀察乘客的行為再進行服務。在乘客可能出現從綠色行為向黃色行為時，則以提供食物的方式進行緩解。

(二)禁菸政策

應當通知乘客並保證其能接受到所有關於機上吸菸的限制說明，包括何時、何地以及何種情況下禁止吸菸。此外，公司應該告知乘客需一直遵循「禁止吸菸」標誌或標語牌的指示以及機組人員的指令。乘客也應注意，機上洗手間都安裝有煙霧偵測器以禁止吸菸行為，且破壞煙霧偵測器是嚴重的犯罪行為，可能會被航空公司起訴。

五、預防

有關滋事事件的起因及預防措施，應對乘客滋事事件最有效的緩解措施就是防患於未然，且透過預防也可以提升整個工作流程中員工的責任感。航空公司可以將此融入其安全文化中，讓所有的員工都參與到預防過程。在任何情況下，對於滋事行為的預防以及防止行為的升級都是航空公司關注的重點。通常滋事行為不是單一事件的結果，而是一系列事件所導致的。潛在的滋事事件通常都伴隨有早期信號。公司政策的重點應該放在如何解決這些早期信號上，另外，許多事件都跟飲酒有關；在空服員向乘客提供服務的時候應當謹記這點，並且應當以負責任的態度提供酒精飲品。

當飛機在地面發生滋事事件時，最好將事件控制在地面上，這樣可以在必要的時候，將事件交由有關單位介入處理。因為保安單位和政府機構的介入，可使滋事乘客事件在地面更易處理⑩。

關於空中乘客滋事事件的起因歸因如**表17-3**。

表17-3 空中乘客滋事事件的起因歸因

1.中毒（如酒精、毒品或藥物中毒）（應當指出的是，在大多數情況下，酒精、毒品和／或藥物的攝入和後續影響通常開始於乘客登機之前）
2.在機上與其他乘客發生衝突（如踢座椅、搶扶手）或衛生事件
3.旅途不適；航程漫長，不能吸菸或使用個人／可攜式電子設備（如手機）；對顧客服務和服務傳遞品質不滿意（太慢、太久，餐食，設備故障：如娛樂設施、洗手間、餐桌、座椅等）
4.精神崩潰／精神事件，如急性焦慮症、恐慌症和恐懼症
5.心理問題，如精神病、老年癡呆症或其他跟精神健康相關的疾病
6.飛行之外的原因觸發的情緒（如失業）
7.乘客之間或乘客與機組成員之間的個性差異
8.缺乏藥物或酒精戒斷症狀

　　除上述原因外，需要注意的是，乘客也可能因為處於陌生的環境而導致過激行為的產生。跟飛行相關的環境因素，如機場擁擠的人群，被限制在封閉的空間中，對飛行或者高度的恐懼以及媒體對疑似恐怖分子的報導也可能會引起乘客的焦慮。當乘客離開飛機封閉的客艙環境後，恐懼症的影響通常會減輕。空中旅行和封閉的飛機客艙環境可能會使精神崩潰或疾病惡化。

第三節　客艙滋擾乘客之因應程序

一、防微杜漸

　　自911事件發生後，駕駛艙除了加強結構外，航空公司對前後艙組員在保安訓練課程都大幅修正，特別要求對乘客客艙行為要特別注意。因為過去曾發生劫機案是藉客艙粗暴行為開始，最後演變成劫

機。因此，客艙乘客行為有異時，機組員應審慎判斷，小心回應⑪。滋擾行為的研究顯示，一連串的小事可能會鑄成嚴重的後果；潛在滋擾行為的早期徵候是可預見的，重點應放在對早期警訊的回應，而非專門針對已升高事件的處理。航空公司所能採取的措施為盡可能地防範。IATA建議可分為組織內部及外部兩種方法，如**表17-4**。

二、對滋擾乘客空勤組員因應處理

第一，處理滋擾的程序依事件的嚴重性不同，基本上可分下列幾種類別（或階段）——採取勸阻、警告及限制行動（**圖17-1**）。

表17-4　IATA建議的組織內部及外部方法

組織內部方法	組織外部的方法 （包含與乘客間的溝通）
1.對如何處理滋擾行為訂有明確的政策，特別是初期發生階段。 2.確保運作順暢：長時間等待產生之挫敗、高載客量、資訊不足、機務等問題。 3.第一線人員的訓練：教導地勤人員、客艙組員及飛航組員學會如何分辨潛在滋擾行為的早期警訊，確保與滋擾乘客接觸人員具備所需的溝通技巧，也瞭解將情況通知其他作業單位以便做有效處理的重要性。 4.維持確實與最新的報告並統計確切發生的事件，便於持續的觀察事件的類別及實施訓練的需求。	1.登機前，特別是團體乘客。 2.藉由座椅袋內安全提示卡。 3.藉由機票或電子機票上的資訊。

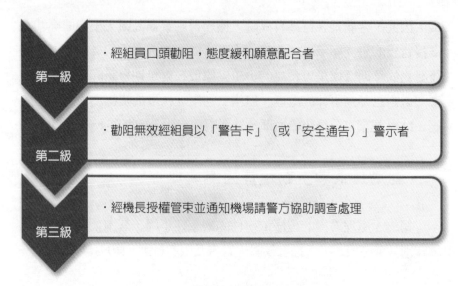

圖17-1　滋擾乘客空勤組員處理程序

依照乘客不同行為及嚴重性，空勤組員在不同狀況（階段）採取相對應措施：

1. 最輕的是那些乘客經組員要求遵守指示，而乘客也符合要求（如口頭辱罵他人、違反搭機安全規定、未遵守使用電子裝備時機等）；組員不需採取進一步行動，也不需報告駕駛艙組員、公司或主管機關。

2. 第二級是那些乘客經組員要求按照指示，但是乘客持續干擾而影響客艙安全，如持續的口頭侮辱或拒絕依照規定等。空服員告知機長此情形，機長協調空服員處理程序，如利用廣播系統或由飛航組員出面制止。若乘客仍持續不當行為，則以「安全通告」或「警告卡」警告該乘客已違反法律規定。

3. 乘客滋擾最嚴重的狀況是因組員的工作已被乘客持續的干涉而打擾，甚至乘客或組員受傷，或遭到受傷之威脅因而做了非表

訂預期的降落或採取必要之禁束措施②。另外機長通知航管要求航警於機邊等待，落地後交由警方調查處理。

第二，若需要對乘客行為加以限制，如處理機內滋擾酗酒及特殊乘客作業規定飛行中滋擾或暴力乘客之約束⑫：

1. 除機長認定情況尚不足以構成「約束」行為之必要性而予以繼續觀察外，機長得授權客艙組員實施約束行為。
2. 將被約束的乘客座位移離其他的乘客。
3. 被約束乘客座位不可靠近緊急出口或緊急裝備。
4. 約束有暴力傾向乘客時，座艙長可借助其他組員或具有警察（保全）身分的乘客協助。

案例1

據報載2014年8月美國一架飛機，從紐澤西起飛的聯合航空（United Airlines）客機，要飛往丹佛飛行途中突然改道迫降。因為一名男乘客，使用一種膝蓋保護器（讓前方乘客的座椅沒辦法往後靠），和前方的女乘客起了爭執，空服員介入，男乘客卻不肯拿掉膝蓋保護器[1]，女乘客氣得拿起水杯，往男乘客的臉上潑過去，這一潑怒火上來，雙方大打出手。空服員勸阻不了向機長通報，最後飛行組員決定航機轉降在芝加哥，兩位乘客被請下機。

---

[1] 此種膝蓋保護器（Knee Defender），兩個扣環安裝在座位前方的餐盤上，就能讓前方椅背無法往後傾斜。在美國包括聯合航空等主要航空公司，均禁止於機上使用膝蓋保護器。

案例2

英國廉價航空公司易捷航空（EasyJet）一架由瑞士日內瓦飛往柯索沃的班機，因為乘客出手毆打空服員，被迫緊急停降羅馬機場。這架原前往柯索沃首都布斯汀納的班機，機上的一名乘客因為等不到三明治，憤而出手打女性空服員。目擊者指出，這名憤怒的乘客大聲叫道：「我已等了幾個小時，我很餓。」並隨即對空服員動粗，空服員被打倒在地上後，這名乘客仍無法息怒，依然不停毆打這名空服員。義大利警方在飛機緊急迫降羅馬後，拘捕了這名乘客。

案例3

大韓航空（Korean Air）副社長趙顯娥2014年12月5日搭乘從紐約甘迺迪飛往仁川的KE086次班機，因不滿空服員未按標準流程把堅果放在碟子而是整包遞給她，硬要進入跑道的飛機返回登機門，把座艙長趕下飛機，造成飛機延誤抵達南韓。韓國法院已依違反航空保安法，做出一審判決，判處其一年有期徒刑。另根據美聯社報導，機上這名空服員也已向紐約州法院對大韓航空和趙顯娥提告。訴狀中說，趙顯娥痛罵她，甚至動手動腳並出言恐嚇。

案例4

2000年2月18日，藝人鄭中基於長榮航空洛杉機飛台北航班上，喝酒鬧事不只騷擾鄰座客人，空服員勸導制止的時候，更發生嚴重的肢體衝突，甚至攻擊機長、副機長，最後航機轉降安克拉治，由執法人員上機逮捕，並起訴罰款。長榮航空並委託律師向鄭中基求償⑬。

案例5

2014年8月27日陽翼航空（Sunwing Airlines）一班由多倫多出發前往古巴的客機，由於機上兩名女乘客先是大量飲用自行購買的免稅酒，

之後在機上洗手間抽菸並觸動煙霧偵測器警報，其後兩人因事更大打出手，又對機組人員出言恐嚇。由於兩位乘客的滋擾行為，飛機被迫折返多倫多國際機場。為安全起見，北美防空司令部出動兩架CF-18戰鬥機護航。當飛機降落後，警方即派人登機，將兩名女乘客帶走。

從上述案例可看出空服員作為第一線服務人員，遇機上滋擾行為時，客艙組員除了要穩定乘客情緒，盡力安撫乘客。若乘客行為可能危及其他乘客時，空服員並繼續監護乘客以防情勢惡化，然而當乘客脫序行為惡化甚至有暴力行為等，都對空服員是很大的挑戰。相較於過去，空服員需要更多的正式訓練及支持⑭。如香港航空自2011年起正式宣布，將詠春拳課程納入空中服務員基本培訓之一，鼓勵空中服務員強身健體及訓練預防突發應變的身手，為乘客提供更優質的服務。

第四節　建議改善

一、乘客行前教育

建議業者可以考慮在乘客搭機前，事先透過旅行社或各種管道盡力提供搭機注意事項與所需旅行文件的規範，以避免乘客因不熟悉行政流程導致誤會。或於機場廣置告示，明確教育乘客搭機行為準則，讓乘客對其行為知所節制⑮。如加拿大運輸部自1999年（持續進行中）推出對公眾宣傳乘客「安全建議」（safety advice），活動透過海報、宣傳冊等方式張貼於機場並分發給乘客，告知絕不容忍在機上干擾機組員行為，乘客那些滋擾行為可能會觸法受罰（圖17-2）。另如

大韓航空則於安全須知卡上以韓文、英文、日文及中文「安全提醒」（safety tips）（**圖17-3**），告知搭機乘客若有以下禁止行為將受罰。

　　1.粗暴的言語及大聲唱歌等騷亂行為。

　　2.對乘客及機組人員進行威脅、挾持、暴力等行為。

　　3.流氓行為、性騷擾。

　　4.醉酒及服藥引起的騷亂行為。

　　5.在機內使用禁用的電子器械。

圖17-2　加拿大對防治滋擾乘客的文宣

資料來源：圖片取自加拿大運輸部，https://www.tc.gc.ca/eng/civilaviation/publications/
　　　　　tp185-2-08-preflight-3693.htm。

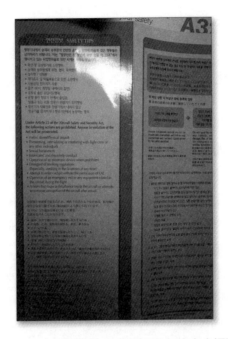

圖17-3　大韓航空於安全須知卡上的安全提醒

6.機內吸菸（特別是在洗手間內吸菸）。

7.無故試圖進入駕駛艙。

8.在飛行途中，試圖操縱機艙門、緊急出口或機內相關器械的行
　為。

9.飛機停靠後，拒絕下機，在機艙內引起騷動或示威的行為。

　　2015年，所有韓國航空公司起飛前另以客艙廣播宣布，要求乘客
確實遵守客艙組員的要求和指示，並表示乘客需要改變他們對空服員
的看法。韓國交通部長稱：「因為在航班飛行的時候無法叫來執法人
員，韓國的航空法律賦予組員權力約束極端無禮的乘客，可以使用的
方法包括使用塑膠手銬和繩子。航班落地以後，把乘客交給警方。」
將採用這樣的方法來應對無禮和搗亂的乘客，包括備受矚目的大韓航

空副社長的案例⑰。

二、事前嚴查，減少供酒，以防酒醉鬧事

因酒醉滋事相當常見，乘客飲用酒精性飲料過量或服用影響中樞神經之藥物，可能造成其心智反常，而行為失控（澳洲民航法明定酒精成分超過1.25%為酒精性飲料）③。

然而，近年來醉酒旅客鬧事成為航空公司越來越擔心的問題。除了安全考量外，不安分的乘客引發的航班異常也讓航空公司付出了高昂的代價。一旦航班因為問題乘客而備降，航空公司的損失將會高達幾十萬美元。然而目前還沒有嚴格的硬性規定，空服員只能依賴一些指導方針，如果乘客看起來已經喝醉就停止提供酒類飲品⑥。

協調航空公司與餐飲業者檢討酒類促銷政策。對滯留貴賓室乘客進行勸導並限量供酒，必要時警告乘客飲酒過量可能導致無法登機。甚至研擬限制乘客手提行李內攜酒上機，減少私喝自備酒機會⑯。如各國目前對酒精飲料的限制與舉措：英國警方主動在倫敦蓋特威克機場的酒吧、餐廳裡巡邏，留意那些可能會飲酒過量並且可能在航班上惹是生非的乘客。此外，機場員工也在監督那些可能一早闖入免稅店、看上去喝醉了或者很粗暴的乘客。此措施有效地減少了蓋特威克機場酒醉乘客所引發的滋擾事件。另外北歐航空（Scandinavian Airlines）2015年宣布，在其歐洲航班上每位乘客將最多只提供三次含酒精的飲品，以減少酒後滋事的發生。2015年4月份歐洲最大的低成本航空公司瑞安航空（Ryanair）告知乘客，在其格拉斯哥至伊比沙島的航班上乘客不可以帶任何酒類飲料⑥。

三、借鑑他國，強化法治宣導

　　借鑑他國對於維護客艙秩序所進行之「搭機秩序重要性及忽視的責任與後果」的宣傳經驗。日本國土交通省、定期航空協會和警察廳根據該國「航空法」的規定，聯合制作、發布了「關於對飛機客艙內妨礙安全行為的禁止和處罰」的宣傳畫冊和影片，以圖文並茂的各國語言宣傳明令禁止的八項行為及處罰措施（**圖17-4**）。機長有權做出下列妨害安全行為者強制命令，不遵守強制命令者得處以50萬日幣以下罰款。這八項禁止行為如下：

圖17-4　日本對於飛機客艙內妨礙安全行為的禁止和處罰宣傳

資料來源：圖片取自日本國土交通省，http://www.mlit.go.jp/koku/anzensogai.htm。

1.在洗手間內吸菸。

2.使用經公告禁止的電子類產品。

3.妨礙公司機組員執行業務或對維護安全造成影響時。

4.未依照指示繫緊安全帶。

5.飛機起降時沒有將椅背豎直、餐桌等歸位。

6.將手提行李放置於妨礙緊急逃生的位置。

7.擅自使用或移動由公告所規定的滅火器、緊急用報警裝置及救生衣等。

8.擅自操作飛機出入口或緊急出口的機門開關裝置。

美英各國已經針對滋擾乘客行為立法科罰，不僅提高罰金外另可處以監禁。在美國依據事件的嚴重程度，違反規定的乘客除可能被判刑，還會面臨最高25,000美元的罰款；而英國針對滋擾乘客可處二年徒刑或無上限的罰金⑱。

四、建立共享的滋擾乘客資料庫

2011年長榮航空公司將一位搭機不時刁難空服員，還要求起飛前先用餐，並私闖機上廚房翻餐車倒果汁，影響飛行安全的乘客列為拒載名單（黑名單）內。故航空公司應將有異常前例的滋擾類型，依其行為嚴重程度或發生頻次，採取拒載或加強注意的處理方式，亦即：(1)情節嚴重者列為拒載乘客名單：經審慎評估後採取拒絕乘載，排除具有潛在擾亂特質者登機；(2)情節不具立即風險徵候者列為客服警示名單：將他們過去的異常行為細節輸入離境管制系統，以提醒組員在與之應對進退時宜謹慎小心⑲。如西北航空（Northwest Airlines）乘客在底特律櫃檯因酒醉毆打空服員與機長，除遭公司終身拒載外，西北航空更要求聯營之友航一同拒載⑯。於2016年加拿大航空更提交文件

向政府建議容許航空業界共享有機艙內滋事紀錄的乘客資料，以保障其他乘客和飛行安全⑨。

　　此外，民航主管機關宜會同航空公司，共同制訂航空保安計畫，進行相關訓練，並設立查核小組隨時監督控制；警政單位宜積極與國際刑警組織及民航業界建立互通的連線滋擾乘客資料庫，消弭潛在客艙風險。

五、安排複訓課程，強化應變能力

　　空服員複訓課程，無須專注於固定類型的深入探討，而是廣泛的強化學習成效⑦。亦即廣泛蒐集案例，開發危險乘客分析及察言觀色之技巧，定期安排複訓，以個案研討、內隱或外顯的情緒共享歷程、角色扮演等方式協助組員提高隔離危機的能力。除辨識與因應外，使用客艙戒具、客艙蒐證及通報與調查亦含括於訓練課程中⑯。航空公司應向空勤組員強調建立彼此互助團隊，相互支持不僅是建立正向的工作環境，也讓空服員更有自信處理棘手的任務⑳。且現場處理時須保持距離以「團隊服務」取代「一對一」，以保護組員自身安全。

　　雖然關於乘客因有精神疾患致威脅到航機安全的行為案例，統計數據中不常出現，然而空服員訓練中應對於「處理精神異常乘客」，可包含防禦、非刺激性說話方式及所有可用資源等㉑。

六、強化組員支持及安全為先

　　業者應確立滋擾乘客的最高指導思想，並全力支持組員依程序處置。提升客艙安全首由管理者的「領導力與安全承諾」開始，並力促「安全第一」的核心價值。尤其，當服務績效與客艙安全產生衝突

時，管理者應將安全置諸優先位置且毫不妥協。建議業者明定公司對於組員維繫安全的支持立場，強化組員相關法律常識，俾使其充分瞭解自身安全維繫角色的重要性與專業自信心⑲。

參考文獻

①陳道千（2008）。《航機客艙異常事件現況調查及改善措施之探討──以我國航空業為例》。中華大學管理學院科技管理研究所碩士論文。

②《客艙安全檢查員手冊》（2003）。〈客艙安全工作輔助　第二節〉。

③巴南星、關傳彬、蔡維修、陳冠宇、劉逸塵（2003）。〈民航機組員應對粗暴、失控乘客的法律依據與考量──兼談國家立法與航空公司的整體策略〉。《民航季刊》，第5卷，第1期。

④US Department of Transportation (1989). Federal aviation administration airport capacity enhancement plan. Washington, DC: US Government Printing Office, 3.

⑤交通部民用航空局民航通告AC120-34（2005）。「航務」與「客艙安全」人為因素發展原則與執行方式。

⑥〈空間窄、服務差 挑起「空怒族」火氣〉（2015年4月8日）。世界新聞網。

⑦Rhoden, S., Ralston, R., & Ineson, E. M. (2008). Cabin crew training to control disruptive airline passenger behavior: A cause for tourism concern? *Tourism Management, 29*(3), 538-547.

⑧中華民國台灣飛行安全基金會（2009）。〈2008年國籍航空客艙異常事件統計分析〉。《飛行安全夏季刊》，第49期。

⑨〈指可保障飛行安全 節省費用 加航倡航空公司 共享「蠻客」資料〉（2016年2月16日）。《星島日報》。

⑩IATA (2012). Guidance on Unruly Passenger Prevention and Management. http://www.iata.org/whatwedo/safety/Documents/Guidance-On-Unruly-Passenger-Prevention-And-Management-1st-Edition.pdf

⑪Ason、張亞楠編譯（2013年07月15日）。〈IATA關於旅客滋事行為的預防和管理指引〉。民航資源網。http://news.carnoc.com/list/256/256596.

html

⑫劉天健（2015）。〈飛航安全與航空保安〉。《飛行安全夏季刊》，第81期。中華民國台灣飛行安全基金會。

⑬任靜怡（2003）。〈由失事調查看客艙安全管理〉。行政院飛航安全委員會與財團法人飛安基金會合辦，我國客艙安全之挑戰及其改善。第一屆客艙安全座談會。

⑭〈香港歌手鬧事 台灣長榮索賠〉（2000年2月19日）。BBC中文網。http://news.bbc.co.uk/chinese/trad/hi/newsid_640000/newsid_648900/648975.stm

⑮Kelleher, C., & McGilloway, S. (2005). Survey finds high levels of work related stress among flight attendants. *Cabin Crew Safety, 40*(6), 1-6.

⑯劉天健（2012）。〈嚴打客艙惡行〉。《飛行安全夏季刊》，第69期。中華民國台灣飛行安全基金會。

⑰IN-SOO NAM (Jan.28, 2015). South Korea's New Plan to Stop Passengers Going Nuts at Flight Attendants. *The Wall Street Journal*. http://blogs.wsj.com/korearealtime/2015/01/28/koreas-new-plan-to-stop-passengers-going-nuts-at-flight-attendants/

⑱交通部運輸研究所（2008）。《國籍航空公司航機客艙安全之探討》。台北市：交通部運輸研究所。

⑲楊政樺、萬光滿、李郁潔（2010）。〈應用羅序模式探討華籍空服員處理滋擾乘客之應變能力與難度研究〉。《航空太空及民航學刊系列B》，42(1)，55-65。

⑳Xanthopoulou, D., Baker, A. B., Heuven, E., Demerouti, E., & Schaufeli, W. B. (2008). Working in the sky: a diary study on work engagement among flight attendants. *Journal of Occupational Health Psychology, 13*(4), 345.

㉑FSF Editorial Staff (2002). Reports show difficulty of responding to in-flight psychiatric emergencies. *Cabin Crew Safety, 37*(5), 1-12.

常用航空客艙安全與健康名詞──中英對照

英文	中文
ABPs（Able Bodied Passengers）	有能力協助的乘客
AED（Automated External Defibrillator）	自動體外心臟電擊去顫器
Aerotoxic Syndrome	機艙毒氣症候群
Air Rage	機上鬧事
AFA（Association of Flight Attendants）	美國空服員協會
APU（Auxiliary Power Unit）	輔助動力系統
AOR（Aircraft Flight Operation Regulations）	航空器飛航作業管理規則
Arming（Armed）Position	艙門置於緊急狀態
ASC（Aviation Safety Council）	飛航安全委員會
ASRS（Aviation Safety Reporting System）	航空安全報告系統
Baby Cot（Raft）	嬰兒用救生床
Brace Position	防撞（安全）姿勢
Briefing	任務前提示
CAA（Civil Aeronautics Administration）	（交通部）民用航空局
Cabin	客艙
Cabin Crew	客艙組員
Cabin Log Book	客艙缺點紀錄簿
Cabin Manager	客艙經理
Captain	正駕駛（正機師）
CARES（Child Aviation Restraint System）	飛機兒童安全帶
Carry-on Baggage	隨身行李
CAT（Clear-Air Turbulence）	晴空亂流
Checklists	檢查清單
Chief Purser（CP）/ Cabin Chief	座艙長（事務長）
CDC（Centers for Disease Control and Prevention）	美國疾病控制與預防中心
Checked Baggage	託運行李
Circadian Rhythm	晝夜節律

英文	中文
Circuit Breakers	斷路器
CPR（Cardiopulmonary Resuscitation）	心肺復甦術
Crew Bunk /Rest Bunk	組員休息區
Crew Member	空勤組員
CRS（Child Restraint System）	幼童固定系統
Cross Check	交互檢查
CRM（Crew Resource Management）	組員資源管理
Cockpit（Flight Deck）	駕駛艙
Dangerous Goods	危險品
Deadhead Crew（Positioning Crew）	同乘組員
Decompression	失壓
Disinsection	滅（除）蟲
Disarming（Disarmed）Position	艙門置於一般狀態
Ditching	水上迫降
Diversion	轉降
Duty Period	執勤期間
DVT（Deep Venous Thrombosis）	深度靜脈血栓
EASA（European Aviation Safety Agency）	歐洲航空安全局
Economy Class Syndrome	經濟艙症候群
E-IOSA（Enhanced IOSA）	IATA強化作業安全查核認證
Emergency Landing	緊急陸上降落
EPT（Effective Performance Time）	有效行為時間
Escape Rope（overwing escape strap）	逃生繩（機翼上逃生繩）
Emotional Labor	情緒勞務
Escape Slide	逃生滑梯
Evacuation	撤離
FAA（Federal Aviation Administration）	美國聯邦航空總署
FAR（Federal Aviation Rules）	美國聯邦航空法規
ETSC（European Transport Safety Council）	歐洲運輸安全協會
ELT（Emergency Locator Transmitter）	緊急定位發報器
Emergency Door/ Aircraft Exits	緊急出口／艙門
Emergency Equipment	緊急裝備

英文	中文
Evacuation Slide	逃生滑梯
Fatigue Management	疲勞管理
First Aid Kit	急救箱
First Officer（FO）/ Co-Pilot	副駕駛（副機師）
Flaps	襟翼
Flash Light（emergency flash light）	手電筒
Flight Attendant / Cabin Attendant	空服員
Flight Crew	飛航組員
Flight Time	飛航時間
Flight Duty Time	飛航執勤期間
Forward-Facing Seat	面朝前（機頭）座椅
GAIN（Global Aviation Information Network）	全球航空資訊網路
Galley	（機上）廚房
Gate	登機門
Girt Bar	滑梯桿
Halon Fire Extinguisher	海龍滅火器
Heimlich Maneuver	哈姆立克法
HELP（Heat, Escape, Lessening, Posture）	減少熱量散失姿勢
Hypoxia	缺氧（症）
IATA（International Air Transport Association）	國際航空運輸協會
ICAO（International Civil Aviation Organization）	國際民航組織
IOSA（IATA Operational Safety Audit）	IATA作業安全查核認證
Interphone	機內通話器
JAA（Joint Aviation Authority）（Europe）	歐洲航空總署
Jetlag	時差
Jump Seat（flight attendant jump seat）	空服員座椅
Knee Defenders	防椅背傾倒裝置
Lavatory	洗手間
Left-hand Side（L Side）	左邊／左側
Life Raft	救生艇（筏）

英文	中文
Life Vest（Life Jacket）	救生衣（救生背心）
Lithium Battery	鋰電池
LOSA（Line Operations Safety Audit）	線上作業安全稽核
Maintenance	維修
Main Deck	主層艙
Medical Kit	醫療箱
Megaphone	擴音器
MEL（Minimum Equipment List）	最低裝備需求手冊
Medlink	遠距緊急醫療諮詢服務
Melatonin	褪黑激素
Minimum Crew	最低派遣組員（人數）
Mooring Line	繫泊纜繩
Narrow-Body Aircraft	窄體客機
NASA（National Aeronautics and Space Administration）	美國國家航空暨太空總署
NTSB（National Transportation Safety Board）	（美國）國家運輸安全委員會
Overhead Lockers（Overhead Bins）	上方行李廂（櫃）
Overwing	機翼上方
OSHA（Occupational Safety and Health Administration）	美國職業安全衛生署
OK Sign	OK手勢（比大拇指）
Oxygen Mask	氧氣面罩
PA（Public Announcement, Public Address）	廣播
PAX（Passenger）	乘客（旅客）
PED（Portable Electronic Devices）	個人電子用品
PBE（Protective Breathing Equipment）	防煙面罩
Pitch	（座椅）間距
PSU（Passenger Service Unit）	旅客服務系統
PIC（Pilot in Command）	機長
Pressurization	加壓
Portable Oxygen Bottle	可攜式氧氣瓶
Planned（Prepared）Emergencies	可預期／或可準備的緊急情況

英文	中文
Radiation	輻射
Rear-Facing Seat	面朝後（機尾）座椅
Red Eye Flight	紅眼航班
Report Time（Show Time）	報到時間
Right-Hand Side（R Side）	右邊／右側
Resuscitation Kit	急救甦醒器
Safety Briefing Card	安全提示卡
Safety Check	安全檢查
Seat Belt	座椅安全帶
Seat Belt Extension	延長（加長）安全帶
Seat-Belt Air Bag	座椅安全氣囊
Security Check	保安檢查
Shoulder Harness Belt	座椅肩式安全帶
Silent Review（30-second review）	靜默複習
Smoke Detectors	煙霧偵測器
SMS（Safety Management System）	安全管理系統
SOPs（Standard Operating Procedures）	標準作業程序
Staff Check Area	（空服員）責任檢查區域
Sterile Cockpit	駕駛艙靜默規定
Survival Kits	緊急求生裝備
Tail Cone	機尾（尾端）
Tempus IC	無線醫療診斷設備
TEM（Treat and Error Management）	威脅與疏失管理
Three-Point Seat Belt	三點式安全帶
Turbulence	亂流
TUC（Time of Useful Consciousness）	有效意識時間
UAS（Undesired Aircraft State）	非預期的航機狀態
Unruly Passenger（Disruptive Passenger）	滋擾乘客
Unplanned （Unprepared） Emergencies	無預期／或無法準備的緊急情況
Upper Deck	上層艙
VLA（Very Large Aircraft）	超大型客機
Water Fire Extinguisher	水滅火器

英文	中文
WHO（World Health Organization）	世界衛生組織
Wide-Body Aircraft	廣體（客機）

觀光旅運系列

客艙安全與健康管理

作　　者／萬光滿
出 版 者／揚智文化事業股份有限公司
發 行 人／葉忠賢
總 編 輯／閻富萍
特約執編／鄭美珠
地　　址／新北市深坑區北深路三段 260 號 8 樓
電　　話／(02)8662-6826
傳　　真／(02)2664-7633
網　　址／http://www.ycrc.com.tw
　E-mail　／service@ycrc.com.tw
　I S B N　／978-986-298-221-1
初版一刷／2016 年 5 月
定　　價／新台幣 450 元

國家圖書館出版品預行編目（CIP）資料

客艙安全與健康管理 / 萬光滿著. -- 初版. --
　　新北市 : 揚智文化, 2016.05
　　　面 ；　　公分. -- (觀光旅運系列)

　　ISBN 978-986-298-221-1(平裝)

　　1.航空安全 2.航空運輸管理

557.94　　　　　　　　　　　　　　105004930